2026

 브랜드 만족 1위

 수석합격 3연속 배출 신춤로고 후면표기

9급 공무원 국어 시험대비

박문각
공무원

특별판

단 한 권으로 국어 만점합격

시험 직전 '문법·논리·독해' 막판 압축 노트!

시험 전 마지막으로 펼치는 단 한 권,

혜선 쌤의 족집게 적중노트

짧지만 강력하게, 국어의 모든 포인트를 완성하세요.

박혜선 편저

정가 9,900원 www.pmg.co.kr

박혜선 국어
족집게 적중노트

수석 3연속! 압도적 적중률의 신화
혜선 쌤이 亦功이들에게 전하는 단 하나의 필살 노트,
〈족집게 적중 노트〉

단 한 장도 낭비 없는 구성!
출제자가 사랑하는 포인트만 뽑아 정리한 최고의 전략 요약서가 완성되었습니다.
불필요한 부분은 과감히 덜어내고,
실제 시험에서 나올 핵심만 정확히, 빠르게, 효율적으로 담았습니다.
이 노트는 단순 요약이 아닙니다.
혜선 쌤의 수업에서만 들을 수 있었던 실전 '야매 꼼수'와 사고 공식까지 그대로 녹여냈습니다.

지금까지 '출좋포', '천기누설 시리즈(논리, 독해 시즌1, 2)', '오답률 톱 5(논리·문법)'으로 함께 달려온
우리 亦功이들을 위해, 이번에는 "정말 시험에 나올 부분만" 담았습니다.

- **문법 파트**
  문법+독해 결합형에 꼭 등장하는 핵심 이론과
  최빈출 예시만 선별하여 '틀리면서 배우는 & 출제될 수 있는 최빈출 문제'에 집약했습니다.
  또한 수업에서만 공개되던 혜선 쌤의 시그니처 꼼수·야매 팁을 함께 수록하여,
  시험 직전 뇌에 바르듯 활용할 수 있도록 구성했습니다.

- **논리 파트**
  '뇌에 족적을 남기는 노트' 섹션에서
  출제 가능성이 높은 모든 논리 유형을 총망라했습니다.
  각 유형별 사고 패턴과 함정 공식을 분석해,
  한 번의 정리로 모든 논리 문제에 대응 가능하도록 설계했습니다.

- **독해 파트**
  2025 출제 경향에 맞춰
  강화·약화, 세트형 독해+어휘, 지시 대상 추론, 문법+독해 결합형, 문학 독해 결합형 등
  새로운 유형들을 모두 반영했습니다.
  제시문 구조와 단계별 풀이 전략을 암기 → 체화 → 자동화할 수 있게 설계했습니다.

이번에도 빠짐없이, 그러나 가볍고 명확하게 정리한 이 노트로
'적중 100%'의 전설을 이어가게 될 것입니다.

> "시험 전 마지막으로 펼치는 단 한 권,
> 혜선 쌤의 족집게 적중 노트로
> 짧지만 강력하게, 국어의 모든 포인트를 완성하세요."

2025년 11월 편저자
박혜선 惠旋

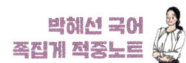
박혜선 국어
족집게 적중노트

문법

① 틀리면서 배우는 & 출제될 수 있는 최빈출 문법 문제

해당 챕터에 나올 확률이 가장 높은 <u>최빈출 문법 예시</u>들로 만든 문제입니다.

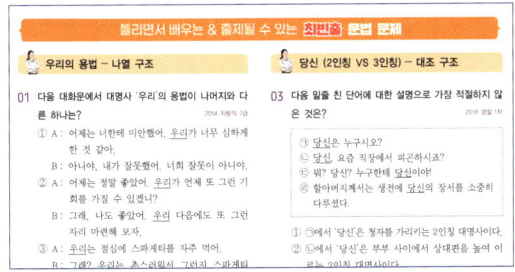

② 틀리면서 배우는 & 출제될 수 있는 최빈출 문법 문제 해설

혼자서도 학습할 수 있도록 각 문항의 <u>오른쪽</u>에 직관적인 해설과 핵심 정리를 함께 배치했습니다. 풀이 과정을 한눈에 확인하며 즉시 복습과 회독이 가능하도록 구성했습니다.

③ 관련 교재 (이론 / 압축 / 문제)

이전에 학습한 이론서와 문제풀이 교재의 관련 페이지를 함께 표시하여, 회독 시 즉시 <u>참조</u>할 수 있도록 구성했습니다. 특히 약점 단원은 연결된 페이지로 이동해 이론을 보완하고 세부 내용을 심화 학습할 수 있게 설계하였습니다.

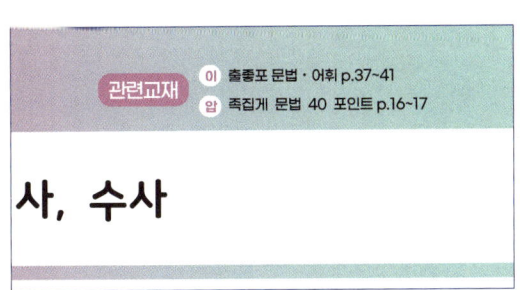

사, 수사

④ 출좋포 (출제자가 좋아하는 포인트)

출제자가 실제 시험에서 선호하는 핵심 문법 포인트만 선별하여 최소한으로 정리했습니다.
또한 문법 독해 결합형으로 출제될 가능성이 높은 문법 소재와 예시들을 함께 수록하여, 실전에서 빠르고 정확하게 문제를 해결할 수 있도록 구성했습니다.

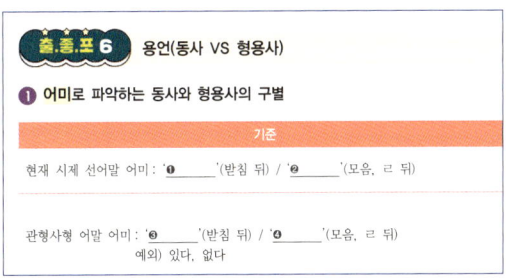

⑤ 혜선 쌤의 야매 꼼수

혜선 쌤의 대표 시그니처이자, 亦功이들이 가장 사랑하는 비밀 전략 노트입니다.
수업에서만 공개되던 실전 치트키와 풀이 요령을 한곳에 모아, 복습할 때마다 자연스럽게 떠올라 자신의 전략으로 체화할 수 있도록 구성했습니다.
시험 직전, 한 번만 봐도 풀이 감각이 되살아나는 최애 섹션입니다.

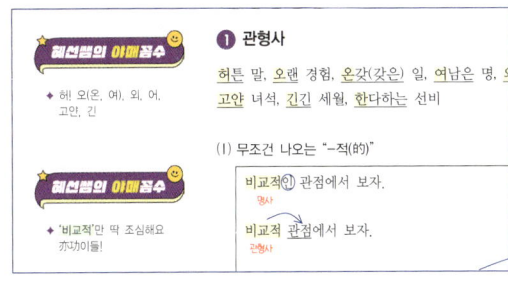

논리

1 출종포 논리

논리 문제 해결에 꼭 필요한 핵심 개념만 선별하여 체계적으로 정리한 섹션입니다.
간결하지만 다양한 문제 유형에 적용 가능한 이론을 담아, 짧은 시간 안에 논리의 핵심 원리를 가장 효율적으로 익힐 수 있도록 구성했습니다.

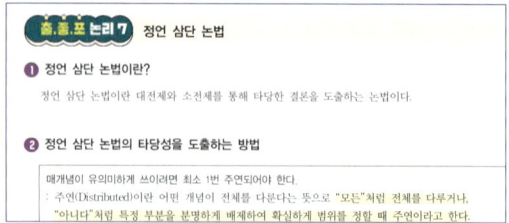

2 혜선 쌤의 야매꼼수

논리 추론에도 통하는 혜선 쌤만의 전매특허 치트키!
출제 유형마다 적용 가능한 빠른 접근 공식과 실전 요령을 담아, 누구보다도 빠르고 정확하게 문제를 풀 수 있도록 돕는 실전 비밀 노트입니다.
각 문제 유형마다 빠르게 정답을 도출할 수 있는 실전형 야매꼼수와 풀이 요령을 혜선 쌤이 속삭이듯 알려주는 비밀 팁 섹션입니다.

3 뇌에 족적을 남기는 노트 논리 유형

시험에 출제될 수 있는 모든 논리 유형과 명제 유형을 빠짐없이 정리한 효자 섹션입니다.
콤팩트하지만 실전 활용도를 극대화하여, 한 번의 정리로 모든 유형에 대비할 수 있습니다.

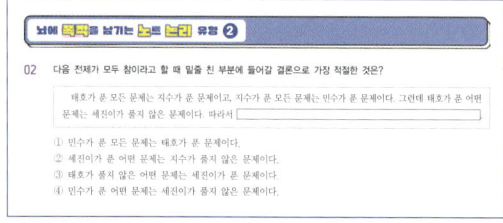

4 혜선 쌤의 논리 시각화

보기 속 명제를 논리 기호로 변환하는 과정부터 각 선지를 어떤 원리로 판단할 수 있는지까지 기호와 도식으로 시각화했습니다. 혼자서도 이해하고 연습할 수 있도록 구성한 독학형 시각 노트입니다.

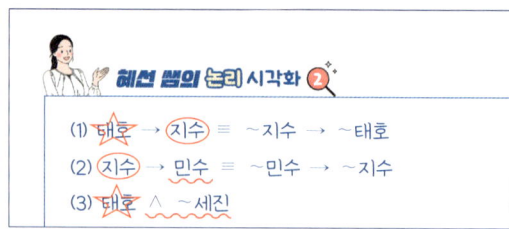

5 논리 정답 및 해설

독학 학습자도 이해할 수 있도록 가장 쉬운 언어와 기호로 논리 과정을 단계별로 풀어냈습니다.
해설을 읽는 것만으로도 바로 복습과 회독이 가능하도록 설계한, 즉시 학습형 해설 노트입니다.

논리 유형	정답 및 해설

(1)의 후건과 (2)의 전건이 '지수'로 일치하므로 두 명제를 연결하여 '태호 → 민수'를 도출할 수 있다. 그리고 (3)에 의해 '태호 ∧ ~세진'이므로 '태호'를 매개항으로 하여 '민수 ∧ ~세진'을 도출할 수 있다.

독해

1 족적노 독해 亦功 노트

독해 유형별 제시문 구조를 분석하고, 과속과 감속 구간의 기준을 명확히 제시한 노트입니다.
밑줄을 어디에, 어떤 강도로 그어야 하는지까지 세밀한 독해 리듬 조절법을 안내하여 글의 핵심을 가장 효율적으로 파악할 수 있도록 돕습니다.

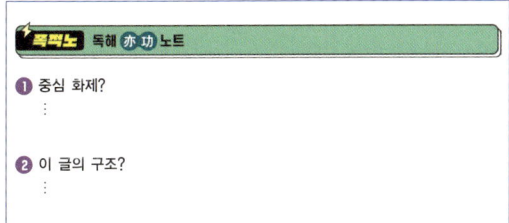

2 빨리 푸는 亦功 전략

각 문제 유형별로 1단계 → 2단계 → 3단계의 풀이 절차로 나누어 가장 짧은 시간 안에 정확하게 정답을 도출할 수 있는 실전형 전략을 제시한 섹션입니다. 속도와 정확도를 동시에 높이는 검증된 접근법을 익힐 수 있습니다.

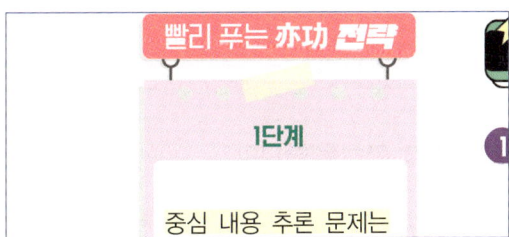

3 출좋포 독해

공문서 문장 고쳐쓰기처럼 반드시 암기해야 하는 핵심 독해 이론만을 최소한으로 정리한 실전 요약 섹션입니다. 시험 직전까지 효율적으로 회독할 수 있도록, 가장 중요한 내용만 엄선하여 수록했습니다.

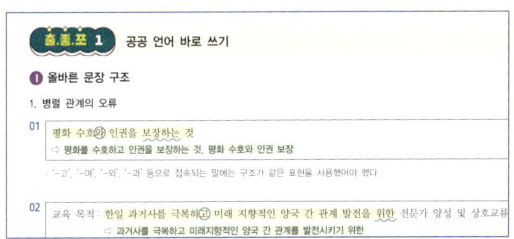

4 뇌에 족적을 남기는 노트 독해 유형

2025년 시험에 출제될 수 있는 모든 독해 유형을 총정리한 섹션입니다.

• 신유형 2025 버전 1, 2

새롭게 반영되는 출제 경향과 신유형 문제를 집중 분석하여, 변화된 독해 흐름에 완벽히 대응할 수 있도록 설계했습니다.

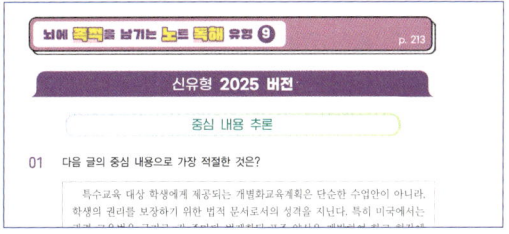

5 독해 정답 및 해설

'뇌에 족적을 남기는 노트 독해 유형'의 모든 문제에 대해 가장 명확한 근거와 해석 과정을 단계별로 제시한 해설 섹션입니다. 혼자서 복습할 수 있도록 직관적이고 쉬운 언어로 정리하여 회독만으로도 해설 이해와 복습이 동시에 이루어지도록 구성했습니다.

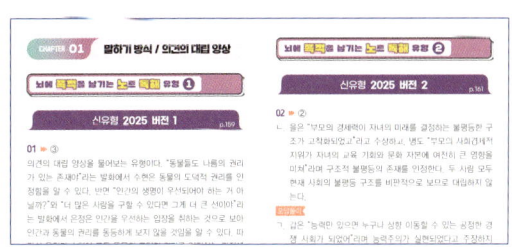

亦功 박혜선 국어 수강 후기

1 만점 출좋포

국어, 박혜선 교수님 강의만 제대로 따라가면 됩니다.

박문각 박혜선 교수님의 26대비 만점 출좋포 강의를 수강하면서 정말 국어에 대한 자신감이 생겼습니다. "이것만 봐!" 라는 교수님의 확신 있는 말씀은 수험생인 저에게 큰 동기부여가 되었고, 실제로 그 말씀대로 수업을 따라가다 보니 점점 국어 성적이 오르는 걸 느낄 수 있었습니다. 단순한 암기가 아니라 이해 중심으로 설명해 주셔서 정말 머리에 쏙쏙 들어왔어요. 첫 번째 장점은 문법 설명이 매우 명확하고 쉽게 이해된다는 점입니다. 문법은 늘 어렵고 헷갈렸는데, 박혜선 교수님은 개념 하나하나를 쉽게 풀어주시고, 자주 나오는 포인트 위주로 정리해 주셔서 정리가 확실하게 되었습니다. 수업을 들으면서 '문법이 이렇게까지 쉬운 거였나?'라는 생각이 들 정도였어요. 두 번째 장점은 독해 방법이 실전에서 정말 유용하다는 점입니다. 독해는 늘 감으로 푸는 느낌이었는데, 교수님께서 알려주신 독해법대로 지문을 구조화해서 읽고, 문제에 접근하니 정답률이 확실히 높아졌습니다. 특히 요약하고 핵심 문장을 찾는 훈련이 정말 도움이 되었어요. 이제는 긴 지문도 겁나지 않고, 오히려 재미있게 읽을 수 있게 되었습니다. 세 번째 장점은 논리 문제 풀이법이 체계적이고 이해가 잘 된다는 점입니다. 평소에 논리 문제를 풀 때 감에 의존하곤 했는데, 교수님 수업을 듣고 나서는 논리 흐름이 눈에 들어오기 시작했습니다. 연결어, 전개 방식, 논리 구조 등을 짚어주시면서 정확하게 문제에 접근할 수 있도록 도와주셔서 실전 감각이 많이 향상됐습니다.

강91

2 천기누설 혜선팍 논리

고민하는 순간조차 아깝습니다. 교수님 강의는 단순한 공부 이상의 가치를 줍니다.

교수님은 문제를 풀어내는 법만 가르치지 않고, 국어라는 과목 자체를 '생각의 훈련장'으로 만들어주셨습니다. 그래서 강의를 들으면 국어뿐 아니라 다른 과목의 사고력에도 영향을 주는 것을 느낍니다. 특히 논리추론을 통해 제 안의 두려움을 하나하나 부숴나가는 과정은, 다른 어떤 강의에서도 맛볼 수 없는 특별한 경험이었습니다. "국어가 아니라 인생 수업 같았다"라는 말, 감히 해봅니다. 논리추론 앞에서 손이 멈추는 순간, 이 강의가 손을 잡아줄 겁니다. 저는 초시생이라 늘 불안했고, 시험 두 번의 실패가 제겐 큰 짐이었지만, 강의를 통해 처음으로 "나도 할 수 있겠다"는 마음이 싹텄습니다. 이런 경험이 필요한 분들께 꼭 말씀드리고 싶습니다. '내가 들어도 될까?', '시간이 아깝진 않을까?' 하는 두려움. 저도 똑같이 망설였지만, 지금 돌아보면 이 강의는 제 시간과 노력을 '낭비'가 아닌 '투자'로 바꿔준 유일한 경험이었습니다. 고민하는 순간조차 아깝습니다. 교수님 강의는 단순한 공부 이상의 가치를 줍니다.

ty5678kr

3 천기누설 혜선팍 독해 시즌1

독해 야매꼼수는 단순한 요령이 아니라 정확한 분석에서 우러나온 노하우입니다.

독해 파트를 어떻게 접근해야 할지 막막했던 저에게 천기누설 혜선팍 독해 강의는 큰 전환점이 되어주었습니다. 단순히 문제를 많이 푼다고 해서 실력이 늘지 않는다는 걸 체감하고 있었기에, 이 강의는 제게 '지문을 어떻게 파악해야 하는지', '선지를 어떻게 검토해야 하는지'에 대한 구체적인 방향성을 제시해준 정말 귀중한 수업이었습니다. 특히 처음 국어 공부를 시작하는 사람도 체계적으로 따라갈 수 있도록 구성되어 있어서, 국어에 대한 막연한 두려움이 자연스럽게 해소되었어요. 혜선 쌤은 단순히 이론을 나열하시는 게 아니라, 실전에서 바로 적용 가능한 전략과 팁들을 아낌없이 알려주십니다. 특히 일반적인 교재나 강의에서는 잘 다루지 않는 '야매꼼수'들을 소개해 주시는데, 이게 단순한 요령이 아니라 정확한 분석에서 우러나온 노하우여서 정말 실전에서 유용하게 쓰이더라고요. 시험장에서 시간을 단축하고, 정답을 빠르게 추려낼 수 있는 방법들을 구체적으로 알려주셔서 실전 감각까지 키울 수 있었습니다. 이런 꼼수들이 실제 시험을 대비하는 수험생 입장에서는 큰 무기라고 생각합니다.

pengh

4 주독야독 시즌1 수강후기

문제 풀면서 기본강의 때 체득하기 힘든 알짜배기 문제스킬을 바로 체득할 수 있다는 장점이 있습니다.

소오올직히 주독야독 강의 덕분에 모의고사에서 도움 정말 많이 받아서 써보는 솔직한 수강후기입니다. 국가직, 지방직 시험을 보면 항상 모의고사 때 틀렸던 부분은 시험장에 가서도 또 틀립니다. 주독야독같은 경우, 혜선 쌤이 공시생들 시간 아껴주려고 가장 오답률 높은 TOP5 문제만 수록해서 문제 훈련을 시켜주시는데, 너무 감사하게도 실제로 시험에서 많이 틀렸던 문제유형인 문법+독해 결합형 또는 논리추론 문제들로 많이 훈련하게 해주셔서 따로 문제집을 사거나 문제를 찾을 필요 없이 수업시간에 앉은자리에서 한방에 끝낼 수 있습니다. 실제로 모의고사 점수가 안정적으로 유지될 수 있던 이유도 주독야독 때 풀었던 문제들의 힘이 컸습니다. 다른 타 사이트 강의 선생님들은 혜선 쌤만큼 열정적으로 자투리 시간을 잘 활용하여 문제풀이를 해주지 않습니다. 혼자 공부하는 분들은 아침잠과 싸우는데 오전이 다 가기 때문에, 시간을 활용하며 이렇게까지 효율적으로 공부하기도 힘듭니다. 공부습관을 잡고싶거나 오답률이 높은 문제 때문에 스트레스 받고 있다면 혜선 쌤의 "주독야독" 강의 듣는 것을 정말, 정말로 추천합니다.

센라

5 만점 릴레이 적중 하프

아침에 일어나는 거 별 거 없더라구요. 박혜선 강사님 꿀팁 야매꼼수 이거 진짜 도움이 됩니다. 진짜 강추!!!

처음 문제를 풀 때 국어를 먼저 시작하고 영어로 넘어갈 때 시간을 한번 보니 3~40분 넘어가다 보니 점수는 잘 나오는데 나머지 전공과목을 하나도 못 푸는 경우가 있었습니다. 이러한 어려움 속에서 저는 박혜선 강사님 수업을 처음 들었습니다. 아침에 일어나는게 처음엔 힘들어서 그만둘까 했는데 점점 시간이 지나고 보니 별거 없더라구요. 그러다 보니 꾸준히 주독 수업과 아침 하프를 참석하다 보니 수업도 재밌고 이해가 쏙쏙되더니 매일 보는 모의고사 점수가 한달전과 비교해 보니 와... 머지?? 실력이 늘었네... 처음에는 티가 잘 안나다가 딱 한달 되자마자 틀리는게 별루 없어져있고 글이 더 잘 읽혀졌습니다. 이러나 보니 국어가 재밌고 박혜선 강사님두 너무 재밌으셔서 하루하루 즐겁습니다. 매일 점수가 잘 나오는 것은 아니지만 제가 알아가고 배워가는 것이 있다는게 뿌듯했습니다. 저는 8월에 들어와서 다른과목 진도를 빼느라 국어에 소홀히 하였지만 주독야독과 아침하프는 매일 참여하였습니다. 이로 인하여 시간대비효율이 짱짱 먹혔습니다. 피곤하더라도 이것만큼은 꼭 매일 할 예정입니다. 남들은 다 알아갈거 알아가는데 저만 모르면 억울하더라구요.

누구없소

수석합격 릴레이 신화, '최단기 합격의 절대 공식'

박혜선 亦功국어 ♥ 2026년 만점 릴레이 커리큘럼 ♥

초시생 을 위한 전체 커리큘럼

단계	강의 제목	수강 대상
1단계 (기초입문)	독해 신유형 공부(독해신공) 시작! 초보자들의 능력 up	국어가 많이 약한 공시생들 (필수는 아님. 수능 기준 6등급 이하 추천)
2단계 (올인원 필수 개념 완성)	만점 출좋포 만점 출좋포 문제 훈련	★★★ 초시생이라면 기본 이론 강의인 '만점 출좋포'부터 들으시면 됩니다. (재시생이지만 기본부터 닦고 싶다면 '만점 출좋포'부터 들으셔도 됩니다~^^)
3단계 (필수 기출 +예상문제 풀이)	논리추론 천기누설 혜선팍 논리 독해 천기누설 혜선팍 독해 시즌1, 2	'만점 출좋포' 완강 후 들으면 되는 각 영역 특화 기출+예상문제 풀이 강의
4단계 (모의고사, 압축 마무리)	족집게 적중 동형 모의고사 족집게 적중 노트	시험 직전 마지막 단계로 실전 동형 모의고사와 시험에 나올 적중 포인트들만 집중적으로 조지는 강의

Simple 그 자체, 재시생 을 위한 각 영역의 특화 커리큘럼

영역	강의명
신유형 **문법** 특화	야매꼼수 이론 특화 족집게 문법 40 포인트 집중 문제 풀이 오답률 톱5 논리, 문법독해
신유형 **독해** 특화	이론+문제 풀이 천기누설 혜선팍 독해 시즌1, 2
신유형 **논리** 특화	이론+문제 풀이 천기누설 혜선팍 논리 집중 문제 풀이 오답률 톱5 논리, 문법독해
신유형 **어휘** 특화	독해 어휘력 UP! 천기누설 혜선팍 세트형 독해+어휘

감을 놓치지 않게 하는 Daily 문제 풀이

♥ **1주일에 1회씩**
신유형 집중 문제 풀이

만점 릴레이 적중 하프

♥ **1일에 1회씩**
신유형 집중 문제 풀이

스파르타 매일 합격 모의고사

♥ **문법+독해 결합형**
강화, 약화 추론 등
신유형 집중 독해 문풀

주독야독 시즌 1, 2, 3

CONTENTS 이 책의 **차례**

문법

독해

Part 05 논리

Part 06 독해

문법

박혜선 국어 족집게 적중노트

Part

01

형태론

Chapter 01 단어의 형성

틀리면서 배우는 & 출제될 수 있는 최빈출 문법 문제

 단일어, 파생어, 합성어의 종류 - 나열 구조

01 모두 파생어인 것은?　　　　　2014 지방직 7급

① 톱질, 슬픔, 잡히다
② 접칼, 작은아버지, 치솟다
③ 헛고생, 김치찌개, 어른스럽다
④ 새해, 구경꾼, 돌보다

 접사의 기능 - 나열 구조

02 밑줄 친 부분이 ㉠의 예에 해당하는 것은?　2019 국가직 7급

> 어근의 앞이나 뒤에 파생 접사가 결합된 것을 파생어라 한다. 파생 접사는 그 위치에 따라 접두사와 접미사로 나누는데 접두사는 어근의 품사를 바꿀 수 없지만, ㉠접미사는 어근의 품사를 바꾸기도 한다.

① 황금을 보기를 돌같이 하라.
② 세 자매가 정답게 앉아 있다.
③ 옥수수 알이 크기에는 안 좋은 날씨이다.
④ 그곳은 낚시질하기에 가장 좋은 자리였다.

 접사의 기능 - 나열 구조

03 ㉠과 ㉡에 해당하는 예로 적절한 것은? 2017 교육행정직 9급

> 파생어는 '어근＋접사'로, 합성어는 '어근＋어근'으로 이루어진 복합어이다. 파생어 중에는 ㉠접사와 결합하기 전의 어근의 품사와 파생어의 품사가 달라진 것도 있고, 달라지지 않은 것도 있다. 합성어 중에는 문장에서 나타나는 배열 방식으로 만들어진 통사적 합성어도 있고, ㉡문장에서 나타나지 않는 배열 방식으로 만들어진 비통사적 합성어도 있다.

	㉠	㉡
①	슬기롭다	접칼
②	선무당	늦잠
③	공부하다	힘들다
④	먹이	잘나가다

 통사적 합성어, 비통사적 합성어 - 대조 구조

04 ㉠, ㉡에 해당하는 단어를 바르게 연결한 것은?
　　　　　　　　　　　　　　2022 지역인재 9급

> 우리 국어의 합성어는 형성 방법에 따라 ㉠통사적 합성어와 ㉡비통사적 합성어로 나눌 수 있다. 통사적 합성어란 국어의 일반적인 문장 구성 방법과 일치하는 방식으로 형성되는 합성어를 의미하며, 비통사적 합성어는 일반적인 문장 구성 방법과 어긋나는 방법으로 형성되는 합성어를 의미한다.

	㉠	㉡
①	굶주리다	곧잘
②	뛰놀다	덮밥
③	큰집	굳세다
④	힘들다	여름밤

틀리면서 배우는 & 출제될 수 있는 **최빈출** 문법 문제 해설

01

정답풀이

• 톱질 : 톱(명사)+-질(접미사)

• 슬픔 : 슬프-(형용사 어근)+-ㅁ(명사 파생 접사)

• 잡히다 : 잡-(동사 어근)+-히-(피동 접미사)+-다(어미)

오답풀이

② '접칼, 작은아버지'는 합성어, '치솟다'는 파생어이다.

③ '김치찌개'는 합성어, '헛고생, 어른스럽다'는 파생어이다.

④ '새해, 돌보다'는 합성어, '구경꾼'은 파생어이다.

02

정답풀이

명사 어근 '정'에 형용사 파생 접미사 '-답-'이 결합하여 형용사 '정답다'가 된 것이다. 따라서 접미사 '-답-'이 명사에서 형용사로 품사를 바꾸었다고 볼 수 있다.

오답풀이

① '황금을 보다'로 목적어-서술어의 구성으로 '보기'가 서술성을 가지므로 '기'는 '명사 파생 접사'가 아니라 '명사형 어미'이다. 명사형 어미는 품사를 바꿀 수 없다.

③ '옥수수 알이 크다'로 주어-서술어의 구성으로 '크기'가 서술성을 가지므로 '기'는 '명사 파생 접사'가 아니라 '명사형 어미'이다. 명사형 어미는 품사를 바꿀 수 없다.

④ '낚시질'에서 '낚시'는 명사이고 '-질'은 접미사이다. 그런데 접미사 '-질'이 붙어도 품사는 그대로 명사이므로 품사를 바꾸는 예라고 볼 수 없다.

03

정답풀이

'슬기롭다'는 명사 어근 '슬기'에 형용사 파생 접미사 '-롭-'이 붙어 형용사 '슬기롭다'가 된 것이므로 ㉠의 예로 적절하다. '접칼'은 '접은 칼'에서 관형사형 어미 '은'이 생략된 것이므로 ㉡의 예로 적절하다.

04

정답풀이

'㉠ 큰집'은 형용사 어근 '큰-'에 관형사형 어미 '-ㄴ'이 붙은 후, 명사 어근 '집'이 결합한 통사적 합성어이다. '㉡ 굳세다'는 형용사 어근 '굳-'에 형용사 어근 '세-'가 연결 어미 없이 결합한 비통사적 합성어이다.

오답풀이

① '㉠ 굶주리다'는 동사 어근 '굶-'에 동사 어근 '주리-'가 연결 어미 없이 결합한 비통사적 합성어이다. '㉡ 곧잘'은 부사 어근 '곧'과 부사 어근 '잘'이 결합한 통사적 합성어이다.

② '㉠ 뛰놀다'는 동사 어근 '뛰-'에 동사 어근 '놀-'이 연결 어미 없이 결합한 비통사적 합성어이다. '㉡ 덮밥'은 동사 어근 '덮-'에 명사 어근 '밥'이 관형사형 어미 없이 결합한 비통사적 합성어이다.

④ '㉠ 힘들다'는 '힘(이)들다'에서 조사 '이'가 생략된 통사적 합성어이다. '㉡ 여름밤'은 명사 어근 '여름'에 명사 어근 '밤'이 결합한 통사적 합성어이다.

정답

01 ①	02 ②	03 ①	04 ③

틀리면서 배우는 & 출제될 수 있는 최빈출 문법 문제

 통사적 합성어, 비통사적 합성어 – 대조 구조

05 〈보기 1〉을 참고하여 〈보기 2〉를 ㉠과 ㉡으로 잘 분류한 것은?

2017 법원직 9급

┌─ 보기 1 ┐

어근과 어근의 형식적 결합 방식에 따라 합성어를 나누어 볼 수 있다. 형식적 결합 방식이란 어근과 어근의 배열 방식이 국어의 정상적인 단어 배열 방식 즉 통사적 구성과 같고 다름을 고려한 것이다. 여기에는 합성어의 각 구성 성분들이 가지는 배열 방식이 국어의 정상적인 단어 배열법과 같은 ㉠'통사적 합성어'와 정상적인 배열 방식에 어긋나는 ㉡'비통사적 합성어'가 있다.

┌─ 보기 2 ┐

a. 새해   b. 힘들다   c. 접칼
d. 부슬비   e. 돌아가다   f. 오르내리다

	㉠	㉡
①	a, e	b, c, d, f
②	a, b, e	c, d, f
③	a, c, d	b, e, f
④	b, e, f	a, c, d

대등, 종속, 융합 합성어 – 나열 구조

06 다음 글의 내용을 적용한 것으로 적절하지 않은 것은?

2024 지역인재 9급

합성어는 구성 요소(어근 + 어근)의 의미 관계에 따라 대등 합성어, 종속 합성어, 융합 합성어로 분류된다. 대등 합성어는 '손발'처럼 두 어근의 의미가 어느 한쪽으로 치우치지 않고, 그 의미가 대등한 또는 병렬적인 합성어이다. 이에 비해 종속 합성어는 '손수레'처럼 두 어근 중 어느 하나가 의미의 중심을 이루고, 다른 하나는 그것의 의미를 보충하는 관계이다. 마지막으로 융합 합성어는 두 어근 중 어느 쪽의 의미도 아닌 제3의 의미일 때를 말한다. 대부분의 융합 합성어는 대등 합성어나 종속 합성어의 의미가 변화한 것이다. 예를 들어 합성어 '뛰어나다'는 구성 요소인 '뛰다'나 '나다'의 의미를 벗어나 '남보다 월등히 훌륭하거나 앞서 있다.'라는 새로운 의미를 획득한 것이다.

① '손가락이 길다.'에서 '손가락'은 종속 합성어이다.
② '논밭에 씨를 뿌린다.'에서 '논밭'은 대등 합성어이다.
③ '가을 하늘이 높푸르다.'에서 '높푸르다'는 대등 합성어에서 의미가 변화한 융합 합성어이다.
④ '미안한 마음은 쥐꼬리만큼도 안 든다.'에서 '쥐꼬리'는 종속 합성어에서 의미가 변화한 융합 합성어이다.

틀리면서 배우는 & 출제될 수 있는 **최빈출** 문법 문제 해설

05

정답풀이

㉠ '통사적 합성어'
  a. '새해'는 '관형사＋명사'의 통사적 합성어이다.
  b. '힘들다'는 '힘(이) 들다'의 결합에서 조사가 생략된 것은 자연스러운 현상이므로 통사적 합성어이다.
  e. '돌아가다' 역시 '돌다'와 '가다'가 '-아'라는 연결 어미로 이어지므로 통사적 합성어이다.

㉡ '비통사적 합성어'
  c. '접(은)칼'은 관형사형 어미 '-은'이 생략된 비통사적 합성어이다.
  d. '부슬비'는 '부사＋명사' 구조의 비통사적 합성어이다.
  f. '오르(고)내리다'에서 '-고'라는 연결 어미가 생략된 비통사적 합성어이다.

06

정답풀이

제시문에서 "대등 합성어는 '손발'처럼 두 어근의 의미가 어느 한쪽으로 치우치지 않고, 그 의미가 대등한 또는 병렬적인 합성어이다."라고 하였는데 '높푸르다'는 '높(고) 푸르다'를 의미하므로 의미가 대등하다고 볼 수 있다. 따라서 이는 대등 합성어이지, 대등 합성어에서 의미가 변화한 융합 합성어라고 보는 것은 적절하지 않다.

오답풀이

① 제시문에서 "이에 비해 종속 합성어는 '손수레'처럼 두 어근 중 어느 하나가 의미의 중심을 이루고, 다른 하나는 그것의 의미를 보충하는 관계이다."라고 했으므로 '손가락'은 종속 합성어이다. '가락'이 중심을 이루고 '손'이 '가락'의 의미를 보충하기 때문이다.
② '논밭'은 '논과 밭'으로 의미가 대등하므로 대등 합성어이다.
④ '쥐꼬리'는 '꼬리'가 중심을 이루고 '쥐'가 '꼬리'의 의미를 보충하기 때문에 원래는 종속 합성어가 옳았다. 하지만 이 문맥에서 '쥐꼬리'는 '매우 적은 것을 비유적으로 이르는 말.'의 새로운 의미가 되었으므로 제시문의 내용에 따라 융합 합성어로 의미가 변화했다고 볼 수 있다.

정답
05 ② 06 ③

대표 출.종.포 한눈에 보기   1. 단어의 형성

❶ 단일어, 파생어, 합성어 파악하기

❷ 접사의 기능 파악하기

❸ 합성어의 종류 파악하기

출.종.포 1   단일어, 합성어, 파생어

❶ 단어의 종류

혜선쌤의 야매꼼수

✦ 접사의 기능
  : 품사 바꾸는지 확인하기

✦ 품사를 바꾸지 않는 접두사
  : 강-, 개-, 군-, 막-,
   돌-, 들-, 뒤-, 되-,
   덧-, 드/들-, 알-,
   날-, 짓-, 치-, 풋-,
   한-, 헛-, 휘/휩-

✦ 품사를 바꾸지 않는 접미사
  : -님, -들, -꾼, -질,
   -쟁이, -둥이, -기, -치

✦ 품사를 바꾸는 접미사
  : -하-, -지-, -롭-,
   -스럽-, -답-,
   -(으)ㅁ, -기

✦ 문장 구조를 바꾸는 접미사
  : -이-, -하-, -리-, -가-,
   -우-, -구-, -추-,
   -이키-, -으키-,
   -애-, -시키-, -되-

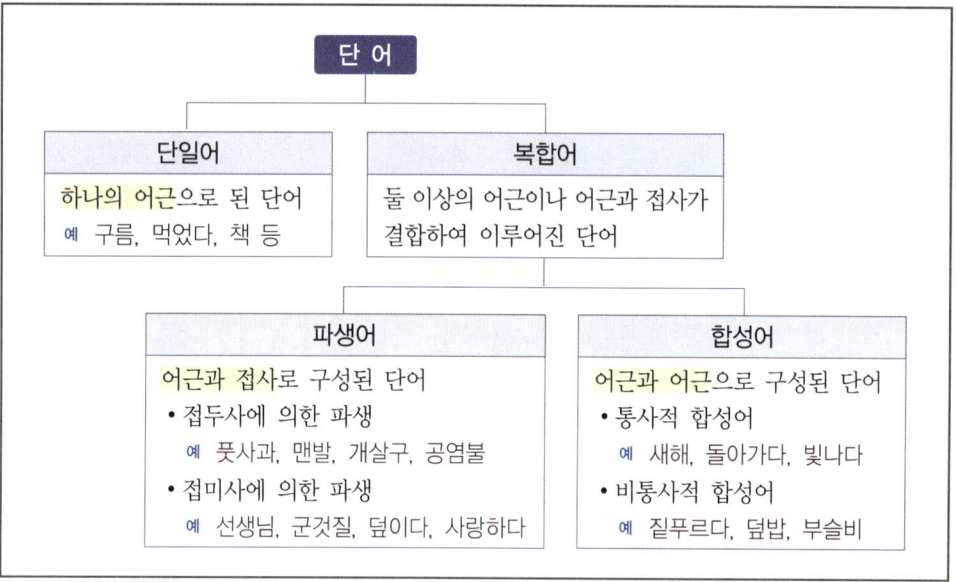

❷ 합성어의 종류

1. 일반적인 단어 배열법에 따른 분류

비통사적 합성어	개념		우리말의 일반적인 단어 배열법과 일치하지 않는 합성어
	예시	❶_____ _____생략	접칼, 덮밥, 늦잠, 곶감, 감발, 누비옷, 묵밭, 꺾쇠
		❷_____ _____생략	높푸르다, 오르내리다, 여닫다, 보살피다, 뛰놀다, 굳세다, 날뛰다, 돌보다, 굶주리다
		❸____+명사	살짝곰보, 보슬비, 척척박사, 딱딱새, 산들바람, 헐떡고개, 볼록거울, 흔들바위
		어순이 다른 한자어	독서(讀書), 급수(汲水), 등산(登山), 귀향(歸鄕) (일몰(日沒), 필승(必勝), 고서(古書)는 통사적 합성어)
통사적 합성어	개념		우리말의 일반적인 단어 배열법과 일치하는 합성어 통사적 구성과 일치하는 합성어
	예시	명사+명사	앞뒤, 돌다리, 할미꽃, 춘추, 논밭, 이슬비
		부사+부사	곧잘, 더욱더, 이리저리, 엎치락뒤치락, 죄다
		관형사+체언	새해, 온갖, 첫사랑, 한바탕, 새마을, 온종일, 뭇매
		부사+용언	잘나다, 그만두다, 못나다, 다시없다, 몹쓸(못+'쓰다'의 관형사형)
		❹____생략	빛(이)나다, 힘(이)들다, 본(을)받다, 꿈(과)같다, 앞(에)서다, 값(이)싸다, 맛(이)있다, 재미(가)없다, 선(을)보다, 애(를)쓰다, 손(에)쉽다
		연결 어미	돌아가다, 알아보다, 게을러빠지다, 뛰어가다, 들어가다, 약아빠지다, 찾아보다, 깎아지르다, 스며들다
		관형사형 어미	군밤, 작은언니, 어린이, 지은이, 작은집, 이른바, 쓸데없다(쓰+ㄹ+데+없+다), 보잘것없다(보+자+고+하+ㄹ+것+없+다)

2. 의미에 따른 분류

대등 합성어	개념	각각의 어근이 본래의 의미를 대등하게 유지하는 합성어
	예시	논밭, 마소, 오가다, 여닫다, 앞뒤, 한두, 들락날락
종속 합성어	개념	한쪽의 어근이 다른 한쪽의 어근을 꾸미는 합성어
	예시	손바닥, 봄비, 책가방, 돌다리, 갈아입다, 저녁밥, 콩나물, 소나무
융합 합성어	개념	어근들이 하나로 융합되어 본래의 외미에서 벗어나 제3의 의미를 나타내는 합성어
	예시	연세(年歲), 춘추(春秋), 수족(手足), 세월(歲月), 모순(矛盾), 피땀, 빈말, 보릿고개, 검버섯, 괴발개발(개발새발)

Chapter

02

체언 : 대명사, 명사, 수사

틀리면서 배우는 & 출제될 수 있는 **최빈출 문법 문제**

우리의 용법 – 나열 구조

01 다음 대화문에서 대명사 '우리'의 용법이 나머지와 다른 하나는?
2014 지방직 7급

① A : 어제는 너한테 미안했어. <u>우리</u>가 너무 심하게 한 것 같아.
　 B : 아니야, 내가 잘못했어. 너희 잘못이 아니야.
② A : 어제는 정말 좋았어. <u>우리</u>가 언제 또 그런 기회를 가질 수 있겠니?
　 B : 그래, 나도 좋았어. <u>우리</u> 다음에도 또 그런 자리 마련해 보자.
③ A : <u>우리</u>는 점심에 스파게티를 자주 먹어.
　 B : 그래? <u>우리</u>는 촌스러워서 그런지 스파게티 같은 건 잘 못 먹어.
④ A : 정말 미안하지만 <u>우리</u> 입장도 좀 생각해 줘.
　 B : 알겠어. 다음에 기회가 되면 도와주길 바랄게.

저, 저희 (1인칭 VS 3인칭) – 대조 구조

02 ㉠~㉣에 대한 설명으로 적절하지 않은 것은?

> • 그녀는 ㉠ <u>자기</u> 자식을 예뻐라 하였다.
> • 그녀는 ㉡ <u>당신</u> 자식을 예뻐라 하였다.
> • 고슴도치도 ㉢ <u>저</u>의 자식을 이뻐라 한다.
> • ㉣ <u>저희</u>는 어제 밥을 먹었어요.

① ㉠의 높임 표현은 ㉡이다.
② ㉡은 '그녀'를, ㉢은 '고슴도치'를 가리킨다.
③ ㉢은 '나'를 가리키는 1인칭 대명사이다.
④ ㉣은 '우리'를 낮추는 1인칭 대명사이다.

당신 (2인칭 VS 3인칭) – 대조 구조

03 다음 밑줄 친 단어에 대한 설명으로 가장 적절하지 않은 것은?
2018 경찰 1차

> ㉠ <u>당신</u>은 누구시오?
> ㉡ <u>당신</u>, 요즘 직장에서 피곤하시죠?
> ㉢ 뭐? 당신? 누구한테 <u>당신</u>이야!
> ㉣ 할아버지께서는 생전에 <u>당신</u>의 장서를 소중히 다루셨다.

① ㉠에서 '당신'은 청자를 가리키는 2인칭 대명사이다.
② ㉡에서 '당신'은 부부 사이에서 상대편을 높여 이르는 2인칭 대명사이다.
③ ㉢에서 '당신'은 맞서 싸울 때 상대편을 낮잡아 이르는 2인칭 대명사이다.
④ ㉣에서 '당신'은 상대방을 높여 부르는 2인칭 대명사이다.

틀리면서 배우는 & 출제될 수 있는 최빈출 문법 문제 해설

01

정답풀이

나머지는 '청자'를 제외한 의미의 '우리'가 쓰였다. 하지만 ②의 '우리'는 위의 화자와 청자 모두를 포함하는 의미로 쓰였다.

오답풀이

① 청자 '너'를 제외한 '우리'이다.
③ A가 말한 '우리'와 B가 말한 '우리'는 청자를 제외한 의미의 '우리'이다. 서로가 포함된 무리와 다른 무리를 대조하고 있기 때문이다.
④ B에게 양해하면서 '우리 입장'을 생각해 달라고 하는 것은 청자인 B가 제외된 '우리'가 쓰였음을 알 수 있다.

02

정답풀이

'저'는 3인칭 주어인 '고슴도치'를 가리키기 때문에 1인칭 대명사가 아니라 3인칭 재귀 대명사이다.

오답풀이

① 'ㄱ 자기'와 'ㄴ 당신'은 3인칭 주어를 다시 가리키는 재귀 대명사이다. 이때 'ㄴ 당신'은 'ㄱ 자기'보다 높임의 의미를 갖는다.
② ㄴ, ㄷ은 모두 3인칭 주어를 가리키는 재귀 대명사이므로 각각 '그녀, 고슴도치'를 가리키는 것은 적절하다.
④ '저희'는 3인칭 재귀 대명사도 있긴 하지만 여기에서는 문맥상 1인칭 대명사 '우리'를 낮춘 것이므로 이 선지는 적절하다.

03

정답풀이

ㄹ에서 '당신'은 '자기(앞에서 이미 말하였거나 나온 바 있는 사람을 도로 가리키는 3인칭 대명사)'를 아주 높여 이르는 말이다.

정답
01 ② 02 ③ 03 ④

틀리면서 배우는 & 출제될 수 있는 **최빈출** 문법 문제

 이, 그, 저의 용법

04 다음 대화의 ㉠~㉢에 대한 설명으로 적절하지 않은 것은?

2022 국가직 9급

> 이진: 태민아, ㉠이 책 읽어 봤니?
> 태민: 아니, ㉡그 책은 아직 읽어 보지 못했어.
> 이진: 그렇구나. 이 책은 작가의 문체가 독특해서 읽어 볼 만해.
> 태민: 응, 꼭 읽어 볼게. 한 권 더 추천해 줄래?
> 이진: 그럼 ㉢저 책은 어때? 한국 대중문화를 다양한 시각에서 다룬 재미있는 책이야.
> 태민: 그래, ㉣그 책도 함께 읽어 볼게.
> 이진: (두 책을 들고 계산대로 간다.) 읽어 보겠다고 하니, 생일 선물로 ㉤이 책 두 권 사 줄게.
> 태민: 고마워. 잘 읽을게.

① ㉠은 청자보다 화자에게, ㉡은 화자보다 청자에게 가까이 있는 대상을 가리킨다.

② ㉢은 화자보다 청자에게 멀리 있는 대상을 가리킨다.

③ ㉢과 ㉣은 같은 대상을 가리킨다.

④ ㉤은 ㉡과 ㉢ 모두를 가리킨다.

 미지칭 대명사 VS 부정칭 대명사 – 대조 구조

05 다음 〈보기〉의 문장에 대한 설명으로 적절하지 않은 것은?

> ┌─ 보기 ┐
> ㉠ 어제 무엇을 먹었어?
> ㉡ 아무나 나를 좋아해줬으면 좋겠어.
> ㉢ 누구든 집으로 오세요.
> ㉣ 이번 대선에서 누구를 대통령으로 뽑을 거니?

① ㉠의 '무엇'은 화자가 모르는 사물이나 사람을 가리키는 미지칭 대명사이다.

② ㉡의 '아무'는 특정한 대상으로 한정되지 않을 때 사용하는 부정칭 대명사이다.

③ ㉢의 '누구'는 특정한 대상으로 한정되지 않을 때 사용하는 부정칭 대명사이다.

④ ㉣의 '누구'는 특정한 범위가 없으므로 부정칭 대명사로 분류한다.

틀리면서 배우는 & 출제될 수 있는 **최빈출** 문법 문제 해설

04

정답풀이

ⓒ의 지시 관형사 '저'는 화자와 청자 모두에게 멀리 있는 대상을 가리킬 때 쓰이므로 ②는 옳지 않다.

오답풀이

① ⓐ의 '이'는 청자보다 화자에게 가까울 때 쓰는 지시 관형사이고 ⓑ의 '그'는 화자보다 청자에게 가까울 때 쓰는 지시 관형사이므로 옳다. (참고로 '이'는 청자 '태민'이보다 화자 '이진'이에게 더 가까울 때, '그'는 화자 '태민'이보다 청자 '이진'이에게 더 가까울 때 쓰인 것이다.)

③ 이진과 태민은 '한국 대중문화를 다양한 시각에서 다룬 재미있는 책'에 대해 대화하고 있으므로 'ⓒ 저 책'과 'ⓓ 그 책'은 같은 대상임을 알 수 있다.

④ 'ⓔ 이 책' 뒤를 보면 '두 권'을 사준다고 한다. 이를 통해 이들이 관심을 가진 '작가의 문체가 독특'한 책인 'ⓓ 그 책'과 '한국 대중문화를 다양한 시각에서 다룬 재미있는 책'인 'ⓒ 저 책'이 'ⓔ 이 책'을 가리킴을 알 수 있다.

05

정답풀이

'누구'는 정해지지 않은 사람을 가리키는 부정칭 대명사도 있다. 또한 지칭이 되지만 그 대상을 모르는 미지칭 대명사도 있다. 그런데 ⓓ에서는 대통령이 될 사람이 있지만 알지 못하는 것이므로 미지칭 대명사에 해당한다.

오답풀이

① 이렇게 물어보는 경우에는 '무엇'은 화자가 모르는 대상을 지칭할 때 쓰는 표현이므로 미지칭 대명사가 옳다.

② '아무'는 누구든 들어갈 수 있는 표현이므로 부정칭 대명사가 옳다.

③ '누구'는 누구든 들어갈 수 있는 표현이므로 부정칭 대명사가 옳다.

정답

04 ② 　 05 ④

출.종.포 2 1, 2, 3인칭 대명사

① 대명사(代名詞): 대상의 이름을 대신하여 가리키는 말

1. 특징

① 활용하지 않는 불변어 ② 관형어의 꾸밈 ③ 조사와 결합

2. 종류

헤선쌤의 야매꼼수

✦ 미지칭, 부정칭 구별법
: 'everybody(anybody)'
를 넣어 보기

인칭 대명사	1인칭	화자를 대신 가리킴. 예 나, 저 / 우리, 저희 / 짐, 소인		
	2인칭	청자를 대신 가리킴. 예 너, 자네, 그대, 당신, 너희, 여러분		
	3인칭	개념		제3자를 대신 가리킴. 예 그, 그녀, 그들, 이분(이이)
		종류	미지칭 (未知稱) 대명사	특정 대상을 지시하지만 누군지 모름. 예 너는 누구를 좋아하니? 혜선이요.
			부정칭 (不定稱) 대명사	특정 대상을 지시하지 않음. 아무나 지시 가능함. 예 누구든 나를 도와줘. 아무도 좋아하지 않아.
			★ 재귀칭 (再歸稱) 대명사	저, 저희, 자기, 당신(높임의 의미) 이미 나온 "3인칭" 주어를 한번 더 가리킬 때 씀. 예 고슴도치도 저(자기)의 새끼는 이뻐한다. 그들은 저희의 잘못인지도 모른다. 할머니는 당신의 인생을 회고하였다.
지시 대명사	사물	이것, 그것, 저것 / 무엇		
	처소	여기, 거기, 저기, 이곳, 그곳, 저곳 / 어디		
	시간	언제		

출.종.포 3 상황에 따라 달리 쓰이는 대명사

우리		① 화자 자신과 청자, 또는 화자 자신과 청자와 여러 사람을 가리키는 1인칭 대명사 ② 청자를 제외한 1·3인칭만 포함 예 우리 오늘 파티할 건데 너도 올래? ③ 화자 자신만 지칭하면서 어떤 대상이 자기와 친밀한 관계임을 나타낼 때 쓰는 말 예 우리 남편이 잘생겼지 뭐야~
당신	2인칭	청자를 단순히 가리키는 경우 예 그날 범인이 당신입니까? 청자를 높이는 경우 예 당신의 꿈이 그립습니다. 청자를 낮추는 경우 예 뭘 째려봐 당신!!!
	3인칭	3인칭 재귀 대명사 [재귀칭 '저(자기)'의 높임] 예 할아버지는 당신의 꿈을 이루고 갔다.
저희	1인칭	'우리'의 낮춤말 예 저희의 책임입니다.
	3인칭	3인칭 재귀 대명사 (재귀칭 '저'의 복수형) 예 고슴도치들도 저희 새끼는 이뻐한다.

PART
01

출.종.포 4 지시 대명사의 담화론적 성격 : 지시 관형사, 지시 부사도 마찬가지임.

이것 여기 이리 이	① 말하는 이에게 가까이 있거나 말하는 이가 생각하고 있는 사물을 가리킴. 예 철수야 **이것**이 내가 저번에 말한 옷이야. 철수야 **이리** 와 봐. **이** 옷의 색깔이 예쁘지? ② 바로 앞에서 이야기한 대상을 가리키는 지시 대명사 예 오늘 내가 고백한 거... **이것**을 잘 기억해 줬으면 해.
그것 거기 그리 그	① 듣는 이에게 가까이 있거나 듣는 이가 생각하고 있는 사물을 가리키는 지시 대 명사 예 네 옆에 있는 **그것**이 무엇이냐? 그것은 **거기**다 내려놓고 빈손으로 이리 오게. 응. **그리**로 가렴. ② 앞에서 이미 이야기한 대상을 가리키는 지시 대명사 예 나무를 해서 팔아 봤자 나무 한 짐에 쌀 두 되 값 받기가 어려우니, **그것** 가지고는 다섯 식구 입에 풀칠하기조차 힘들었다.
저것 저리 저	① 말하는 이나 듣는 이로부터 멀리 있는 사물을 가리키는 지시 대명사 예 **저것**을 좀 보십시오.

출.종.포 5 수사와 수 관형사의 구별

수사	구분법	체언 뒤에는 조사가 결합됨.
	적용	나는 배 **하나**를 먹었다.
수 관형사	구분법	체언이 아니므로 조사가 결합하지 못함. 수 관형사 뒤에는 꾸밈을 받는 명사가 옴.
	적용	난 배 **한** 개를 먹었다.

◆ 수사, 수 관형사 구별 Tip
 ① 조사를 붙여 보기
 ② 뒤에 조사가 오면 수사
  뒤에 명사가 오면 수 관
  형사

Chapter 03 용언 : 동사, 형용사

틀리면서 배우는 & 출제될 수 있는 최빈출 문법 문제

 어미로 구별 – 나열 구조

01 다음 글을 읽고 ㉠과 ㉡의 예를 바르게 짝지은 것은?

2017 기상직 7급

'있다, 없다'는 동사 성격과 형용사 성격을 모두 공유하고 있는데, 이를 중요시하여 따로 존재사를 설정하는 경우가 있다. 예컨대, 동사에는 관형사형 어미 '-는'이 붙을 수 있고, 형용사에는 '-는'이 붙지 못하는 특성이 있는데, '있다, 없다'는 '있는, 없는'에서 보는 것처럼 둘 다 가능하다는 것이다. 그렇다고 이 둘이 의미상으로 동작의 움직임이나 과정을 나타내는 동사인가 하면, 그렇지도 않으니, 동사·형용사 품사 배정에 어려움이 있다는 것이다. 따라서 동사·형용사 두 가지 특성을 보이는 새로운 품사로 존재사라는 것을 설정하자는 것이다. 그러나 이 두 단어 때문에 새로운 품사를 설정하는 것은 바람직하지 않다고 본다. 예컨대, '있다'는 '있는다, 있어라'라는 표현이 가능한 점이 있으나 '없다'는 '*없는다, *없어라'가 불가능 하니, 각각 동사와 형용사로 인정하는 게 나으리라 판단된다. 학교 문법에서는 의미상의 분류를 그 기준으로 하고 있어 '있다, 없다' 둘 다 형용사로 나누고 있는 실정이다. 하긴, '있다'를 자세히 보면 ㉠ <u>동사로서의 '있다'</u>와 ㉡ <u>형용사로서의 '있다'</u>로 나뉜다고도 할 수 있을 것이다.

① ㉠ 나는 신이 <u>있다</u>고 믿는다.
　㉡ 그는 내일 집에 <u>있는다</u>고 했다.
② ㉠ 오늘 회식이 <u>있으니</u> 모두 참석하세요.
　㉡ 그는 <u>있는</u> 집 자손이다.
③ ㉠ 떠들지 말고 얌전하게 <u>있어라</u>.
　㉡ 우리 모두 함께 <u>있자</u>.
④ ㉠ 앞으로 사흘만 <u>있으면</u> 추석이다.
　㉡ 그는 서울에 <u>있다</u>.

 의미로 구별 – 나열 구조

02 다음 중 밑줄 친 단어의 품사가 다른 것은? 2017 국회직 9급

① 아무런 증세가 <u>없어서</u> 조기 발견이 어렵다.
② 키가 몰라보게 <u>컸구나</u>.
③ 앞으로 사흘만 <u>있으면</u> 추석이다.
④ 내일 아침이 <u>밝으면</u> 떠나겠다.
⑤ 사람은 늙거나 <u>병들면</u> 죽는다.

 규칙 활용 VS 불규칙 활용 – 나열 구조

03 밑줄 친 단어의 기본형이 옳지 않은 것은?

2019 국가직 7급

① 아침이면 얼굴이 <u>부어서</u> 늘 고생이다. (→ 붓다)
② 개울물이 <u>불어서</u> 징검다리가 안 보인다. (→ 불다)
③ 은행에 <u>부은</u> 적금만도 벌써 천만 원이다. (→ 붓다)
④ 물속에 오래 있었더니 손과 발이 퉁퉁 <u>불었다</u>.
　(→ 붇다)

틀리면서 배우는 & 출제될 수 있는 최빈출 문법 문제 해설

01

정답풀이

㉠처럼 '있다'가 '(얼마의 시간이) 경과하다'는 뜻이 되면 동사이고, ㉡처럼 '어느 곳에 머무르거나 사는 상태이다'는 의미가 되면 형용사이다.

오답풀이

① ㉠처럼 '있다'가 '존재하는 상태이다'는 의미로 쓰이면 형용사이고, ㉡처럼 '떠나지 아니하고 머물다'의 의미가 되면 동사이다.

② ㉠처럼 '있다'가 '(어떤 일이) 이루어지거나 벌어질 계획이다'의 의미로 쓰이면 형용사이고 ㉡처럼 '(재물이) 넉넉하거나 많다'의 의미가 되면 형용사이다.

③ ㉠, ㉡은 각각 명령형 어미 '-어라'와 청유형 어미 '-자'가 붙었으므로 동사이다.

02

정답풀이

'없다'는 항상 형용사이다.

오답풀이

② 동사는 시간의 흐름을 전제하는데, 여기에서 '컸구나'는 시간의 흐름에 따라 '성장했다'는 의미를 지니므로 동사이다.

③ '사흘만 있으면'에서 '있으면'은 '지나면'이라는 말로 치환된다. 즉, 사흘이라는 시간이 흐르는 것을 의미하므로 여기에서의 '있다'는 동사이다.

④ '아침이 밝으면'의 '밝다'는 '날이 밝아오다(시간의 흐름)'의 의미이므로 동사이다.

⑤ '병들면'은 멀쩡했다가 병이 생겼다는 의미로 시간의 흐름이 전제되므로 동사이다.

☞ '늙다' 또한 언제나 동사이다.

03

정답풀이

물이 '붇다'가 기본형이다. '붇다'는 '분량이나 수효가 많아지다.'의 의미를 갖는 'ㄷ' 불규칙 용언이다. 'ㄷ' 불규칙 용언이기 때문에 어미 '어서'가 오니 '불어서'로 형태가 바뀐 것이다. 기본형은 '붇다'가 맞다.

오답풀이

① '붓다1'는 '얼굴이 붓다'는 의미를 가진 'ㅅ' 불규칙 용언이다. 그래서 어미 '어서'가 오니 'ㅅ'이 탈락하여 '부어서'로 형태가 바뀐 것이다.

③ '붓다2'는 '곗돈·납입금 등을 기한마다 치르다'는 의미를 가진 'ㅅ' 불규칙 용언이다. 그래서 어미 '-(으)ㄴ'가 오니 'ㅅ'이 탈락하여 '부은'으로 형태가 바뀐 것이다.

④ '붇다'는 '물에 젖어 부피가 커지다'로 ②의 '붇다'와 사전에 함께 수록된 같은 단어이다. ('붇다'는 다의어이다.) 'ㄷ' 불규칙 용언이기 때문에 어미 '었'이 오니 '불었다'로 활용된 것이다.

정답

01 ④ **02** ① **03** ②

틀리면서 배우는 & 출제될 수 있는 최빈출 문법 문제

 규칙 활용 VS 불규칙 활용 – 나열 구조

04 〈보기〉의 설명 중 밑줄 친 부분에 해당하는 사례가 아닌 것은?

2023 서울시 9급

┌─────── 보기 ───────┐

용언이 문장 속에 쓰일 때에는 어간에 어미가 붙어서 활용함으로써 다양한 문법적인 기능을 나타낸다. 대부분의 용언은 활용할 때에 어간이나 어미의 기본 형태가 그대로 유지되거나 혹은 다른 형태로 바뀌어도 그 현상을 일정한 규칙으로 설명할 수 있지만, 일부의 용언 가운데에는 활용할 때 '어간의 형태가 불규칙하게 활용하는 것', '어미의 형태가 불규칙하게 활용하는 것', '어간과 어미가 불규칙하게 활용하는 것'이 있다.

└──────────────────┘

① 잇다 → 이으니
② 묻다(問) → 물어서
③ 이르다(至) → 이르러
④ 낫다 → 나으니

05 ㉠, ㉡의 사례로 옳은 것만을 짝 지은 것은?

2021 국가직 9급

┌──────────────────┐

용언의 불규칙활용은 크게 ㉠어간만 불규칙하게 바뀌는 부류, ㉡어미만 불규칙하게 바뀌는 부류, 어간과 어미 둘 다 불규칙하게 바뀌는 부류로 나눌 수 있다.

└──────────────────┘

	㉠	㉡
①	걸음이 빠름	꽃이 노람
②	잔치를 치름	공부를 함
③	라면이 불음	합격을 바람
④	우물물을 품	목적지에 이름

 본용언 VS 보조 용언

06 밑줄 친 부분 중 보조 용언이 결합되지 않은 것은?

2015 국가직 9급

① 창문 너머로 날이 <u>밝아 온다</u>.
② 동생이 내 과자를 <u>먹어 버렸다</u>.
③ 우체국에 들러 선배의 편지를 <u>부쳐 주었다</u>.
④ 그는 환갑이 지났지만 40대처럼 <u>젊어 보인다</u>.

틀리면서 배우는 & 출제될 수 있는 **최빈출** 문법 문제 해설

04

정답풀이

'이르다(至)'가 '이르러'로 활용되는 것은 '러 불규칙 활용'으로, 어미 '-어'가 '-러' 형태로 변화한 것이다. 따라서 어간의 형태가 불규칙하게 활용하는 것이 아니라 어미의 형태가 불규칙하게 활용하는 것에 해당한다.

오답풀이

① '잇다'는 'ㅅ' 불규칙 활용이며, 모음 어미가 결합될 때 어간의 받침 'ㅅ'이 탈락한다.

② '묻다'는 'ㄷ' 불규칙 활용이며, 모음 어미가 결합될 때 어간 끝 음절의 받침 'ㄷ'이 'ㄹ'로 바뀐다.

④ '낫다'는 'ㅅ' 불규칙 활용이며, 모음 어미가 결합될 때 어간의 받침 'ㅅ'이 탈락한다.

05

정답풀이

'㉠ 우물물을 품'에서 기본형은 '푸다'이다. '푸다'는 모음 어미가 오는 경우 'ㅜ'가 탈락되는 '우' 불규칙 용언이다. [푸다, 푸지, 푸고, 퍼(←푸+어)] 따라서 '㉠ 어간만 불규칙하게 바뀌는 부류'이므로 옳다.

'㉡ 목적지에 이름'에서 기본형은 '이르다'이다. '이르다'는 모음 어미 '어'가 오면 '러'로 교체되는 '러' 불규칙 용언이다. 따라서 '㉡ 어미만 불규칙하게 바뀌는 부류'이므로 옳다.

오답풀이

㉠ : 어간만 불규칙하게 바뀜	㉡ : 어미만 불규칙하게 바뀜
① • 'ㄹ' 불규칙 ○ • [빠르다, 빠르지, 　빨라(빠르(→ 빨ㄹ)+아)] • '빠르다'는 모음어미가 오면 'ㅡ'가 탈락되고 'ㄹ'이 덧생겨 'ㄹㄹ'형으로 바뀌는 '르' 불규칙 용언이므로 ㉠의 예이다.	• 'ㅎ' 불규칙 ✕ • [노랗다, 노랗지, 　노래(← 노랗+아)] • '노랗다'는 모음 어미가 오면 어간과 어미 모두 바뀌는 'ㅎ' 불규칙 용언이므로 ㉡의 예로 옳지 않다.
② • 'ㅡ' 규칙 ✕ • [치르다, 치르지, 치러] • '치르다'는 모음 어미 '어'가 오면 'ㅡ'가 딜릭되는 'ㅡ' 규칙 용언이므로 ㉠의 예로 옳지 않다.	• '여' 불규칙 ○ • [하다, 하지, 　하여(하+어(→ 여)] • '하다'는 모음 어미 '어'가 올 때, 모음 어미 '여'로 교체되는 '여' 불규칙 용언이므로 ㉡의 예이다.
③ • 'ㄷ' 불규칙 ○ • [붇다, 붇지, 　불어(붇(→ 불)+어)] • '붇다'는 '물에 젖어서 부피가 커지다.'를 의미하는 'ㄷ' 불규칙 용언이다. • '붇다'는 모음어미가 오면 'ㄷ'이 'ㄹ'로 교체되는 'ㄷ' 불규칙 용언이므로 ㉠의 예이다.	• 동음 탈락 규칙 ✕ • [바라다, 바라지, 　바래(바라+아→'ㅏ' 탈락)] • '바라다'는 모음어미 '아'가 오면 동음 'ㅏ'가 탈락되는 동음 탈락 규칙 용언이므로 ㉡의 예로 옳지 않다.

06

정답풀이

'보조 용언'이 결합되지 않은 것을 고르라는 것은 '본용언+본용언'으로 쓰인 것을 고르라는 말이다. '보조 용언'은 '본용언과 연결되어 그것의 뜻을 보충하는 역할'을 하는 용언으로 실질적인 의미가 적다. 그런데 ④는 '그는 40대처럼 젊다.+(그는 40대처럼) 보이다.'가 합쳐진 말이므로 본용언 '젊다'와 본용언 '보이다'가 합쳐진 것이다. 따라서 보조 용언이 결합되지 않은 것이라고 볼 수 있다.

☞ 보조 용언은 문장에서 생략해도 문맥의 뜻에 큰 영향을 끼치지 않는다.

오답풀이

① '오다'는 '진행'의 뜻을 가진 보조 용언이다.

② '버리다'는 '종결, 완료'의 뜻을 가진 보조 용언이다.

③ '주다'는 '다른 사람을 위하여 어떤 행동을 함(봉사)'의 뜻을 가진 보조 용언이다.

정답

04 ③　　**05** ④　　**06** ④

출.종.포 6 용언(동사 VS 형용사)

❶ 어미로 파악하는 동사와 형용사의 구별

기준
현재 시제 선어말 어미 : '❶_____'(받침 뒤) / '❷_____'(모음, ㄹ 뒤)
관형사형 어말 어미 : '❸_____'(받침 뒤) / '❹_____'(모음, ㄹ 뒤) 예외) 있다, 없다
명령형 '❺_____', '-세요' / 청유형 어미 '❻____', '-ㅂ시다'
목적, 의도의 어미 '-러, -려'
진행의 '-고 있다'

② 의미로 파악하는 동사와 형용사의 구별

(1) 무조건 나오는 동사

늙다, 낡다, 맞다, 틀리다, 모자라다, 조심하다, 중시하다,
잘생기다(못생기다), 잘나다(못나다), -어지다, -어하다, 가물다

(2) 무조건 나오는 형용사

없다, 많다, 젊다, 알맞다, 걸맞다, 부족하다, 칠칠하다

(3) '-지 아니하다, -지 못하다'의 경우에는 '아니하다, 못하다'의 품사는 앞의 본용언을
따라간다. '-기 하다'도 마찬가지.

(4) 동사와 형용사 통용

크다	동사	자라다, 성장하다
	형용사	'자라다, 성장하다' 이외의 의미
길다 (동음이의어)	동사	머리카락, 수염 따위가 자라다.
	형용사	'자라다' 이외의 의미
밝다	동사	밤이 지나고 환해지며 새날이 오다.
	형용사	'새날이 오다' 이외의 의미
있다	동사	① 사람이나 동물이 어느 곳에서 떠나거나 벗어나지 아니하고 머물다. 예 그는 내일 집에 있는다고 했다. ② 사람이 어떤 직장에 계속 다니다. 예 딴 데 한눈팔지 말고 그 직장에 그냥 있어라. ③ 사람이나 동물이 어떤 상태를 계속 유지하다. 예 떠들지 말고 얌전하게 있자. ④ 얼마의 시간이 경과하다. 예 앞으로 사흘만 있으면 추석이다.
	형용사	• 동사의 '있다' 이외의 의미 • 주로 '존재하다', '가지다(소유하다)', '재산이 풍족하다', '머무르는 상태이다', '어떠한 역할로 존재하다'의 의미를 갖는다. 예 나는 신이 있다고 믿는다, 기회가 있다, 모임이 있다. 그는 있는 집 자손이다, 그는 서울에 있다. 그는 철도청에 있다, 합격자 명단에는 내 이름도 있었다.
늦다	동사	정해진 때보다 지나다. 예 그는 약속 시간에 항상 늦는다, 그는 버스 시간에 늦어 못 갔다.
	형용사	① 기준이 되는 때보다 뒤져 있다. 예 시계가 오 분 늦게 간다. ② 시간이 알맞을 때를 지나 있다. 또는 시기가 한창인 때를 지나 있다. 예 우리 일행은 예정보다 늦게 도착했다. ③ 곡조, 동작 따위의 속도가 느리다. 예 발걸음이 늦다.

◆ "동사"로 볼 수 있는 경우
① '-는다, -ㄴ다' 결합
② 시간의 흐름
③ 목적어

'~에 늦다'는 동사

 **용언의 활용 양상**

① 규칙 활용

종류	내용	예
일반적 규칙 활용	용언이 활용할 때 어간이나 어미의 모습이 바뀌지 않음.	• 좋다 : 좋고, 좋아, 좋으니
'ㅡ' 탈락	어간의 끝이 'ㅡ' 모음일 때 모음으로 시작하는 어미와 결합하면서 'ㅡ'가 탈락함.	• 쓰다 : 써(쓰+어), 썼다(쓰+었+다) • 들르다 : 들러(들르+어), 들렀다(들르+었+다) • 치르다 : 치러(치르+어), 치렀다(치르+었+다) • 잠그다 : 잠가(잠그+아), 잠갔다(잠그+았+다) • 담그다 : 담가(담그+아), 담갔다(담그+았+다)
'ㄹ' 탈락	어간의 'ㄹ' 받침이 'ㅂ, ㅅ, ㄴ, ㄹ, 오' 등 특정 자음으로 시작하는 어미와 결합하면서 탈락함.	• 울다 : 웁니다(울+ㅂ니다), 우시니(울+시+니), 우는(울+는), 울수록(울+ㄹ수록), 우오(울+오)
동음 탈락	어간의 끝과 어미의 처음이 동음인 경우 하나가 탈락함.	• 파다 : 파(파+아), 파서(파+아서), 파도(파+아도) • 모자라다 : 모자라(모자라+아), 모자라서(모자라+아서) • 바라다 : 바라(바라+아), 바라서(바라+아서), 바라도(바라+아도)

② 불규칙 활용

종류		내용	불규칙 용언	규칙 용언
어간 바뀜	'ㅅ' 불규칙	모음 어미 앞에서 탈락함.	• 붓 + 어 → 부어 • 짓 + 어 → 지어 • 낫다(勝, 癒), 잇다, 긋다	벗어, 씻어, 빗어, 웃어
	'ㅂ' 불규칙	모음 어미 앞에서 '오/우'로 변함.	• 굽(炙) + 어 → 구워 • 눕 + 어 → 누워 • 줍 + 어 → 주워 • 돕다, 덥다, 깁다, 춥다	잡아, 뽑아, 좁아, 씹어
	'ㄷ' 불규칙	모음 어미 앞에서 'ㄹ'로 변함.	• 싣 + 어 → 실어 • 붇 + 어 → 불어 • 걷(步) + 어 → 걸어 • 묻다(問), 듣다, 깨닫다, 눋다	묻어(埋), 얻어, 걷어
	'ㄹ' 불규칙	모음 어미 앞에서 'ㄹㄹ'로 변함.	• 빠르 + 아 → 빨라 • 이르 + 어 → 일러(謂, 早) • 부르다, 오르다, 바르다, 곧(올)바르다, 가파르다, 불사르다	따라, 치러
	'우' 불규칙	모음 어미 앞에서 'ㅜ' 탈락함.	• 푸 + 어 → 퍼 ('푸다'만 '우' 불규칙)	주어, 누어
어미 바뀜	'여' 불규칙	모음 어미 '-아'가 '-여'로 변함.	• 공부하 + 아 → 공부하여 • '하다'와 '-하다'가 붙는 모든 용언	파 + 아 → 파
	'러' 불규칙	어미 '-어'가 '-러'로 변함.	• 푸르 + 어 → 푸르러 • 노르 + 어 → 노르러 • 누르 + 어 → 누르러 • 이르(至) + 어 → 이르러	치르 + 어 → 치러
어간 어미 바뀜	'ㅎ' 불규칙	'ㅎ'으로 끝나는 형용사 어간에 '-아/-어'가 오면 어간의 일부인 'ㅎ'이 없어지고 어미는 'ㅣ'로 변함.	• 하양 + 아서 → 하얘서 • 파랗 + 이 → 파래 • 누렇 + 어지다 → 누레지다	좋 + 아서 → 좋아서 낳 + 은 → 낳은

혜선쌤의 야매꼼수

✦ 자음 어미를 붙이면 ✕ 꼭 모음 어미를 붙이기 만만한 '어/아'

혜선쌤의 야매꼼수

✦ '우' 불규칙은 특히 중요 : 우물물을 퍼~ ♪♪

혜선쌤의 야매꼼수

✦ 사실상, 용언의 불규칙은 어미 바뀜의 용언 딱 5개만 외우면 끝난다.

암기팁
하! 푸노누이
(쌀국수 먹고 살찐 혜선 쌤의 탄식)

✦ 어간·어미 바뀜의 용언은 이런 특징이 있다.

암기팁
'ㅎ'으로 끝나는 형용사 ('좋다'는 제외)

Chapter 04

관계언 : 격 조사, 접속 조사, 보조사

틀리면서 배우는 & 출제될 수 있는 **최빈출** 문법 문제

 ### 에서 (주격 조사 VS 부사격 조사) - 대조 구조

01 국어의 조사에 대한 설명으로 가장 옳지 않은 것은?

2018 서울시 7급

① '에서'는 '집에서 가져 왔다'의 경우에는 부사격 조사이지만 '우리 학교에서 우승을 차지했다'의 경우에는 주격 조사이다.

② '는'은 '그는 학교에 갔다'의 경우에는 주격 조사이지만 '일을 빨리는 한다'의 경우에는 보조사이다.

③ '가'는 '아이가 운동장에서 놀고 있다'의 경우에는 주격 조사이지만 '그것은 종이가 아니다'의 경우에는 보격 조사이다.

④ '과'는 '눈과 같이 하얗다'의 경우에는 부사격 조사이지만 '책과 연필이 있다'의 경우에는 접속 조사이다.

 ### 와/과 (접속 조사 VS 부사격 조사) - 대조 구조

03 밑줄 친 조사의 성격이 다른 하나는? 2019 서울시 7급

① 인생은 과연 뜬구름과 같은 것일까?

② 누구나 영수하고 친하게 지낸다.

③ 고등학교 때 수학과 영어를 무척 좋아했다.

④ 나와 그 친구는 서로 의지하는 사이이다.

 ### 이/가 (주격 조사 VS 보격 조사) - 대조 구조

02 〈보기〉의 밑줄 친 표현들 중에서 주어를 구성하는 주격 조사가 아닌 것은?

2014 경찰 2차

보기
㉠ 철수는 학생이 아니다.
㉡ 정부에서 학생들에게 장학금을 주었다.
㉢ 영수가 물을 마신다.
㉣ 할아버지께서 집에 오셨다.

① ㉠의 '이'   ② ㉡의 '에서'

③ ㉢의 '가'   ④ ㉣의 '께서'

틀리면서 배우는 & 출제될 수 있는 **최빈출** 문법 문제 해설

01

정답풀이

'−은/−는'은 격을 지정하는 힘이 없으므로 격 조사가 아니라 항상 보조사이다. 앞의 말에 의미를 더해주는 역할을 하는 보조사일 뿐이다.

오답풀이

① 주격 조사 '이/가'를 넣어보면 '에서'가 부사격 조사인지 주격 조사인지 알 수 있다. '집에서'의 '−에서'는 장소나 공간을 의미하는 부사격 조사이다. 반면에 '우리 학교에서'의 '−에서'는 주격 조사 '이/가'를 대입하여도 말이 되므로 주격 조사이다.

③ '되다/아니다' 앞에 '이/가'가 나오면 '이/가'는 보격 조사이다. 하지만 그것이 아니라면 '이/가'는 주격 조사이다. '아이가 놀고 있다'의 '아이가'는 주어이므로 '가'는 주격 조사이다. 또한 '아니다' 앞의 '종이가'는 보어이므로 '가'는 보격 조사이다.

④ 체언과 체언을 연결하는 것은 접속 조사이지만, '눈과 같이'를 보았을 때, '같다'는 필수 부사어를 요구하는 서술어이므로 '눈과'의 '과'는 부사격 조사이다.

02

정답풀이

서술어 '되다, 아니다'의 앞에 있는 '이/가'는 보격 조사이므로 ㉠의 '이'는 보격 조사이다.

오답풀이

② '에서'는 주격 조사이다. 단체 무정 명사(정부)에는 주격 조사 '에서'가 쓰인다. 이 자리에 주격 조사를 넣어 '정부가'로 고쳐서 읽었을 때 의미가 자연스럽다면 '에서'는 주격 조사인 것이다.

③ 주격 조사 '이/가'이다.

④ 높임의 주격 조사 '께서'이다.

03

정답풀이

'고등학교 때 수학을 무척 좋아했다. 또한 영어를 무척 좋아했다.'로 문장을 두 개로 나눌 수 있으므로 여기에서의 '과'는 접속 조사이다.

오답풀이

① '~가 ~와 같다'에서 '~와'는 문장에서 생략이 불가능한 필수적 부사어이다. '같다'는 대상이 2개 필요한 대칭 서술어이기 때문이다. 따라서 '~와'는 부사격 조사이다.

② '~가 ~와(하고) 친하게 지낸다.'는 문장에서 '~와(하고)'는 생략이 불가능한 필수적 부사어이다. '친하게 지내다'는 대상이 2개 필요한 대칭 서술어이기 때문이다. 따라서 '하고'는 부사격 조사이다.

④ '~와 ~는 서로 의지한다.'는 문장에서 대상이 2개 필요하므로 '~와'는 생략이 불가능한 필수적 부사어이다. 따라서 '와'는 부사격 조사이다.

정답

01 ② **02** ① **03** ③

출.좋.포 8 격 조사 vs 접속 조사 vs 보조사

◆ 주격 조사 '에서'
: 주격 조사 '이/가' 넣어보기

◆ 외우기 골치 아픈
부사격 조사
: 혜선쌤의 영화 취향
(에, 로, 와)

◆ 주격 조사 vs 보격 조사
: 눈동자를 서술어로 보내기
'되다, 아니다'가 있는가?

격 조사	개념	앞말에 자격을 부여해 주는 조사
	예	주격(이/가*, 께서, 에서*, 서), 목적격(을/를), 보격(이/가*), 서술격(이다), 관형격(의), 부사격[에(에서*, 에게), 으로, 와/과*], 호격(아/야)
접속 조사	개념	체언과 체언을 동등하게 연결하는 조사
	예	와/과*, 랑, 하고, 에
보조사	개념	앞말에 특별한 의미를 더해 주는 조사
	예	요*, 은/는, 도, 만, 부터, 까지

출.좋.포 9 대칭 서술어 : 접속 조사 '와/과' VS 부사격 조사 '와/과'

◆ **대칭 서술어란?**

반드시 두 대상을 필요로 하는 서술어

예 닮다, 같다, 다르다, 비슷하다, 친구이다, 부부이다, 싸우다, 만나다, 마주치다 등등

❶ 무조건 부사격 조사인 경우 : 체언과 체언이 동등하게 연결되지 ✕

예 포돌이가 포순이와 닮았다.

2개의 견해가 되는
환경을 외우는 게 중요!

❷ 나머지 선택지에 따라 봐야 하는 경우

체언과 체언이 동등하게 연결 + 대칭 서술어

예 포돌이와 포순이가 닮았다.

견해 1) 체언과 체언을 동등하게 연결하는 관점으로 보면 → 접속 조사

견해 2) 필수 부사어 '포돌이와'를 생략할 수 없는 관점으로 보면 → 부사격 조사

Chapter 05 수식언 : 관형사, 부사 / 독립언 : 감탄사

틀리면서 배우는 & 출제될 수 있는 최빈출 문법 문제

관형사 파생 접미사 '-적' (나열 구조)

01 〈보기〉의 ㄱ~ㅁ에 대한 설명 중 옳지 않은 것은?

2022 국회직 8급

┌─────────── 보기 ───────────┐
ㄱ. 우리 사무실은 도심에 있어 비교적 교통이 편리
　하다.
ㄴ. 천세나 만세를 누리소서!
ㄷ. 그 일은 어제 끝냈어야 했다.
ㄹ. 넷에 넷을 더하면 여덟이다.
ㅁ. 한창 크는 분야라서 지원자가 많다.
└─────────────────────────┘

① ㄱ의 '비교적'은 관형사이다.
② ㄴ의 '만세'는 명사이다.
③ ㄷ의 '어제'는 부사이다.
④ ㄹ의 '여덟'은 수사이다.
⑤ ㅁ의 '크는'은 동사이다.

02 ㉠, ㉡의 밑줄 친 단어의 품사가 서로 같은 것은?

2017 교육행정직 9급

① ㉠ : 마음이 <u>진짜</u> 아팠어.
　 ㉡ : 모조품을 <u>진짜</u>처럼 만들었다.
② ㉠ : 인간은 <u>이성적</u> 동물이다.
　 ㉡ : 우리 <u>이성적</u>으로 생각하자.
③ ㉠ : 나는 좋은 친구가 <u>있어</u>.
　 ㉡ : 나는 조용히 집에 <u>있으려고</u> 해.
④ ㉠ : 나는 너와 <u>다른</u> 사람이야.
　 ㉡ : 너는 하루가 <u>다르게</u> 예뻐지는구나.

수 관형사 VS 수사 - 대조 구조

03 밑줄 친 부분의 품사가 다른 하나는?

2016 서울시 9급

① 그 가방에 소설책 <u>한</u> 권이 들어 있었다.
② 넓은 들판에는 농부가 <u>한둘</u> 눈에 띌 뿐 한적했다.
③ <u>두</u> 사람은 다투다가 화해했다.
④ 석류가 <u>두세</u> 개 굴러 나왔다.

틀리면서 배우는 & 출제될 수 있는 최빈출 문법 문제 해설

01

정답풀이

'비교적'은 뒤의 형용사 '편리하다'를 꾸미므로 부사이다.

오답풀이

② ㄴ의 '만세'는 뒤에 조사 '를'이 붙었으므로 명사이다.
③ ㄷ의 '어제'는 뒤의 '끝냈어야 했다'를 수식하므로 부사이다.
④ ㄹ의 '여덟'은 뒤에 조사 '이다'가 붙었으므로 수사이다.
⑤ ㅁ의 '크는'은 '자라다'를 의미하므로 '동사'이다.

02

정답풀이

㉠ : 나는 너와 다른 사람이야. → '나는 너와 다르다'처럼 '다르다' 가 부사어 '너와'의 수식을 받으므로 '다른'은 서술성을 가지고 있음을 알 수 있다. 따라서 '다른'은 관형사가 아니라 형용사이다.
㉡ : 너는 하루가 다르게 예뻐지는구나. → '하루가 다르다'이므로 서술성을 가지고 있음을 알 수 있다. 따라서 주어 '하루가'와 호응하는 '다르게'는 관형사가 아니라 형용사이다.

오답풀이

나머지는 모두 품사가 다르다.

① ㉠ : '진짜'가 용언 '아팠어'를 수식하므로 부사이다.
   ㉡ : '진짜' 뒤에 조사 '처럼'이 붙었으므로 명사이다.
② ㉠ : '이성적'이 체언 '동물'을 수식하므로 관형사이다.
   ㉡ : '이성적' 뒤에 조사 '으로'가 붙었으므로 명사이다.
③ ㉠ : '친구가 있어'는 '친구를 가지고 있다'는 소유하는 상태이므로 형용사이다.
   ㉡ : '집에 있으려고 해'에서 '있으려고'는 '머물다'의 뜻이므로 동사이다.

03

정답풀이

'수사와 관형사의 구별'은 조사의 결합 여부로 판단하는 것이 좋다. 수사는 체언이라서 조사와 결합이 가능하다. 하지만 관형사는 조사와 결합할 수 없다. '한둘'은 "한둘(이) 눈에 띌 뿐"처럼 조사가 결합할 수 있는 수사이다.

오답풀이

① '한'은 '권'을 수식하는 관형사이다.
③ '두'는 '사람'을 수식하는 관형사이다.
④ '두세'는 '개'를 수식하는 관형사이다.

정답 ——————————————————

01 ①   **02** ④   **03** ②

틀리면서 배우는 & 출제될 수 있는 최빈출 문법 문제

 관형사 VS 대명사 - 대조 구조

04 ㉠~㉣에 대한 설명으로 옳지 않은 것은?

2019 지방직 7급 추가

> • 현주가 취직이 되었대. ㉠이는 참으로 잘된 일이야.
> • 지금 사는 ㉡그 집이 싫으면 다른 집을 알아보자.
> • 쟤는 우리가 싫어했던 ㉢저것이 마음에 든대.
> • 어르신, ㉣저리 가시면 안됩니다.

① ㉠ : 지시 대명사로 가까운 것을 가리킬 때 쓴다.
② ㉡ : 뒤의 명사를 수식하는 지시 관형사이다.
③ ㉢ : 뒤에 조사가 붙은 사물 대명사이다.
④ ㉣ : 화자와 멀리 있는 대상을 가리키는 지시 대명사이다.

05 밑줄 친 단어의 품사가 같은 것은?

2017 국가직 9급 2차

① 모두 제 잘못입니다.
　심판은 규칙을 잘못 적용하여 비난을 받았다.
② 집에 도착하는 대로 편지를 쓰다.
　큰 것은 큰 것대로 따로 모아 두다.
③ 비교적 교통이 편리한 곳에 사무실이 있다.
　우리나라의 출산율은 비교적 낮은 편이다.
④ 이 사과가 맛있게 생겼다.
　이보다 더 좋을 수는 없다.

 관형사 VS 용언의 관형사형 - 대조 구조

06 밑줄 친 단어가 같은 품사로 묶인 것은?

2017 국가직 7급

① 이것 말고 다른 물건을 보여 주세요.
　질소는 산소와 성질이 다른 원소이다.
② 나 보기가 역겨워 가실 때에는 말없이 보내 드리겠습니다.
　철수는 떡국을 떠먹어 보았다.
③ 그 사과는 크고 빨개서 먹음직스럽다.
　아이가 크면서 점점 총명해졌다.
④ 김홍도의 그림은 한국적이다.
　이 그림은 한국적 정취가 물씬 풍긴다.

틀리면서 배우는 & 출제될 수 있는 최빈출 문법 문제 해설

04

정답풀이

'ⓔ 저리'는 뒤의 용언 '가시면'을 꾸미는 지시 부사이다. '이리, 그리'도 마찬가지로 지시 부사이다.

오답풀이

① 뒤에 조사가 붙었으므로 지시 대명사라고 볼 수 있다.
② 뒤의 명사 '집'을 수식하는 지시 관형사라고 볼 수 있다.
③ '이것, 저것, 그것'은 사물 대명사이다.

05

정답풀이

명사 '비교'에 접미사 '적(的)'이 붙은 파생어 '비교적'은 문장에서의 쓰임에 따라 부사, 관형사, 명사의 3가지의 품사를 갖는다. ③의 첫 번째 '비교적'은 후행하는 '교통'을 수식하는 것이 아니라 서술어 '편리하다'를 수식하므로 부사이다. 두 번째 '비교적'은 뒤의 '낮다'를 수식하므로 부사로 동일하다.

☞ 접미사 '적(的)'이 붙은 낱말이 조사를 취하면 명사, 뒤의 체언을 꾸미면 관형사, 부사나 용언을 꾸미면 부사이다.

오답풀이

① 첫 번째 문장의 '잘못'은 서술격 조사 '이다'('입니다'는 '이다'의 활용형)와 결합했으므로 명사이다. 두 번째 '잘못'은 서술어 '적용하다'를 수식하므로 부사이다.
  ☞ '잘못'은 조사를 취하면 명사, 부사나 용언을 꾸미면 부사이다.
② 첫 번째 문장의 '대로'는 관형어 '도착하는'의 수식을 받는 의존 명사이고, 두 번째 '대로'는 명사 '것' 뒤에 왔기 때문에 조사이다.
  ☞ '대로, 만큼, 분' 앞에서 관형어가 수식하고 있으면 앞말과 띄어 써야 하는 의존 명사이지만 앞에 체언이 있는 경우에는 체언에 붙여 써야 하는 조사이다.
④ 첫 번째 문장의 '이'는 체언 '사과'를 수식하므로 관형사이고, 두 번째 '이'는 조사 '보다'와 결합했기 때문에 대명사이다.
  ☞ '이, 그, 저'가 체언을 수식하면 관형사, 조사를 취하면 대명사이다.

06

정답풀이

첫째 문장에서 용언의 활용형인 '보기'는 〈동사 어간 '보-'+명사형 어미 '-기'〉의 구성이다. 접사가 아니라 '어미'가 붙었으므로 품사가 달라지지 않아 '보기'는 그대로 '동사'이다. '나를 보다'처럼 서술성도 있기 때문이다. 둘째 문장에서 '떠먹어 보았다'의 '보았다'도 보조 동사이므로 둘다 품사가 동사로 같다.

오답풀이

① 각각 관형사, 형용사이므로 품사가 다르다. 첫째 문장에서 '다른'은 '他'의 의미인 관형사이다. 둘째 문장에서 '다른'은 '산소와 성질이 다르다'처럼 서술성이 있으므로 형용사 '다르다'가 활용한 형태이다.
③ 각각 형용사, 동사이므로 품사가 다르다. 첫째 문장에서 '크고'는 '크기가 크다'의 의미이므로 성질과 상태를 나타내는 형용사이다. 둘째 문장에서 '크면서'는 '자라다, 성장하다'의 의미이므로 움직임과 시간의 변화가 있는 동사이다.
④ 각각 명사, 관형사이므로 품사가 다르다. 첫째 문장에서 '한국적'은 명사이다. 뒤에 서술격 조사 '이다'가 붙기 때문이다. 둘째 문장에서 '한국적'은 뒤의 명사 '정취'를 수식하는 기능을 하므로 관형사이다.

정답

04 ④   05 ③   06 ②

 관형사

❶ 관형사

<u>허튼</u> 말, <u>오랜</u> 경험, <u>온갖(갖은)</u> 일, <u>여남은</u> 명, <u>외딴</u> 학교, <u>어느</u> 사람,
<u>고얀</u> 녀석, <u>긴긴</u> 세월, <u>한다하는</u> 선비

◆ 허! 오(온, 여), 외, 어, 고얀, 긴

(1) 무조건 나오는 "-적(的)"

비교적<u>인</u> 관점에서 보자.
    명사

비교적 <u>관점</u>에서 보자.
관형사

우리 사무실은 도심에 위치하고 있어 <u>비교적</u> 교통이 <u>편리하다</u>.
                                          부사

◆ '비교적'만 딱 조심해요 亦功이들!

(2) 무조건 나오는 "수 관형사 vs 수사"

<u>셋째</u> 학생이 사과 <u>하나</u>를 먹었다.
수 관형사   수사

(3) 무조건 나오는 "관형사 vs 대명사"

<u>이</u> 옷은 이쁘다.
관형사

<u>이</u>는 시장에서 샀다.
대명사

(4) 무조건 나오는 "관형사 vs 용언의 관형사형"

<u>다른</u> 사람과 비교하지 말아라.
관형사

너와 나는 <u>다른</u> 사람이다.
            형용사

◆ '다른' 대신 '딴'을 넣어보기

ME
MO

틀리면서 배우는 & 출제될 수 있는 최빈출 문법 문제

 성분 부사 VS 문장 부사 - 대조 구조

07 밑줄 친 부사 중 기능상 분류가 나머지와 다른 하나는?

2019 국회직 8급

① 그 실력으로 과연 취직 시험에 합격할 수 있을까?
② 그 약이 정말 그렇게 효과가 있는지는 알 수 없다.
③ 오자마자 바로 떠난다니?
④ 응당 해야 할 일을 했을 뿐입니다.
⑤ 제발 비가 왔으면 좋겠다.

 부사 VS 용언의 부사형 - 대조 구조

08 밑줄 친 단어의 품사가 나머지 셋과 다른 것은?

2015 지방직 7급

① 금고 가득히 눈부신 금괴가 쌓여 있었다.
② 바람이 가볍게 부는 날씨에 기분 좋았다.
③ 소인은 없이 사는 것을 부끄럽게 여긴다.
④ 반죽이 되게 묽어 국수 만들기가 힘들다.

 부사 VS 명사 - 대조 구조

09 다음 중 ㉠과 ㉡의 밑줄 친 단어의 품사가 같은 것은?

2021 경찰 1차

① ㉠ 그는 하는 시합마다 백이면 백 모두 승리했다.
  ㉡ 열 사람이 백 마디의 말을 한다.
② ㉠ 오늘이 첫 출근 날입니다.
  ㉡ 오늘 해야 할 일을 다음 날로 미루어서는 안 된다.
③ ㉠ 오늘은 달이 매우 밝다.
  ㉡ 우리는 날이 밝는 대로 떠나기로 했다.
④ ㉠ 높이가 100미터인 바위산에 올라갔다.
  ㉡ 나무가 벌써 어른의 키 높이 정도로 자랐다.

 아니, 어디의 품사 통용 - 대조 구조

10 밑줄 친 단어의 품사로 가장 옳지 않은 것은?

2018 서울시 9급

① 나도 참을 만큼 참았다. (의존 명사)
  나도 그 사람만큼 한다. (조사)
② 오늘은 바람이 아니 분다. (부사)
  아니, 이럴 수가 있나? (감탄사)
③ 열을 배우면 백을 안다. (명사)
  열 사람이 백 말을 한다. (관형사)
④ 그는 이지적이다. (명사)
  그는 이지적 인간이다. (관형사)

틀리면서 배우는 & 출제될 수 있는 **최빈출** 문법 문제 해설

07

정답풀이

'과연, 정말, 응당, 제발'은 바로 뒤의 문장을 수식하는 '문장 부사'
이나 ③의 '바로'는 성분 부사이다. '바로'가 바로 뒤에 있는 서술어
'떠난다니' 하나만 수식하고 있기 때문이다.

08

정답풀이

나머지는 부사이다. 하지만 '가볍게'는 '가볍다'가 활용한 것으로
형용사이다. 부사는 불변어인 것에 반해 형용사는 가변어인 것이
다. 나머지는 부사화 접미사가 붙어서 만들어진 부사이다. 용언 어
간 '가볍–'에 부사형 전성어미 '–게'가 붙어 활용한 것이다.

오답풀이

① 가득히 : 어근 '가득'에 부사화 접미사 '히'가 결합되어 아예 '부
사'가 된 것이다.
③ 없이 : 어근 '없–'에 부사화 접미사 '이'가 결합되어 아예 '부사'
가 된 것이다.
④ 되게 : '아주 몹시 ≒되우, 된통'을 의미하는 부사이다. '되다'가
활용된 것이 아님에 유의하여야 한다.

09

정답풀이

㉠의 '높이' 뒤에 조사 '가'가 붙었으므로 '높이'는 명사이다. ㉡의
'높이' 뒤에 조사 '의'가 생략되었으므로 '높이'는 명사이다. 형용사
어근 '높–'에 명사 파생 접사 '–이'가 붙어서 명사가 되었다.

오답풀이

① ㉠의 '백'은 뒤에 서술격 조사 '이다'가 활용한 '이면'이 붙었으
므로 수사이고, ㉡의 '백'은 뒤의 명사 '마디'를 꾸미므로 수 관
형사이다.
② ㉠의 '오늘'은 주격 조사 '이'가 결합되었으므로 명사이고, ㉡의
'오늘'은 뒤의 동사 '해야'를 꾸미므로 부사이다.
③ '날이 밝다(＝동이 트다)'를 의미하는 경우만 동사이고 나머지
는 모두 형용사이다. ㉠의 밝다는 '불빛 따위가 환하다.'를 뜻하
므로 형용사이고, ㉡은 '날이 밝다(＝동이 트다)'를 의미하므로
동사이다.

10

정답풀이

'열을 배우면 백을 안다'의 '백'의 품사는 뒤의 조사가 붙은 것을 보
면 수사이다. '백 말을 한다'에서 '백'이 직접 체언을 꾸미므로 '백'
은 수 관형사이다.

오답풀이

① • 참을 만큼 : '만큼'이 용언의 관형사형 다음에 오면 의존 명사
이다.
   • 그 사람만큼 : '만큼'이 체언 다음에 붙으면 조사이다.
② • 아니 분다 : '아니'는 용언 앞에 쓰여 부정이나 반대의 뜻을
나타내는 말로 쓰인 부사이다.
   • 아니, 이럴 수가 있단 말인가? : '아니'는 놀라거나 감탄스러
울 때, 또는 의아스러울 때 하는 감탄사이다.
④ • 이지적이다 : 접미사 '–적(的)'이 붙는 말의 경우, 뒤에 조사
가 오면 명사이다.
   • 이지적 인간이다 : 접미사 '–적(的)'이 붙는 말이 체언 앞에
단독으로 오면 관형사이다.

정답

07 ③   08 ②   09 ④   10 ③

❷ 부사

종류		내용	예
성분 부사 (한 성분 수식)	성상 부사	'어떻게'의 의미를 지님.	바로*, 정말, 매우, 아주, 잘, 자주
	지시 부사	앞에 나온 말을 지시함.	이리, 그리, 저리, 내일
	부정 부사	용언의 의미를 부정함.	안, 못
	의성 부사	사람이나 사물의 소리를 흉내 냄.	칙칙폭폭, 꽝꽝
	의태 부사	사람이나 사물의 모양이나 움직임을 흉내 냄.	싱글벙글, 빙그레
문장 부사 (문장 전체 수식)	양태 부사	화자의 다양한 심리적 태도를 나타냄.	설마, 제발, 과연, 의외로, 확실히, 다행히, 응당(~해야 한다), 반드시(~해야 한다), 모름지기(~해야 한다), 결코(~이 아니다), 만약(~한다면), 아무리(~하여도), 정말
	접속 부사	단어와 단어, 문장과 문장을 이어 줌.	및*, 그리고, 그러나, 그런데, 그래서, 하지만

 **부사**

❶ 부사 vs 부사형

비행기가 빨리(높이) 날았다. / 비행기가 빠르게(높게) 날았다.
　　　　　부사　　　　　　　　　　　　　　　　형용사

❷ 부사 vs 명사

내일(오늘) 보자. / 내일 시험은 잘 준비하고 있어? / 시험이 벌써 내일(오늘)이다.
　부사　　　　　　　명사　　　　　　　　　　　　　　　　　　　　　　　명사

스스로 공부하는 습관을 들여라. / 스스로를 얽매어서는 안 된다.
　부사　　　　　　　　　　　　　　　　명사

❸ 부사 vs 조사

같이 놀자. / 너같이 예쁜 여자는 처음이야!
부사　　　　　조사

보다 아름다운 사람이 있어! / 역공녀보다 아름다워!
부사　　　　　　　　　　조사

◆ 부사
 : 용언을 수식하는지
 확인하기
◆ 조사
 : 체언이 결합되어 있는지
 확인하기

❹ 부사 vs 대명사

언제 놀러올 거야? / 언제까지 가면 돼?
부사　　　　　　　대명사

◆ 대명사
 : 조사가 결합되어 있는지
 확인하기

❺ 명사를 수식하는 부사

*'바로, 오직, 겨우, 고작, 다만, 단지, 유독, 무려, 제일, 가장'

바로 너 / 오직 너 / 겨우(고작) 하루 / 다만(단지) 꿈 / 유독(제일, 가장) 미인

'바로'가 100% 부사란 것만이
라도 기억하기

출.종.포 12 아니, 어디

❶ 아니

부사	「1」 ((용언 앞에 쓰여)) 부정이나 반대의 뜻을 나타내는 말. 　　예 혜선 쌤은 밥을 아니 먹었다. 「2」 ((명사와 명사 사이에 쓰이거나, 문장과 문장 사이에 쓰여)) 　　어떤 사실을 더 강조할 때 쓰는 말. 　　예 나의 양심은 천만금, 아니 억만금을 준나 해도 비릴 수 없다.
감탄사	「1」 아랫사람이나 대등한 관계에 있는 사람의 묻는 말에 부정하여 대답할 때 쓰는 말. 　　예 "잠자니?" "아니, 안 자." 「2」 놀라거나 감탄스러울 때, 또는 의아스러울 때 하는 말. 　　예 아니, 그럴 수가 있니? 　　　 아니, 이게 어떻게 된 일이냐.

◆ '감탄사'의 개념
 : 부름, 응답, 느낌

❷ 어디

대명사	「1」 ((의문문에 쓰여)) 잘 모르는 어느 곳을 가리키는 지시 대명사. 　　예 학교가 어디냐? 　　　 어디가 이장 댁이오? 「2」 가리키는 곳을 군이 밝혀서 말하지 아니할 때 쓰는 지시 대명사. 　　예 어디 가 볼 데가 있다.
감탄사	「1」 남의 주의를 끌 때 쓰는 말. 　　예 어디, 네가 이번 시험에서 일 등을 한 학생이냐? 「2」 마음대로 되지 아니하여 딱한 사정이 있는 형편을 강조할 때 쓰는 말. 　　예 받기 싫어서가 아니라 어디 내 마음대로 되나요.

'어디' 뒤에 아무것도 안 붙어
있다면 부사격 조사 '에'를
붙여 보기

관련교재

이 출좋포 문법·어휘 p.57 12번

압 족집게 문법 40 포인트 p.34~35

Chapter 06
명사형 전성 어미 '(으)ㅁ/기' vs 명사 파생 접미사 '(으)ㅁ/기' 구별

틀리면서 배우는 & 출제될 수 있는 최빈출 문법 문제 및 해설

 명사형 전성 어미 '-(으)ㅁ, 기' VS 명사 파생 접미사 '-(으)ㅁ, 기'

01 밑줄 친 부분에 해당하는 것은?

> '-ㅁ/-음'은 'ㄹ'을 제외한 받침 있는 용언의 어간이나 어미 '-었-', '-겠' 뒤에 붙어, 그 말이 명사 구실을 하게 하는 어미로 쓰이는 경우와, 어간 말음이 자음인 용언 어간 뒤에 붙어 명사를 만드는 접미사로 쓰이는 경우가 있다.

① 달콤한 잠을 잔은 그 때문이었다.
② 영희는 행복한 삶을 살았다.
③ 동생은 졸음을 참아 가며 운전했다.
④ 그가 걸어온 걸음은 사람들의 본보기가 되었다.

02 ㉠~㉣ 중 다음 밑줄 친 '가기'와 품사가 같은 것을 모두 고른 것은?

> 나는 학교에 가기를 좋아한다.
> • 나를 ㉠ 보기 위해 왔니?
> • 그녀가 ㉡ 웃음으로써 막이 끝났다.
> • 그의 ㉢ 바람은 내가 건강해지는 것이었다.
> • 그는 ㉣ 믿음을 가진 기독교 신자이다.

① ㉠, ㉡
② ㉠, ㉣
③ ㉡, ㉢
④ ㉡, ㉣

01

정답풀이

밑줄 친 '잠'의 '-ㅁ'은 접미사가 아니라 명사형 어미이다. '잠' 앞에 부사 '자주'를 넣었을 때 말이 되는 것을 보면 밑줄 친 '잠'은 용언임을 알 수 있다.

오답풀이

② '삶'의 '-ㅁ'은 명사형 어미가 아니라 명사 파생 접사이다. 앞에 관형어 '행복한'의 꾸밈을 받는 것을 보면 '삶'은 명사이기 때문이다.
③ '졸음'에 선어말 어미 '-았-'을 넣어서 '졸았음'을 저 문장에 치환시키면 매우 어색해지는 것을 볼 때, '졸음'은 하나의 명사이다. 따라서 '졸음'의 '음'은 명사를 만드는 접미사이다. '엄청난'이라는 관형어를 '졸음' 앞에 넣을 수 있다는 점도 '졸음'이 명사임을 알게 해주는 점이다.
④ '걷다'는 'ㄷ' 불규칙 용언이므로 모음 접미사와 결합할 때 'ㄷ'이 'ㄹ'로 교체되는 것이다. 관형어 '걸어온'의 꾸밈을 받으므로 '걸음'은 명사임을 알 수 있다. 따라서 '걸음'의 '음'은 명사를 만드는 접미사이다.

02

정답풀이

'가기'는 부사어 '학교에'의 수식을 받으므로 동사임을 알 수 있다.
㉠ '보기'는 '나를 보다'처럼 서술성이 있으므로 명사가 아니라 동사이다. '목적어-서술어'의 구성은 서술성이 있다고 볼 수 있다.
㉡ '웃음'은 부사어 '빙그레'의 수식을 받을 수 있고 '그녀가 빙그레 웃었다'와 같이 서술성이 있기 때문에 품사가 동사임을 알 수 있다.

오답풀이

㉢ 관형어 '그의'의 꾸밈을 받으므로 '바람[바라+ㅁ(명사 파생 접사)]'은 명사이다.
㉣ 관형어 '신실한'의 꾸밈을 받을 수 있으므로 '믿음[믿+음(명사 파생 접사)]'은 명사이다. 과거 시제 선어말 어미를 넣어 '믿었음'을 넣었을 때 말이 안되므로 명사이다.

정답

01 ① 02 ①

출.종.포13 명사형 전성 어미 vs 명사 파생 접미사, '-(으)ㅁ/기' 구별하기

PART
01

	용언 어간+명사형 전성 어미	어근+명사 파생 접미사
품사	동사, 형용사	명사
꾸밈	부사어	관형어
	예 그는 '초상화를 잘 그림'이라고 썼다. 나는 집에 가기 싫다. 지난겨울에는 '온 가족이 함께 걷기' 대회에 참석했다.	예 그의 바람은 내가 건강해지는 것이었다. 그는 밤새 믿기지 않는 꿈을 꾸었다. 그가 걸어온 걸음은 사람들의 본보기가 되었다.
서술성	있음 [황금을 보다(목적어-서술어)]	없음 [나의 죽다(×)]
	예 황금을 보기를 돌같이 하리. 그녀가 꿈을 꿈은 그를 웃게 했다.	예 나의 죽음을 적에게 알리지 마라.
선어말 어미 '었/았'	결합 가능 (태산이 높았음 ○)	결합 불가능 (수줍었음 ×)
	예 태산이 높음을 사람들은 알지 못한다. 영희와는 달리 혜선이는 정직함을 진심으로 가지고 산나. 그녀가 웃음으로써 막이 끝났다.	예 그는 수줍음이 많은 사람이다. 동생은 졸음을 참아 가며 운전했다. 그는 믿음을 기진 기독교 신자이다.

① 목적어가 앞에 있는가?

② 관형사형 어미,
   관형격 조사,
   관형사가 앞에 있는가?

③ 부사형 어미,
   부사격 조사,
   부사가 앞에 있는가?

④ 선어말 어미 '-었/았-'이
   중간에 들어갈 수 있는가?

문법

박혜선 국어 족집게 적중노트

Part

02

통사론

관련교재 이 출좋포 문법·어휘 p.70~73
압 족집게 문법 40 포인트 p.38~41

Chapter 01 문장 성분의 이해

틀리면서 배우는 & 출제될 수 있는 최빈출 문법 문제

 주성분, 부속 성분, 독립 성분 - 나열 구조

01 밑줄 친 부분이 주성분이 아닌 것은? 2015 교육행정직 9급

① 그는 나에게 맹물만 주었다.
② 그 사람 말은 사실도 아니었다.
③ 우리가 사고를 미연에 방지하지 못했다.
④ 정부에서 그 일을 적극적으로 추진하고 있다.

02 밑줄 친 부분의 문장 성분이 다른 하나는?

2019 서울시 9급

① 그는 밥도 안 먹고 일만 한다.
② 몸은 아파도 마음만은 날아갈 것 같다.
③ 그는 그녀에게 물만 주었다.
④ 고향의 사투리까지 싫어할 이유는 없었다.

서술어의 자릿수 - 나열 구조

03 다음 문장 중 밑줄 친 서술어의 자릿수가 다른 것은?

2016 경찰 1차

① 어제 만났던 그는 이제 선생님이 아니다.
② 군대에 가는 민수는 후배들에게 책을 주었다.
③ 배가 많이 고팠던 철수는 라면을 맛있게 먹었다.
④ 삶에 관심이 많은 학생들이 도서관에서 책을 읽는다.

04 다음 중 서술어의 자릿수를 잘못 제시한 것은?

2016 서울시 7급

① 우정은 마치 보석과도 같단다.
  → 두 자리 서술어
② 나 엊저녁에 시험 공부로 녹초가 됐어.
  → 두 자리 서술어
③ 철수의 생각은 나와는 아주 달라.
  → 세 자리 서술어
④ 원영이가 길가 우체통에 편지를 넣었어.
  → 세 자리 서술어

틀리면서 배우는 & 출제될 수 있는 **최빈출** 문법 문제 해설

01

정답풀이

'미연에'는 부사격 조사가 결합한 부사어이므로 주성분이 아니라 부속 성분이다. 부속 성분에는 부사어와 관형어가 있다. (참고로 필수 부사어는 주성분이 아니라 부속 성분이다.)

오답풀이

주성분은 '주어, 목적어, 보어, 서술어'이다. 격조사로 문장 성분을 파악할 수 있지만, 격조사가 아니라 보조사가 결합된 경우에는 자연스러운 격조사를 넣어서 파악해야 한다.

① 그는(주어) 나에게(부사어) 맹물만(목적어) 주었다.(서술어) : '맹물만'을 '맹물을'로 고치면 자연스럽다. 따라서 '맹물만'은 목적어이므로 주성분이다.

② 그(관형어) 사람(관형어) 말은(주어) 사실도(보어) 아니었다.(서술어) : '사실도'를 '사실이'로 고치면 자연스럽다. 뒤에 '되다, 아니다'가 오는 경우에는 앞이 보어가 된다. 따라서 '사실도'는 보어이므로 주성분이다.

④ 정부에서(주어) 그(관형어) 일을(목적어) 적극적으로(부사어) 추진하고 있다.(서술어) : 주격 조사 '에서'가 쓰였으므로 '정부에서'는 주어이므로 주성분이다.

02

정답풀이

밑줄 친 부분은 모두 격 조사를 생략시킨 보조사가 있다. 보조사는 격 조사처럼 문장 성분의 자격을 부여하는 중요한 능력이 없다. 따라서 이들 보조사를 격 조사로 바꾸어 보면 문장 성분을 쉽게 구별할 수 있다. 뒤에 있는 서술어를 보고 격 조사를 충분히 알아낼 수 있다. ②는 '마음(이) 날아갈 것 같다'와 같이 쓰이므로, 주격 조사가 들어가는 것이 자연스럽다. 즉, 문장 성분은 주어이다.

오답풀이

나머지 모두 문장에서 목적어로 쓰였다.

① 밥도(밥을) 안 먹다.

③ 물만(물을) 주었다.

④ 고향의 사투리까지(사투리를) 싫어하다.

03

정답풀이

'주다'는 '주어(민수는) − 필수 부사어(후배들에게) − 목적어(책을)'를 필수적으로 요구하는 세 자리 서술어이다.

오답풀이

① '아니다'는 '주어(그는), 보어(선생님이)'를 필수적으로 요구하는 두 자리 서술어이다.

③ '먹었다.'는 '주어(철수는), 목적어(라면을)'를 필수적으로 요구하는 두 자리 서술어이다.

④ '읽는다.'는 '주어(학생들이), 목적어(책을)'를 필수적으로 요구하는 두 자리 서술어이다.

04

정답풀이

'달라'는 '주어(생각은), 필수 부사어(나와는)'를 필수적으로 요구하므로 세 자리가 아니라 두 자리 서술어이다.

오답풀이

① '같단다'는 '주어(우정은), 필수 부사어(보석과도)'를 필수적으로 요구하는 두 자리 서술어이다.

② '됐어'는 '주어(나), 보어(녹초가)'를 필수적으로 요구하는 두 자리 서술어이다.

④ '넣었어'는 '주어(원영이가), 필수 부사어(우체통에), 목적어(편지를)'를 필수적으로 요구하는 세 자리 서술어이다.

정답

01 ③ **02** ② **03** ② **04** ③

대표 출.종.포 한눈에 보기   1. 문장 성분의 이해

❶ 보조사로 가린 문장 성분 파악하기
❷ 주성분, 부속 성분, 독립 성분 구별하기

출.종.포 1   문장 성분의 이해

❶ 문장 성분의 종류

문장에서 일정한 문법적인 기능을 하는 부분, 단위는 어절

주성분	개념	문장을 이루는 주된 골격이 되는 부분(생략 힘듦.)
	종류	주어, 목적어, 보어, 서술어
부속 성분	개념	주로 주성분을 수식하는 성분(생략 가능, 그러나 일부는 생략 불가.)
	종류	관형어, 부사어
독립 성분	개념	다른 문장 성분과 직접적인 관련이 없음. (생략 가능)
	종류	독립어

혜선쌤의 야매꼼수

✦ 주먹보소~
✦ 깐부잖아~
✦ 독

❷ 문장 성분의 종류와 특성

(1) 주어

개념	동작 또는 상태나 성질의 주체가 되는 문장 성분
표지	체언 + 주격 조사(이/가*, 께서, 에서*, 서)
	보조사
	생략 가능

혜선쌤의 야매꼼수

✦ 덜렁거리는 영수도 건강은 특히 조심한다. (❶)
✦ 혜선이가 철수만 싫어한다. (❷)
✦ 올해에는 기운도 정말 좋은 해이다. (❸)
✦ 올해에는 신기하게 합격의 천운까지 들어왔다. (❹)

💡 ❶ 목적어 ❷ 목적어 ❸ 주어 ❹ 주어

(2) 목적어

개념	동작의 대상 (타동사의 대상)
표지	목적격 조사 '을/를'
	보조사
	생략

(3) 보어

개념	서술어 '되다, 아니다'를 보충해 주는 성분
표지	보격 조사 '이/가' (주격 조사 '이/가'와 헷갈리지 말기)
	보조사
	생략

(4) 관형어 ★ 바로 너이다.

개념	체언을 수식하는 문장 성분을 말한다. 관형어는 반드시 뒤에 체언이 와야 한다.
표지	관형사 단독 예 새/헌/옛/온갖/모든/이/그/저 건물
	체언+관형격 조사(의) 예 역공녀의 그림
	체언 예 역공녀 그림
	용언의 관형사형 어미 예 그녀는 동그란 안경을 썼다.

(5) 부사어

개념	• 주로 용언을 꾸며 주는 성분으로, 부사어나 관형어, 때로는 문장 전체를 수식하기도 한다. • 부사어는 보통 수의적인 성분이지만, 서술어의 성격에 따라 필수적인 성분이 되는 경우도 있다.
표지	부사 단독 예 그는 노래를 굉장히 잘한다.
	체언+부사격 조사 예 승기가 군대에서 돌아왔다.
	부사+보조사 예 빨리만 먹지 마라.
	용언의 부사형 어미 예 혜선이가 예쁘게 생겼다.

① 부사어의 종류 1

성분 부사어	개념	특정한 문장 성분만 꾸미는 부사어 매우, 아주, 잘, 자주 등
	예	남자친구를 안 사귀었다. 기차가 빠르게 달렸다.
문장 부사어	개념	문장 전체를 꾸미는 부사어
	예	과연 그것이 사실이었구나. 그러나 역공녀는 늙었다.

② 부사어의 종류 2

필수적 부사어	개념	문장에서 생략이 불가능한 부사어
	예	그녀는 그와 닮았다. 그녀는 예쁘게 생겼다.
수의적 부사어	개념	문장에서 생략 가능한 부사어
	예	그는 밥을 잘 먹었다.

(6) 서술어

개념	주어의 동작 또는 상태나 성질
표지	동사
	형용사
	체언＋서술격 조사 '이다'

(7) 독립어

개념	다른 성분과 직접적인 관계가 없는 말로, 생략해도 문장이 성립한다.
표지	감탄사 단독 예 와, 이게 사실이냐.
	체언＋호격 조사 예 혜선아, 쉬는 시간이다!
	문장의 제시어 예 인생, 그것은 무엇일까?

대표 출.종.포 한눈에 보기　2. 서술어의 자릿수

서술어의 자릿수 구하기 → 숫자 싸움

출.종.포 2　서술어의 자릿수 : 서술어가 요구하는 필수 성분의 개수

구분	필요한 성분	서술어의 종류	예시
한 자리 서술어	주어	자동사, 형용사	예 꽃이 피었다. 꽃이 아름답다.
두 자리 서술어	주어, 목적어	타동사	예 그녀는 노래를 불렀다.
	주어, 보어	되다, 아니다	예 상익이는 공무원이 되었다.
	주어, 필수 부사어	대칭 서술어 (마주치다, 부딪치다, 싸우다, 악수하다, 같다, 다르다, 닮다, 적합하다 등)	예 영희는 철수와 닮았다. 이 책은 수험생들에게 적합하다. 영희는 철수와 싸웠다.
세 자리 서술어	주어, 목적어, 필수 부사어	주다, 삼다, 넣다, 드리다, 바치다, 가르치다, 얹다, 간주하다, 여기다 등	예 아버지께서 나에게 편지를 주셨다. 그녀는 나를 사위로 삼았다. 그녀는 그를 범인으로 여겼다.

혜선쌤의 야매꼼수

✦ 서술어의 자릿수 푸는 꿀팁
: 절대 나머지 문장 성분 보지 말고 서술어만 보고 내가 내 말로 만들어 볼 것.

Chapter 02 문장의 짜임새

틀리면서 배우는 & 출제될 수 있는 최빈출 문법 문제

홑문장 VS 겹문장

01 다음의 설명을 고려할 때, 제시된 예 중에서 문장의 유형이 나머지 셋과 다른 것은? 2015 경찰 1차

> 문장은 주어와 서술어가 한 번 나타나는 홑문장과 두 번 이상 나타나는 겹문장으로 구분된다. 겹문장에는 홑문장들이 이어지는 이어진 문장과 홑문장이 다른 문장 속의 한 문장 성분이 되는 안은 문장의 두 유형이 있다.

① 그는 큰 차를 샀다.
② 나는 그 책을 읽고 싶다.
③ 토끼는 앞발이 짧다.
④ 나는 기차가 떠났음을 알았다.

이어진 문장의 종류 – 대조 구조

02 다음 밑줄 친 부분에 해당하는 예로 가장 적절하지 않은 것은? 2017 경찰 1차

> 문장은 홑문장과 겹문장으로 나뉘며, 겹문장은 다시 이어진문장과 안은문장으로 나뉜다. 이어진문장은 두 개의 홑문장이 대등한 자격으로 이어지는 ㉠ 대등하게 이어진 문장과 앞의 홑문장이 뒤의 홑문장에 종속적으로 연결되는 ㉡ 종속적으로 이어진 문장으로 나눌 수 있다. (이하 생략)

① ㉠: 나는 밥을 먹고 학교에 갔다.
② ㉠: 어제는 눈이 왔고 오늘은 비가 온다.
③ ㉡: 가을이 되면 단풍이 든다.
④ ㉡: 공원에 갔는데 사람들이 많았다.

틀리면서 배우는 & 출제될 수 있는 최빈출 문법 문제 해설

01

정답풀이

'읽고 싶다.'의 '-고'는 본용언과 보조 용언을 연결하는 보조적 연결 어미이므로 '읽고 싶다'는 하나의 서술어이다. 주어 '나는'과 서술어 '읽고 싶다'가 각각 하나씩 있으므로 이 문장은 홑문장이다.

오답풀이

나머지는 모두 겹문장이다.

① 그는 [(차가) 큰] 차를 샀다.
　→ 관형절을 안은 문장 (절 표지 : 관형사형 어미 '-ㄴ')
③ 토끼는 [앞발이 짧다.]
　→ 서술절을 안은 문장 (절 표지 : 없음)
④ 나는 [기차가 떠났음]을 알았다.
　→ 명사절을 안은 문장 (절 표지 : 명사형 어미 '-음')

02

정답풀이

앞뒤 문장의 순서를 교체하면 '나는 학교에 가고 밥을 먹었다.'와 같이 그 의미가 아예 달라진다. 따라서 '-고'가 붙긴 했으나 '대등하게 이어진 문장'이 아니라 '종속적으로 이어진 문장'으로 봐야 한다.

오답풀이

② '오늘은 비가 오고 어제는 눈이 왔다.'와 같이 앞뒤 문장의 순서를 바꿔도 원래의 의미가 대등하게 유지되므로 ㉠으로 볼 수 있다.
③ '단풍이 들면 가을이 된다.'와 같이 앞뒤 문장의 순서를 바꾸면 원래의 의미가 유지되지 않는다. 따라서 ㉡의 예로 적절하다.
④ '사람들이 많아서 공원에 갔다.'와 같이 앞뒤 문장의 순서를 바꾸면 원래의 의미와 달라진다. 따라서 ㉡에 해당한다.

정답

01 ②　　02 ①

틀리면서 배우는 & 출제될 수 있는 **최빈출** 문법 문제

 안은 문장의 종류 – 나열 구조

03 안긴문장이 주성분으로 쓰이지 <u>않은</u> 것은? 2016 국가직 9급

① 그 학교는 교정이 넓다.
② 농부들은 비가 오기를 학수고대했다.
③ 아이들이 놀다 간 자리는 항상 어지럽다.
④ 대화가 어디로 튈지를 아무도 몰랐다.

04 밑줄 친 안긴문장과 같은 기능을 하는 안긴문장을 포함한 것은?
2017 교육행정직 9급

> <u>내가 바라던</u> 합격이 현실이 되었다.

① 내 마음이 바뀌기는 어렵다.
② 하늘이 눈이 부시게 푸르다.
③ 나는 그 사람이 잡은 손을 놓지 않았다.
④ 우리의 싸움은 내가 항복함으로써 끝났다.

 관형절의 종류(관계 VS 동격) – 대조 구조

05 아래 문장의 밑줄 친 관형절 중 피수식어와의 관계에서 그 성격이 나머지와 다른 것은 무엇인가? 2014 서울시 7급

① <u>길 가는</u> 친구를 붙잡았다.
② <u>고기를 주식으로 먹는</u> 사람들은 건강이 썩 좋지 않다.
③ 순희는 어제 <u>고향에 살고 있는</u> 가족들에게 편지를 보냈다.
④ <u>그 사람이 결국 실패했다는</u> 사실을 나만 안다.
⑤ <u>여기서 팔리는</u> 물건은 모두 질이 좋다.

06 밑줄 친 관형절의 성격이 다른 것은? 2021 국회직 8급
① 우리는 <u>급히 학교로 돌아오라는</u> 연락을 받았다.
② <u>내가 어제 책을 산</u> 서점은 바로 우리 집 앞에 있다.
③ <u>충무공이 만든</u> 거북선은 세계 최초의 철갑선이었다.
④ 우리는 <u>사람이 살지 않는</u> 그 섬에서 하룻밤을 지냈다.
⑤ <u>수양버들이 서 있는</u> 돌각담에 올라가 아득히 먼 수평선을 바라본다.

틀리면서 배우는 & 출제될 수 있는 최빈출 문법 문제 해설

03

정답풀이

[아이들이 놀다 간] 자리는 항상 어지럽다. → [아이들이 놀다 간]은 관형어의 역할을 하는 관형절이므로 주성분으로 쓰이지 않았다. 주성분은 서술어, 주어, 목적어, 보어이다.

오답풀이

① 그 학교는 [교정이 넓다.]
→ 안긴문장: 서술절이므로 문장 성분은 서술어 (절 표지: 없음)
② 농부들은 [비가 오기]를 학수고대했다.
→ 안긴문장: 명사절이며, 뒤에 목적격조사 '를'이 결합했으므로 문장 성분은 목적어 (절 표지: 명사형 어미 '-기')
④ [대화가 어디로 튈지](를) 아무도 몰랐다.
→ 안긴문장: '-ㄹ지'는 명사절의 형태를 띤다. '모르다'는 목적어를 필수적으로 요구하는 서술어이므로 [대화가 어디로 튈지]는 목적어이다.
☞ '-느냐,-(으)냐, -는가, -(은)ㄴ가, -는지, -(은)ㄴ지, -을지/-ㄹ지' 등과 같은 어미로 끝난 문장은 뒤의 서술어의 성격에 따라서 명사절로 쓰일 수 있다.
예 그녀를 사랑했는가(를) 생각해 보았다.
얼마나 예쁜지(를) 알 수 없었다.

04

정답풀이

'[내가 (합격을) 바라던] 합격이 현실이 되었다.'에서 '내가 바라던'은 끝에 관형사형 어미가 결합된 관형절이다. 안은문장의 피수식어 '합격'이 안긴문장에서 목적어 '합격을'로 생략되었다. '나는 [그 사람이 (손을) 잡은] 손을 놓지 않았다.'도 관형절을 안은 문장이면서 목적어 '손을'이 생략된 관계 관형절이다.

오답풀이

① [내 마음이 바뀌기]는 어렵다.
→ 안긴문장: 명사절 (절 표지: 명사형 어미 '-기')
② 하늘이 [눈이 부시게] 푸르다.
→ 안긴문장: 부사절 (절 표지: 부사형 어미 '-게')
④ 우리의 싸움은 [내가 항복함]으로써 끝났다.
→ 안긴문장: 명사절 (절 표지: 명사형 어미 '-ㅁ')
☞ '-(으)로써'는 부사격 조사이므로 '내가 항복함으로써'는 부사어가 된다. 하지만 부사형 어미가 결합한 것이 아니므로 부사절은 아님에 유의해야 한다.

05

정답풀이

'[그 사람이 결국 실패했다는] 사실을 나만 안다.'에서 피수식어 '사실'이 관형절에서 중복되지 않는다. 따라서 이는 동격 관형절이다.

오답풀이

나머지는 피수식어가 관형절에서 생략되는 관계 관형절이다.
① [(친구가) 길 가는] 친구를 붙잡았다. → 주어 생략
② [(사람들이) 고기를 주식으로 먹는] 사람들은 건강이 썩 좋지 않다. → 주어 생략
③ 순희는 어제 [(가족들이) 고향에 살고 있는] 가족들에게 편지를 보냈다. → 주어 생략
⑤ [여기서 (물건이) 팔리는] 물건은 모두 질이 좋다. → 주어 생략

06

정답풀이

동격 관형절은 피수식명사가 관형절 내부에서 생략되지 않는 절이다. 동격 관형절의 경우, 피수식 명사의 내용이 관형절 그 자체가 된다. 보통 피수식 명사는 '소리, 소문, 사실, 기억, 일, 생각, 제안' 등이 있다. '급히 학교로 돌아오라는'이라는 관형절 내부에서 피수식 명사인 '연락'이 생략되지 않고 있으며 '연락'의 내용 자체가 '급히 학교로 돌아오라'이므로 동격 관형절에 해당한다.

오답풀이

관계 관형절은 피수식 명사가 관형절 내부에서 생략되는 절이다. 관형절의 피수식 명사가 관형절에서 '주어, 목적어, 부사어' 등으로 나타나 생략되는 절이다. 나머지는 모두 관계 관형절이다.
② [내가 (서점에서) 어제 책을 산] 서점은 바로 우리 집 앞에 있다. → 부사어 '서점에서'가 생략된 관계 관형절이다.
③ [충무공이 (거북선을) 만든] 거북선은 세계 최초의 철갑선이었다. → 목적어 '거북선을'이 생략된 관계 관형절이다.
④ 우리는 [사람이 (섬에서) 살지 않는] 그 섬에서 하룻밤을 지냈다. → 부사어 '섬에서'가 생략된 관계 관형절이다.
⑤ [(돌각담에서) 수양버들이 서 있는] 돌각담에 올라가 아득히 먼 수평선을 바라본다. → 부사어 '돌각담에서'가 생략된 관계 관형절이다.

정답

03 ③   04 ③   05 ④   06 ①

 **문장의 짜임새**

❶ 문장의 짜임새

(1) 홑문장

  주어와 서술어의 관계가 한 번만 이루어지는 문장

(2) 겹문장(문장의 확대)

  ① 주어와 서술어의 관계가 두 번 이상 이루어지는 문장을 말한다.
  ② 종류에는 이어진문장과 안은문장이 있다.

❷ 문장의 확대(겹문장의 종류)

(1) 이어진문장 (연결 어미가 핵심!!! 무조건 외우기)

  ① 대등하게 이어진 문장

개념	홑문장의 힘이 대등한 관계로 이어진 문장이다.	
특징	앞뒤 문장의 순서를 교체해도 원래의 의미와 동일하다.	
종류	나열 (-고, -(으)며)	산은 산이고 물은 물이다. 그는 성격이 멋지며 외모가 수려했다.
	대조 (-(으)나, -지만)	국어는 재밌지만 게임은 재미없다. (으나)
	선택 (-든지, -거나)	밥을 먹든지 반찬을 먹든지 네 맘대로 해라. (거나) (거나)

  ② 종속적으로 이어진 문장

개념	홑문장이 종속적인 관계로 이어진 문장이다.(힘이 대등 ×)	
특징	앞뒤 문장의 순서를 교체할 수 없거나, 교체하면 원래의 뜻과 달라진다.	
종류	이유 (-아서/-어서, -므로, -니까)	산은 산이어서 마음이 편하다. 그는 성격이 멋지므로 내가 존경한다.
	조건 (-면, -거든, -더라면)	내가 너한테 지면 사람이 아니다! 역공녀를 만났더라면 결과가 달라졌을까.
	의도 (-려고, -고자)	밥을 먹으려고 집에 갔다.

출.종.포 4 연결 어미 '-고'의 쓰임

• 저 여자가 엄마고 저 남자가 아빠다. → 대등하게 이어진 문장

• 어제는 비가 왔고 내일은 눈이 왔다. → 대등하게 이어진 문장

• 민수는 집에 가고 철수는 학교에 갔다. → 대등하게 이어진 문장

• 저분들이 너를 이리로 데려 오고 너를 떠나보냈지. → 종속적으로 이어진 문장

• 민수는 밥을 먹고 학교에 갔다. → 종속적으로 이어진 문장

출.종.포 5 안은문장 (전성 어미가 핵심!!!!)

① 명사절을 안은 문장

개념	전체 문장 속에서 명사형 문장이 하나의 문장으로 주어, 목적어, 보어, 부사어의 기능을 하는 문장이다.	
특징	명사형 전성 어미 '-(으)ㅁ'이나 '기'가 붙어 실현된다.	
예시	주어	[그가 범인임]이 밝혀졌다. ('이'=주격 조사)
	목적어	역공녀는 [공시생이 많이 오기]를 바란다. ('를'=목적격 조사)
	부사어	모두들 [역공녀가 미인임]에 놀랐다. ('에'=부사격 조사)

☞ 명사절의 문장 성분은 명사절 뒤에 붙은 격 조사에 의해 결정된다.

② 관형절을 안은 문장

개념	전체 문장 속에서 관형사형 문장이 관형어의 기능을 하는 문장이다.	
특징	관형사형 전성 어미 '-는, -ㄴ(은), -ㄹ(을), -던'	
종류	관계 관형절	관형절 내에 생략된 성분이 있음.
		그건 [내가 먹은] 피자야. (피자를) 생략
		[빨간] 장미가 한 송이 피었다. (장미가) 생략
	동격 관형절	관형절 내에 생략된 성분이 없음.
		[피아노 치는] 소리가 안 들렸음 좋겠다. 피아노 친다=소리
		요즘 [역공녀가 데뷔했다는] 소문이 전국에 돌았다. 역공녀가 데뷔했다=소문

③ 부사절을 안은 문장

개념	전체 문장 속에서 부사형 문장이 부사어의 기능을 하는 문장이다.
특징	부사형 어미 '-게, -아서', '-도록', 부사 파생 접사 '-이'
예시	민수는 [너가 예뻐서] 계속 웃었다. 그는 [밤이 새도록] 공부에 전념했다. 비가 [소리도 없이] 내린다.

혜선쌤의 야매꼼수

PART 02

◆ 명사형 어미 '-(으)ㅁ / 기'
: 명사절

◆ 관형사형 어미 '-는/ㄴ/ㄹ/던'
: 관형절

◆ 부사형 어미 '-게/아서/도록'
부사 파생 접사 '-이'
: 부사절

◆ 인용격 조사 '라고' '고'
: 인용절

◆ 절 표지 없음
: 서술절

❹ 서술절을 안은 문장

개념	전체 문장 속에서 서술어의 기능을 하는 문장이다.
특징	*절 표지 없음.
예시	토끼가 [귀가 길다.] 집이 [거실이 넓다.]

♦ 인용절의 종류 구별하기

	표지	조사
직접 인용절	" "	라고
간접 인용절	' ' 혹은 ' ' 없음	고

❺ 인용절을 안은 문장

개념	다른 사람의 말을 인용하는 기능을 하는 문장이다.
특징	*직접 인용 '라고', 간접 인용 '고' (모두 격 조사)
예시	그가 ["당신이 제일 아름답습니다"]라고 했다. (직접 인용) 그가 [내가 제일 아름답다]고 했다. (간접 인용)

MEMO

Chapter 03 높임법의 종류

틀리면서 배우는 & 출제될 수 있는 **최빈출** **문법 문제**

 말씀의 용법 - 대조 구조

01 밑줄 친 ㉠~㉣ 중 '말씀'의 쓰임이 다른 것은?

2018 교육행정직 7급

> 김 주무관 : 박 주무관님, 과장님 ㉠ 말씀 들으니
> 　　　　　　다음 주 저는 굉장히 바빠질 거 같아요.
> 박 주무관 : 무슨 일인데요?
> 김 주무관 : 다음 주말까지 우리 관내 학교 도서관
> 　　　　　　활성화 방안을 만들어야 한다고…….
> 박 주무관 : 정말 바쁘시겠군요. 제가 시간을 더 달
> 　　　　　　라고 과장님께 ㉡ 말씀 좀 드려 볼게요.
> 김 주무관 : 아, 아닙니다. ㉢ 말씀은 감사하지만…….
> 　　　　　　일단 해 봐야지요.
> 박 주무관 : 언제든 ㉣ 말씀 주시면 제가 도와드릴게
> 　　　　　　요.
> 김 주무관 : 네, 그럴게요. 고맙습니다.

① ㉠　　　　　　　　② ㉡
③ ㉢　　　　　　　　④ ㉣

주체, 객체, 상대 높임 - 나열 구조

02 다음 글의 괄호 안에 들어갈 문장으로 적절한 것은?

2019 국가직 9급

> 국어의 높임법에는 말하는 이가 듣는 이에 대하여
> 높이거나 낮추어 말하는 상대 높임법, 서술어의 주
> 체를 높이는 주체 높임법, 서술어의 객체를 높이는
> 객체 높임법 등이 있다. 이러한 높임 표현은 한 문
> 장에서 복합적으로 실현되기도 하는데, (　　　)의
> 경우 대화의 상대, 서술어의 주체, 서술어의 객체를
> 모두 높인 표현이다.

① 아버지께서 할머니를 모시고 댁에 들어가셨다.
② 제가 어머니께 그렇게 말씀을 드리면 될까요?
③ 어머니께서 아주머니께 이 김치를 드리라고 하셨
　 습니다.
④ 주민 여러분께서는 잠시만 제 이야기에 귀를 기울
　 여 주시기 바랍니다.

틀리면서 배우는 & 출제될 수 있는 **최빈출** 문법 문제 해설

01

정답풀이

'말씀'은 남의 말을 높이는 데에도 쓰이지만, 자신의 말을 낮추는 데에도 쓰인다. 'ⓒ 말씀'은 자기가 말하겠다는 것이므로 후자에 해당한다.

오답풀이

나머지는 모두 남의 말을 높일 때 쓰인다.

02

정답풀이

[상대+], [주체+], [객체+]를 만족시켜야 한다. ③은 이 모두를 만족시킨다. 대화의 상대를 높이고 있다(-습니다). 서술어의 주체인 '어머니'도 높임의 주격 조사 '께서'와 높임 선어말 어미 '-시-'로 높이고 있다. 또 서술어의 객체인 '아주머니'를 높이기 위해 높임의 부사격 조사 '께'와 객체 높임 특수 어휘 '드리다'가 쓰였다.

오답풀이

① [상대-], [주체+], [객체+]로 대화의 상대를 높이고 있지 않다. 서술어의 주체인 '아버지'를 높임의 주격 조사 '께서'와 높임 선어말 어미 '-시-'로 높이고 있다. 또 서술어의 객체인 '할머니'를 높이기 위해 객체 높임 특수 어휘 '모시다, 댁'이 쓰였다. 대화의 상대를 높이고 있지 않아서 답이 아니다.

② [상대+], [주체-], [객체+]로 대화의 상대를 높이고 있다. 서술어의 주체인 '나'를 높이지 않고 있다. 또 서술어의 객체인 '어머니'를 높이기 위해 높임의 부사격 조사 '께', 객체 높임 특수 어휘 '드리다'가 쓰였다.

④ [상대+], [주체+], [객체-]로 대화의 상대를 높이고 있다. '바랍니다'를 통해 [상대+]임을 알 수 있다. '께서', '-시-'를 통해 [주체+]임을 알 수 있다. 객체 높임은 쓰이지 않았다.

정답

01 ② **02** ③

틀리면서 배우는 & 출제될 수 있는 **최빈출** 문법 문제

 주체, 객체, 상대 높임 − 나열 구조

03 "숙희야. 내가 선생님께 꽃다발을 드렸다."의 문장을 옳게 표시한 것은? 2017 지방직 9급

① [주체−] [객체+] [상대−]
② [주체+] [객체−] [상대+]
③ [주체+] [객체+] [상대+]
④ [주체+] [객체−] [상대−]

04 주체, 객체, 상대를 모두 높이고 있는 것은? 2017 교육행정직 7급

① 사장님도 진지를 드셨습니까?
② 선생님께서 훈화 말씀을 하셨습니다.
③ 삼촌이 할머니를 모시고 공원에 갔습니다.
④ 아버지는 할아버지께 안경을 드리셨습니다.

 높임법의 오류 유형 (특히 간접 높임)

05 밑줄 친 부분에 해당하는 예로 적절한 것은? 2014 방재안전직 9급

> 간접 높임이란 '할아버지께서는 돈이 많으시다.'처럼 높여야 할 대상의 신체 부분, 성품, 심리, 소유물과 같이 주어와 밀접한 관계를 맺고 있는 대상을 높이는 것을 말한다. 하지만 간접 높임을 지나치게 사용할 경우 언어생활의 오류를 범하게 된다.

① 과장님, 여쭈어볼 게 있어요.
② 나도 그 선생님께 선물을 드렸어.
③ 철수야, 선생님께서 너 지금 교무실로 오시래.
④ 손님, 사용 중에 불편한 점이 계시면 언제든 연락 주십시오.

06 다음 대화에서 A가 범한 어법 사용의 오류와 가장 유사한 것은? 2014 국가직 9급

> A: 여보세요.
> B: 여보세요. 김 선생님 계신가요?
> A: 지금 안 계시는데요.
> B: 어디 멀리 가셨나요?
> A: 예, 지금 수업 중이십니다.
> B: 수업은 언제 끝나나요?
> A: 글쎄요, 수업 끝나고 학생들과 면담이 계시다고 하셨어요.
> B: 아유, 그럼 통화하기가 어렵겠군요.

① 내일 서울역전 앞에서 만나자.
② 손님, 주문하신 햄버거 나오셨습니다.
③ 국장님, 과장님이 외부에 나갔습니다.
④ 선생님은 학교에 볼일이 있으셔서서 일찍 학교에 가셨습니다.

틀리면서 배우는 & 출제될 수 있는 최빈출 문법 문제 해설

03

정답풀이

주체 높임법은 '주어'를 높이는 것을 확인하면 된다. 여기서 주어인 '나'를 높이지 않고 있으므로 [주체-]이다. 객체 높임법은 '목적어'나 '부사어'를 높이는 것인데 부사어인 '선생님'을 높임의 부사격 조사 '께'와 객체 높임 어휘 '드리다'로 높이고 있다. 따라서 [객체+]이다. 상대 높임법은 상대(청자)를 높이거나 낮추는 것인데, 여기서 청자 숙희를 높이지 않고 아주 낮춤인 해라체를 쓰고 있다. 따라서 [상대-]이다.

04

정답풀이

아버지는 할아버지께 안경을 드리셨습니다.

주체 높임	'드리셨습니다'의 주체 높임 선어말 어미 '-시-'
객체 높임	'할아버지께'의 높임 부사격 조사 '께' '드리셨습니다'의 객체 높임 어휘 '드리-'
상대 높임	'드리셨습니다'의 종결 표현 '-습니다'

오답풀이

① 드셨습니까? : 접미사 '-님', '진지', '드시다'가 주체인 '사장님'을 높이고 있다. 또한 '-습니까?'는 상대를 높이고 있다. 객체 높임은 보이지 않는다.

② 선생님께서 : 주체 높임 주격 조사 '께서'

하셨습니다 : 주체 높임 선어말 어미 '-시-'와 상대 높임의 '습니다'

객체 높임은 보이지 않는다.

③ 모시고 : 객체 높임 어휘

갔습니다 : 상대 높임의 '습니다'

객체 높임은 보이지 않는다.

05

정답풀이

손님의 불편한 점은 손님의 감정과 관련이 있으므로 간접 높임의 대상이다. 하지만 '계시다'는 직접 높임 어휘이므로 '있으시면'으로 고쳐야 한다.

오답풀이

나머지는 간접 높임을 지나치게 사용하는 경우가 아니다.

① 과장님, (과장님께) 여쭈어볼 게 있어요. : 부사어 '과장님'을 높이는 객체 높임 어휘로 '여쭈다'가 잘 쓰였다.

② 나도 그 선생님께 선물을 드렸어. : 부사어 '선생님'을 높이는 객체 높임 어휘로 '드리다'가 잘 쓰였다.

③ 철수야, 선생님께서 너 지금 교무실로 오시래. : '오시래'는 '오시라고 해'의 준말이다. 이렇게 되면 '너'가 '오시는' 꼴이 되므로 옳지 않다. 오는 것은 '너'이고 그러라고 말한 것은 높임의 대상인 '선생님'이므로 오라셔(오라고 하셨어)가 옳다.

06

정답풀이

A는 '(김 선생님이) 수업 끝나고 학생들과 면담이 계시다고 하셨어요.'라고 잘못 말하였다. 김 선생님의 면담이므로 간접 높임이 될 수 있다. 하지만 '계시다'는 직접 높임의 어휘이므로 간접 높임 표현인 '있으시다'로 고쳐야 한다. 이와 유사한 오류는 '손님, 주문하신 햄버거 나오셨습니다.'이다.

오답풀이

① '서울역전 앞' : 前(앞 전)과 '앞'이 의미 중복을 보이므로 옳지 않다. '서울 역전에서'로 고쳐야 한다.

③ 높여야 할 대상이지만 듣는 이가 더 높을 때 높이지 않는 압존법은 직장에서는 쓰면 안 된다. 하지만 이 문장에서 높여야 할 과장님을 높이지 않았으므로 잘못이다. '국장님, 과장님이 외부에 나가셨습니다'로 고쳐야 한다.

④ '볼일'은 간접 높임의 대상에 해당하므로 '있으셔서'로 쓰는 것은 옳다.

| 대표 출.종.포 한눈에 보기 | 3. 높임법의 종류 판단하기 |

❶ 높임 요소 찾기

❷ 잘못된 높임 표현 찾기

출.종.포 6 높임 요소 찾기

종류	높임 대상	실현 방법
주체 높임	서술어의 주체 (주어)	★① 주체 높임 선어말 어미 '-시-' ② 주격 조사 '께서' ③ 주체를 높이는 특수 어휘 : 계시다, 잡수시다, 편찮으시다 등 ④ 간접 높임의 '-시-' 예 회장님께서 말씀이 있으시겠습니다. 할머니께서 지팡이가 예쁘시다.
객체 높임	서술어의 객체 (목적어, 부사어)	★① 부사격 조사 '께' ★② 모시다, 드리다, 여쭙다(여쭈다), 뵙다(뵈다)
상대 높임	청자	종결 표현

혜선쌤의 야매꼼수

◆ '간접 높임법' 암기팁
: 상품, 가격, 품절은 간접 높임의 대상이 될 수 없다.

혜선쌤의 야매꼼수

◆ '객체 높임법' 암기팁
: 프랑스 놀러간 혜선
→ 모.드.여.뵈.께

혜선쌤의 야매꼼수

◆ '상대 높임법' 암기팁
: ㅂ, 뻐큐, 쌍뻐큐

 **출.종.포 7** 잘못된 높임 표현 고치기

"높임 요소" 말고도 "올바른 높임 표현"으로 고치기도 출제된다.

❶ 간접 높임의 경우에는 직접 높임의 어휘를 쓸 수 없다.

• 회장님의 말씀이 계시겠습니다.(×) → 있으시겠습니다.(○)

❷ 간접 높임의 대상이 될 수 없는 경우에는 '-시-'를 쓰면 안 된다.

☞ 상품, 품절, 가격에는 간접 높임의 '-시-'를 쓰면 안 된다.

❸ 높임 대상과 관련된 명사를 높이지 않으면 틀린다.

• 집(×) → 댁(○)
• 밥(×) → 진지(○)
• 이름(나이)(×) → 성함(연세, 춘추) (○)
• 술(×) → 약주(○)
• 말(×) → 말씀(○)
• 저, 자기(×) → 당신(○)

❹ 겸양 표현을 적절하게 사용하여야 한다.

• '말씀'은 존대어이자 화자를 낮추는 겸양어이다.
• 저희 나라, 저희 겨레(×) → 우리나라, 우리 겨레(○)

❺ 목적어, 부사어가 높임의 대상이 아니라면 객체 높임 특수 어휘를 쓸 수 없다.

• 어머니께서는 집안의 대소사를 아랫사람들에게 여쭈어보십니다.(×)
　→ 아랫사람들에게 물어보십니다.(○)

❻ 주체 높임 '-시-'를 올바르게 사용해야 한다.

• 선생님이 이따 오래.(×) → 선생님이 이따 오라셔(오라고 하셔).(○)
• 그 사람 해고해! 하시라면(하시라고 하면) 해야죠.(×)
　→ 하라시면(하라고 하시면) 해야죠.(○)
• 곧이어 펜트하우스를 시청하겠습니다.(×) → 시청하시겠습니다.(○)
• 어머님, 아범(아비)이 방금 들어오셨어요.(×) → 들어왔어요.(○)

❼ 화자가 자기 자신을 높일 수는 없다.

• 저는 고객을 위해 항상 노력 중이세요.(×)
　→ 저는 고객을 위해 항상 노력 중이에요.(○)
☞ 화자 자신을 높이는 것은 옳지 않으므로 '저는 고객을 위해 항상 노력 중이에요.'로 바꿔야 한다.

 **혜선쌤의 야매꼼수**

✦ 이세요, 이셔요
: 이+시+어요
　　　(에요)

Chapter 04 사동·피동

틀리면서 배우는 & 출제될 수 있는 최빈출 문법 문제

 ### 파생적 사동 VS 통사적 사동 (대조 구조)

01 〈보기〉의 ㉠~㉢에 들어갈 것을 바르게 연결한 것은?

2016 교육행정직 9급

┌─────── 보기 ───────┐

사동문은 사동주가 피사동주에게 어떤 행위를 하게 하는 것을 표현한 문장이다. 국어 사동문은 주어의 직접적 행위를 의미할 수도 있고, 주어의 간접적 행위를 의미할 수도 있다. (㉠)와 같이 주어의 직접적 행위와 간접적 행위를 모두 나타내는 경우도 있고, (㉡)와 같이 주어의 간접적 행위만을 나타내는 경우도 있다.

한편, 부정문은 (㉢)와 같이 단순 부정 혹은 의지 부정을 뜻하는 문장이 있고, (㉣)와 같이 능력 부정을 뜻하는 경우가 있다.

(가) 형은 동생에게 밥을 먹였다.
(나) 형은 동생에게 밥을 먹게 했다.
(다) 영호는 그림을 잘 그리지 않았다.
(라) 영호는 그림을 잘 그리지 못했다.

└──────────────────┘

	㉠	㉡	㉢	㉣
①	(가)	(나)	(다)	(라)
②	(가)	(나)	(라)	(다)
③	(나)	(가)	(다)	(라)
④	(나)	(가)	(라)	(다)

 ### '이'의 남용

02 밑줄 친 말의 쓰임이 올바른 것은?

2022 지방직 9급

① 습관처럼 중요한 말을 <u>되뇌이는</u> 버릇이 있다.
② 나는 친구 집을 찾아 골목을 <u>헤매이고</u> 다녔다.
③ 너무 급하게 밥을 먹으면 목이 <u>메이기</u> 마련이다.
④ 그는 어린 시절 기계에 손가락이 <u>끼이는</u> 사고를 당했다.

 ### '시키'의 남용

03 밑줄 친 사동 표현이 바르게 사용된 문장은?

2017 기상직 7급

① 군 당국은 김 중위를 대위로 <u>승진시켰다</u>.
② 그는 차를 최대한 벽에 가깝게 <u>주차시켰다</u>.
③ 위원회는 김 회장을 <u>해임시킬</u> 수밖에 없었다.
④ 법원은 판결까지의 기간을 <u>단축시킬</u> 것으로 알려졌다.

04 사동법의 특징을 고려할 때 밑줄 친 단어의 쓰임이 옳은 것은?

2018 지방직 9급

① 그는 김 교수에게 박 군을 <u>소개시켰다</u>.
② 돌아오는 길에 병원에 들러 아이를 <u>입원시켰다</u>.
③ 생각이 다른 타인을 <u>설득시킨다는</u> 건 참 힘든 일이다.
④ 우리는 토론을 거쳐 다양한 사회적 갈등을 <u>해소시킨다</u>.

틀리면서 배우는 & 출제될 수 있는 **최빈출** 문법 문제 해설

PART
02

01

정답풀이

㉠ 주어의 직접적 행위와 간접적 행위를 모두 나타내는 경우는 파생적 사동문에 해당한다. 따라서 ㉠은 파생적 사동문이 있는 (가)에 해당한다. ㉡ 주어의 간접적 행위만을 나타내는 경우는 통사적 사동문에 해당한다. 따라서 ㉡은 통사적 사동문이 있는 (나)이다. 단순 부정 혹은 의지 부정을 뜻하는 문장은 '안 부정문'이다. 따라서 ㉢은 (다)에 해당한다. 능력 부정을 뜻하는 경우는 '못 부정문'이다. 따라서 ㉣은 (라)에 해당한다.

02

정답풀이

손가락이 낌을 당하는 의미이므로 피동의 '끼이다'가 쓰이는 것은 옳다. 하지만 나머지 단어들은 사동접미사 '이'가 잘못 결합된 것이므로 각각 '되뇌는, 헤매고, 메기'로 고쳐야 한다.

03

정답풀이

사동의 의미는 주로 '-게 만들다, -게 하다'이므로 이를 넣었을 때 말이 되면 사동표현이 바르게 사용된 것이고 어색하면 틀리게 사용된 것이다. '승진시켰다'는 '승진하게 만들었다'의 뜻으로 김중위를 승진하도록 군 당국이 만들었다는 의미가 되어 자연스럽다.

오답풀이

②, ③, ④에는 '-게 만들다'를 넣으면 의미가 어색해진다. '주차하다'는 '차를 일정한 곳에 서게 하다', '해임하다'는 '임무를 그만두게 하다', '단축하다'는 '시간이나 거리 따위를 짧게 줄게 하다'를 의미한다. 즉 이미 단어 안에 사동의 의미를 갖고 있다. 따라서 '-시키다'를 삭제하고 '-하다'를 사용하여 각각 '주차하였다', '해임할', '단축할'로 고쳐야 한다.

04

정답풀이

주어를 기준으로 주어가 직접 하는 의미가 가능하면 '-게 만들다'를 의미하는 '시키다'를 넣을 수 없다. 따라서 '시키다' 대신에 '하다'를 넣어서 말이 되는지 보았을 때 말이 안 되면 '시키다'는 옳게 쓰인 것이고 말이 되면 '시키다'는 잘못 쓰인 것이다. ②의 '입원하다'를 넣으면 생략된 주어가 직접 입원을 하는 것인데, 이렇게 되면 말이 안 된다. 주어가 직접 입원하는 것이 아니라 아이가 입원하는 것이므로 '입원시키다'는 옳다.

오답풀이

① 주어 '그는'이 직접 소개를 해주는 것이므로 '소개했다'로 고쳐야 한다.
③ 생략된 주어가 타인을 직접 설득하는 것이므로 '설득한다는'으로 고쳐야 한다.
④ 주어 '우리는'이 직접 갈등을 해소하는 것이므로 '해소한다'로 고쳐야 한다.

정답

01 ① **02** ④ **03** ① **04** ②

대표 출.종.포 한눈에 보기　4. 사동 / 피동

❶ 사동과 피동의 요소 파악하기
❷ 사동 vs 피동의 구별
❸ 사동 접미사 '-이-, -시키-'의 잘못된 쓰임
❹ 이중 피동의 잘못된 쓰임

 사동

❶ 사동(使動)

주어가 남에게 동작을 시키는 것을 말한다.

❷ 사동(使動)의 종류

혜선쌤의 야매꼼수

사동은 보통 '목적어'가 있다.

파생적 사동 (단형 사동)	용언의 어근+사동 접미사 '-이-, -히-, -리-, -기-, -우-, -구-, -추-, -이키-, -으키-, -애-', '-시키-' 이중 사동 접미사 '-이우-' 예 엄마가 아이에게 밥을 먹였다. 역공녀가 학생을 합격시켰다.
통사적 사동 (장형 사동)	본용언에 보조 용언 '-게 하다'가 붙어 실현 예 엄마가 아이에게 밥을 먹게 한다.

❸ 틀린 사동 표현

(1) 과도한 사동 접사 '이'의 사용
의미상 필요하지 않다면, 사동 접사 '이'를 남용하면 안 된다.

혜선쌤의 야매꼼수

과도한 사동 접사 '-이-'를 사용했는지 '-이-' 대신에 '-게 하다(-게 만들다)'를 넣어 본다.

과도한 사동 접사 '이'의 사용 예시	기본형
그녀는 **목메인** 목소리를 냈다. [목메+이+ㄴ](×) → 목멘(○)	목메다
넌 **끼여들지마**. [끼+이+어+들+지+마](×) → 끼어들지마(○)	끼다
습관처럼 중요한 말을 **되뇌이는** 버릇이 있다. [되+뇌+이+는](×) → 되뇌는(○)	되뇌다
역공녀를 보면 마음이 **설레였다**. [설레+이+었+다](×) → 설레었다/설렜다(○)	설레다

(2) 과도한 사동 접사 '시키다'의 사용

'하다'를 쓸 수 있는 말에 무리하게 '시키다'를 결합하지 않는다.

과도한 사동 접사 '시키다'의 사용 예시	기본형
내가 친구 한 명 소개시켜 줄게. → 소개해(○)	소개하다
이 공간을 분리시킬 벽을 설치했다. → 분리할(○)	분리하다
모든 기계를 하루 종일 가동시켜서 기일을 맞추도록 하자. → 가동해서(○)	가동하다
입금시키다, 금지시키다, 강화시키다, 개선시키다, 결집시키다, 지연시키다, 고정시키다. → 입금하다, 금지하다, 강화하다, 개선하다, 결집하다, 지연하다, 고정하다(○)	

과도한 사동 접사 '-시카-'를 사용했는지 아는 여부는 '-시키-' 대신에 '-하-'를 넣은 후 주어와 호응시켜 본다.

① '하다'가 자연스러움
   : '-시키-'가 잘못 쓰임

② '하다'가 부자연스러움
   : '-시키-'가 잘 쓰임

틀리면서 배우는 & 출제될 수 있는 최빈출 문법 문제

 이중 피동

05 밑줄 친 말이 가장 자연스러운 것은? 2015 국가직 7급

① <u>닫혀진</u> 마음을 열 길이 없구나.
② 저쪽 복도에 <u>놓여진</u> 화분은 엄청 예쁘구나.
③ 그 토의에서 궁극적으로 <u>받아들여진</u> 것이 결국 뭐지?
④ 장마로 인해 <u>끊겨진</u> 통신 선로가 드디어 복구되었군요.

06 어법에 맞는 문장은? 2015 지방직 7급

① 인간은 자연을 지배하기도 하고 복종하기도 한다.
② 북극의 빙하는 수십 년 내에 없어질 것으로 예측되어졌다.
③ 국가 경쟁력을 높이는 요소 중 하나는 인문학적 상상력이다.
④ 교육부는 새 교과서를 편찬함에 있어서 전인교육의 충실화에 두었다.

 목적어가 있는 특이한 피동문

07 (가)에 들어갈 문장으로 가장 적절한 것은? 2021 법원직 9급

> 교사 : 능동문의 목적어가 피동문의 주어가 되는 것이니까 피동문에는 목적어가 없는 것이 원칙이야. 그건 너도 잘 알고 있지?
> 학생 : 예, 선생님. 그런데 '원칙'이라고 하셨으면, 원칙의 예외가 되는 문장도 있다는 말씀이신가요?
> 교사 : 응, 그래. 드물지만 피동문에 목적어가 나타날 때가 있어. 어떤 문장이 있을지 한번 말해 볼래?
> 학생 : " (가) "와 같은 문장이 그 예에 해당하겠네요.

① 형이 동생에게 짐을 안겼다.
② 동생은 집 밖으로 짐을 옮겼다.
③ 동생이 버스 안에서 발을 밟혔다.
④ 그 사람이 동생에게 상해를 입혔다.

틀리면서 배우는 & 출제될 수 있는 최빈출 문법 문제 해설

05

정답풀이

'받아들이다'는 '남의 말이나 요구 따위를 들어주다.'를 의미하므로 '당하다'를 의미하는 피동사가 아니다. 따라서 뒤에 피동 표현 '−어지다'가 붙어도 이중 피동 표현이라고 볼 수 없다.

☞ 이와 비슷하게 이중 피동이 아닌 단어들로는 '여겨지다, 밝혀지다, 알려지다, 읽혀지다'가 있다.

오답풀이

① '닫+히(피동 접미사)+어지(피동 보조 용언)+ㄴ'은 이중 피동이므로 옳지 않다.

② '놓+이(피동 접미사)+어지(피동 보조 용언)+ㄴ'은 이중 피동이므로 옳지 않다.

④ '끊+기(피동 접미사)+어지(피동 보조 용언)+ㄴ'은 이중 피동이므로 옳지 않다.

06

정답풀이

'~ 중 하나는 ~이다'는 어법에 맞는 구조이다.

오답풀이

① '복종하다'는 필수적 부사어 '−에'를 요구하므로 '복종하기도' 앞에 '자연에'를 추가해야 한다.

② '예측+되(피동 접미사)+어지(피동 보조 용언)+었+다'에 이중 피동 표현이 나오므로 적절하지 않다. '예측되었다'로 고쳐야 한다.

④ '두다'는 목적어를 필수적으로 요구하므로 '목표를'을 앞에 추가해야 한다. '~에 있어'는 일본어 투의 표현이므로 지양하는 것이 좋다.

07

정답풀이

(가)는 피동문이면서 목적어가 있는 문장이어야 한다. 그런데 '밟히다'는 '밟음.'을 당하는 의미가 있으므로 '밟다'는 피동 접미사 '−히−'가 결합한 피동사임을 알 수 있다. 원래 피동사는 목적어를 가지지 못하지만 이 문장은 목적어 '발을'이 있으므로 (가)의 조건에 부합한다.

오답풀이

① '안기다'는 피동사, 사동사의 형태가 같다. 이 문장에서는 '안게 하다'를 의미하므로 '기'는 사동 접미사이다. 피동문이 아닌 사동문이므로 (가)의 조건에 부합하지 않는다.

② '옮기다'는 '옮게 하다(=바꾸게 하다)'라는 뜻으로 사용되고 있다. (참고로 '옮다'는 '자리를 바꾸다.'를 의미한다.) 따라서 '기'도 사동 접미사이다.

④ '입히다'는 '입게 하다'(=당하게 하였다)를 의미한다. 여기에서 '입다'는 '당하다.'를 의미한다. 따라서 '히'는 사동 접미사이다.

정답

05 ③ 06 ③ 07 ③

 **출.종.포 9** 피동(被動)

피동은 보통 '목적어'가 없다.

① 피동(被動)

주어가 당하는 것을 말한다.

② 피동(被動)의 종류

파생적 피동 (단형 피동)	동사의 어간(주로 타동사)＋피동 접미사 '-이-, -히-, -리-, -기-', '-되-' 예 도둑이 경찰에게 잡혔다. 　　카드 포인트가 등록되었다.
통사적 피동 (장형 피동)	본용언＋보조 용언 '-어지다' 예 구두끈이 풀어지다. 　　[풀-＋-어지-＋-다]
	본용언에＋보조 용언 '-게 되다' 예 사실이 드러나게 되다. 　　[드러나-＋-게 되다]

'-어지-'는 피동 표현으로
고정하자.
(강의 고고싱)

③ 틀린 피동 표현

피동 접미사 '-이-, -히-, -리-, -기-'와 피동의 보조 용언 '-어지다'는 이중으로 겹쳐서
사용할 수 없다.

- 이 사실이 믿겨지지[믿-＋-기-＋-어지-＋-지] 않았다. → 믿기지/믿어지지
- 내일 날씨는 맑을 것으로 보여집니다.
  [보-＋-이-＋-어지-＋ㅂ니다] → 보입니다./보아집니다.
- 간판이 잘 읽혀지지[읽-＋-히-＋-어지-＋-지] 않아요. → 읽히지/읽어지지
- 앞으로 이 문제가 잘 풀릴 것이라고 예상되어진다.
  [예상＋-되-＋-어지-＋-ㄴ-＋-다] → 예상된다.

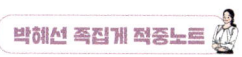

④ 모양이 같은 사동사와 피동사의 구별

공통되는 접미사 '-이 -, -히 -, -리 -, -기 -' 때문에 사동사와 피동사를 구별하는 문제가 나온다.

	사동사	피동사
목적어의 유무	있음 예 역공녀가 공시생들에게 책을 읽혔다. 　역공녀가 공시생들에게 연필을 잡혔다. 　철수는 나에게 영화를 보였다.	없음 예 그 책은 많은 공시생들에게 읽혔다. 　공시생들이 역공녀에게 잡혔다. 　이제 영화가 보였다.
의미	-게 만들다.	-을 당하다.

사동 피동 구별은 웬만하면 '목적어'의 유무로 판별된다.

피동사가 목적어를 갖는 예외의 경우
→ 따라서 꼭 '의미'도 함께 파악하는 것이 좋다.

- 사동 : 엄마는 아이에게 젖을 물렸다. ('엄마'가 젖을 물게 한 의미가 있으므로 사동)
　　　　철수는 영희에게 피해를 입혔다. ('철수'가 피해를 입게 한 의미가 있으므로 사동)
　　　　영자는 짐을 그곳으로 옮겼다. ('영자'가 짐을 옮게 한 의미가 있으므로 사동)

- 피동 : 엄마는 아기에게 코를 물렸다. ('엄마'가 묾을 당한 의미가 있으므로 피동)
　　　　철수는 도둑에게 돈을 빼앗겼다. ('철수'가 빼앗음을 당한 의미가 있으므로 피동)
　　　　영자는 철수에게 발을 밟혔다. ('영자'가 밟음을 당한 의미가 있으므로 피동)

문법

박혜선 국어 족집게 적중노트

Chapter 01 음운의 변동

틀리면서 배우는 & 출제될 수 있는 최빈출 문법 문제

 음운 변동의 유형과 음운 개수의 변화 – 나열 구조

01 밑줄 친 ㉠과 ㉡의 음운 변동에 대한 설명으로 옳은 것은?

2022 국회직 9급

> 한 단어 내의 음운 변동은 여러 유형이 함께 나타날 수도 있다. ㉠따뜻하다[따뜨타다]와 ㉡삯일[상닐]에 일어나는 음운 변동에는 공통점과 차이점이 존재한다.

① ㉠과 ㉡ 중 ㉠에만 음운의 탈락 현상이 일어난다.
② ㉠과 ㉡ 중 ㉠에만 음운의 첨가 현상이 일어난다.
③ ㉠과 ㉡ 모두 음운의 축약 현상이 일어난다.
④ ㉠과 ㉡ 모두 음운의 대치 현상이 일어난다.
⑤ ㉠과 ㉡ 모두 음운 변동을 거치며 음운의 개수가 줄어든다.

02 음운 변동에 대한 설명으로 옳은 것은?

2018 지방직 7급

① 값진[갑찐] : 탈락, 첨가 현상이 있다.
② 밖과[박꽈] : 대치, 축약 현상이 있다.
③ 끓는[끌른] : 탈락, 대치 현상이 있다.
④ 밭도[받또] : 대치, 첨가 현상이 있다.

 탈락 VS 축약 – 대조 구조

03 다음 중 음운변동의 성격이 나머지 셋과 가장 다른 것은?

2016 서울시 9급

① '옳다'는 [올타]로, '옳지'는 [올치]로 발음된다.
② '주다'와 어미 '–어라'가 만나 '줘라'가 되었다.
③ '막혀'는 [마켜]로, '맞힌'은 [마친]으로 발음된다.
④ '가다'와 어미 '–아서'가 만나 '가서'가 되었다.

음절의 끝소리 규칙 VS 자음군 단순화 – 대조 구조

04 다음에 대한 설명으로 적절한 것은?

2019 지방직 9급

> ㉠ 가을일[가을릴]   ㉡ 텃마당[턴마당]
> ㉢ 입학생[이팍쌩]   ㉣ 흙먼지[흥먼지]

① ㉠ : 한 가지 유형의 음운 변동이 나타난다.
② ㉡ : 인접한 음의 영향을 받아 조음 위치가 같아지는 동화 현상이 나타난다.
③ ㉢ : 음운 변동 전의 음운 개수와 음운 변동 후의 음운 개수가 서로 다르다.
④ ㉣ : 음절 끝에 'ㄱ, ㄴ, ㄷ, ㄹ, ㅁ, ㅂ, ㅇ' 이외의 자음이 오면 이 7개의 자음 중 하나로 바뀌는 규칙이 적용된다.

틀리면서 배우는 & 출제될 수 있는 **최빈출** 문법 문제 해설

01

정답풀이

㉠ : 따뜻하다[따뜯하다>따뜨타다] 음절의 끝소리 규칙(교체)과 거센소리되기(축약)이 쓰였다.

㉡ : 삯일[삯닐>삭닐>상닐] ㄴ첨가(첨가)와 자음군 단순화(탈락), 비음화(교체)가 쓰였다.

㉠과 ㉡ 모두 교체 현상이 일어났으므로 음운의 대치 현상이 일어난 것이다.

오답풀이

① 음운 탈락은 ㉡에만 일어났다.

② 음운 첨가는 ㉡에만 일어났다.

③ 음운 축약은 ㉠에만 일어났다.

⑤ ㉠은 음운 변동의 결과 음운이 하나 줄어들었지만, ㉡은 탈락과 첨가가 일어나 음운의 개수는 그대로 유지되었다.

02

정답풀이

[끓는 → (자음군 단순화) → 끌는 → (유음화) → 끌른]의 과정을 거친다. '자음군 단순화'는 탈락이며, '유음화'는 대치(=교체)이므로 ③은 옳다.

오답풀이

① [값진 → (된소리되기) → 값찐 → (자음군 단순화) → 갑찐] : '자음군 단순화'는 탈락이며, '된소리되기'는 대치(=교체)이므로 '값진'이 탈락, 첨가 현상이라고 한 ①은 틀리다.

② [밖과 → (된소리되기) → 밖꽈 → (음절의 끝소리 규칙) → 박꽈] : '음절의 끝소리 규칙'은 대치(=교체)이며, '된소리되기'는 대치(=교체)이므로 '밖과'가 대치, 축약 현상이라고 한 ②는 틀리다.

④ [밭도 → (된소리되기) → 밭또 → (음절의 끝소리 규칙) → 받또] : '음절의 끝소리 규칙'과 '된소리되기'는 모두 대치(=교체)이므로 '밭도'가 대치, 첨가 현상이라고 한 ④는 틀리다.

03

정답풀이

'가다'와 어미 '-아서'가 만나 '가서'가 된 것은 동음 탈락에 해당한다.

오답풀이

나머지는 모두 음운의 축약에 해당한다. 참고로 자음 축약이 음절의 끝소리 규칙보다 먼저 적용이 된다.

③ '맞힌'은 음절의 끝소리 규칙보다 자음 축약이 먼저 적용되어 [마친]이 되는 것이다.

04

정답풀이

㉢에는 자음 축약(ㅂ+ㅎ=ㅍ)이 일어나므로 음운변동 전보다 음운변동 후의 음운 개수가 하나 줄어드므로 ③이 옳다.

오답풀이

① [가을일 → (ㄴ 첨가) → 가을닐 → (유음화) → 가을릴]이므로 'ㄴ 첨가'와 '유음화'가 일어났음을 알 수 있다. 'ㄴ 첨가'와 '유음화'는 각각 첨가와 교체에 해당하므로 2가지 유형의 음운 변동이 나타난다.

② [텃마당 → (음절의 끝소리 규칙) → 텉마당 → (비음화) → 턴마당] 이다. 인접한 음의 영향을 받아 '조음 방법'이 같아지는 '비음화'가 일어났다. '조음 위치' 동화로는 양순음화, 연구개음화가 있으며, 이들은 비표준 발음이다.

④ [흙먼지 → (자음군 단순화) ▸ 흑먼지 → (비음화) → 흥먼지]이므로 음절의 끝소리 규칙이 아닌 자음군 단순화가 일어났음을 알 수 있다.

틀리면서 배우는 & 출제될 수 있는 **최빈출** 문법 문제

음운 변동의 원인 – 대조 구조

05 음운 변동의 원인을 ㉠과 ㉡으로 구분할 때, 변동의 원인이 이질적인 하나는?

2014 기상직 9급

> 음운 변동이 일어나는 원인으로는 발음을 좀 더 쉽게 하려는 ㉠ 경제성의 원리에 의한 것과 표현 강화를 위한 ㉡ 표현 효과의 원리에 의한 것이 있다. 전자에는 음절의 끝소리 규칙, 음운의 동화, 음운의 축약과 탈락이 있고, 후자에는 된소리되기와 사잇소리 현상이 있다.

① 맏누이　　　　② 굳히다
③ 잡히다　　　　④ 집비둘기

된소리되기 – 나열 구조

06 ㉠~㉣에 해당하는 예를 바르게 연결한 것은?

2019 국가직 7급

> 경음화는 장애음 중 평음이 일정한 환경에서 경음으로 바뀌는 현상이다. 한국어의 대표적인 경음화 유형은 다음과 같다.
> ㉠ 'ㄱ, ㄷ, ㅂ' 뒤에 연결되는 평음은 경음으로 발음된다.
> ㉡ 비음으로 끝나는 용언 어간에 연결되는 어미의 첫소리는 경음으로 발음된다.
> ㉢ 관형사형 어미 '–(으)ㄹ' 뒤에 연결되는 평음은 경음으로 발음된다.
> ㉣ 한자어에서 'ㄹ' 뒤에 연결되는 'ㄷ, ㅅ, ㅈ'은 경음으로 발음된다.

	㉠	㉡	㉢	㉣
①	먹고	껴안더라	어찌할 바	결석
②	놓습니다	삶더라	열 군데	절정
③	받고	앉더라	발전	물동이
④	잡고	담고	갈 곳	하늘소

틀리면서 배우는 & 출제될 수 있는 최빈출 문법 문제 해설

05

정답풀이

'집비둘기'의 표준 발음은 [집삐둘기]이다. 예사 소리인 'ㅂ'이 'ㅃ'으로 바뀌는 '된소리되기(경음화)'가 일어났기 때문에 '표현 효과의 원리'에 해당한다. 나머지는 모두 ㉠이 변동의 원인이다.

오답풀이

경제성의 원리	표현 효과의 원리
거의 대부분의 축약, 교체, 탈락	된소리되기, 사잇소리 현상

'경제성의 원리'는 발음할 때 편리하게 하는 것에 초점이 있다. 일반적으로 발음할 때 '축약'되거나 '교체', '탈락' 되는 것들이 이에 해당된다.

① [맏누이 → (비음화) → 만누이]의 과정에서 일어나는 현상은 비음화이므로 ㉠에 해당된다.

② [굳히다 → (자음 축약) → 구티다 → (구개음화) → 구치다]의 과정에서 일어나는 현상은 자음 축약, 구개음화이므로 ㉠에 해당된다.

③ [잡히다 → (자음축약) → 자피다]의 과정에서 일어나는 현상은 자음축약이므로 ㉠에 해당된다.

06

정답풀이

'먹고[먹꼬]'의 경우 안울림 예사소리 'ㄱ'과 뒤의 안울림 예사소리 'ㄱ'의 환경에서 'ㄱ'이 'ㄲ'으로 교체되는 ㉠의 경우가 맞다. '껴안더라[껴안떠라]'의 경우 비음으로 끝나는 용언 어간 '껴안-'에 어미 '더라'가 연결되어 어미의 첫소리가 경음으로 발음되므로 ㉡의 경우가 맞다. '어찌할 바[어찌할빠]'의 경우 관형사형 어미 '-ㄹ' 뒤에 평음 'ㅂ'이 경음 'ㅃ'이 되는 것이므로 ㉢의 경우가 맞다. '결석(缺席)'의 경우 한자어 'ㄹ' 뒤에 연결되는 평음 'ㅅ'이 경음 'ㅆ'이 되는 것이므로 ㉣의 경우가 맞다.

오답풀이

② ㉠ '놓습니다'와 ㉢ '열 군데'가 옳지 않다. '놓습니다'는 ㉠에 해당하지 않는다. '놓습니다'는 표준 발음법 제12항에 나온 "'ㅎ(ㄶ, ㅀ)' 뒤에 'ㅅ'이 결합되는 경우에는, 'ㅅ'을 [ㅆ]으로 발음한다."가 적용된 것이기 때문이다. 또 'ㅂ' 뒤에 'ㄴ'이 와서 비음화가 일어나 [노씀니다]가 된다. '열 군데'도 ㉢에 해당하지 않는다. '열 군데'에서 '열'은 관형사형 어미가 아닌 수 관형사 '열'이기 때문이다. 따라서 [열 : 군데]로 발음한다.

③ ㉢ '발전'과 ㉣ '물동이'가 옳지 않다. 발전은 ㉢에 해당하는 것이 아니라 ㉣의 예에 해당한다. '발전(發展)'은 한자어로 이루어진 단어로 '한자어에서, 'ㄹ' 받침 뒤에 연결되는 'ㄷ, ㅅ, ㅈ'은 된소리로 발음한다.'는 ㉣과 관련이 있다. ㉣ '물동이'는 고유어이므로 한자어와 관련된 ㉣에 해당하지 않는다. '표기상으로는 사이시옷이 없더라도, 관형적 기능을 지니는 사이시옷이 있어야 할(휴지가 성립되는) 합성어의 경우에는, 뒤 단어의 첫소리 'ㄱ, ㄷ, ㅂ, ㅅ, ㅈ'을 된소리로 발음한다.'는 표준 발음법 제28항에 해당하는 것일 뿐이다.

④ ㉣ '하늘소'가 옳지 않다. 하늘소는 고유어이므로 한자어와 관련된 ㉣에 해당하지 않는다. ③의 ㉣ '물동이'에 대한 설명과 같다.

정답

05 ④   06 ①

대표 출.종.포 한눈에 보기　　1. 음운의 변동

❶ 음운 변동의 결과가 맞는지 파악하기
❷ 음운 변동의 유형 파악하기
❸ 음운 변동 후의 음운 개수 변화 파악하기

출.종.포 1 음운 변동의 유형과 개수 변화

❶ 음운 변동의 개념

어떤 음운이 주변 환경에 따라 다른 음운으로 교체, 축약, 탈락, 첨가되는 현상

유형	현상	개념 및 예시
교체	음절의 끝소리 규칙	받침이 음절 끝에 올 때에는 표기된 대로 발음되는 것이 아니라 대표음(ㄱ, ㄴ, ㄷ, ㄹ, ㅁ, ㅂ, ㅇ)으로 발음되는 현상 예 앞[압], 밖[박], 꽃[꼳], 낮[낟], 히읗[히은]
	된소리되기	① 안울림소리 + 안울림소리　예 역도[역또], 닫기[닫끼], 극비[극삐] ② 어간 받침 'ㄴ(ㄵ), ㅁ(ㄻ), ㄼ, ㄾ' + 예사소리 　　예 넘다[넘 : 따], 넓게[널께], 핥다[할따] ③ 용언의 관형형 '-ㄹ' 뒤 + 예사소리　예 만날 사람[만날싸람] ④ 한자어의 'ㄹ' 받침 + 'ㄷ, ㅅ, ㅈ' 　　예 몰상식[몰쌍식], 갈등[갈뜽], 불세출[불쎄출] 　　**예외)** 불법[불법 / 불뻡] 열병[열병]
	비음화	순행	받침 ㅁ, ㅇ + 첫소리 ㄹ　예 담력[담녁], 종로[종노]
		역행	받침 ㅂ, ㄷ, ㄱ + 첫소리 ㅁ, ㄴ 예 입는다[임는다], 닫는[단는], 국민[궁민]
		상호	받침 ㅂ, ㄷ, ㄱ + 첫소리 ㄹ 예 협력[혐녁], 몇 리[면니], 독립[동닙]
	유음화	순행	받침 ㄹ + 첫소리 ㄴ　예 칼날[칼랄], 찰나[찰라]
		역행	받침 ㄴ + 첫소리 ㄹ　예 신라[실라], 난로[날로]
	구개음화	받침 ㄷ, ㅌ + 첫소리 ㅣ, 반모음 ㅣ 예 굳이[구지], 해돋이[해도지], 닫혀[다처]

④ 한자어 'ㄹ' 뒤 + '당사자'

✦ 유음화
: ㄹ이 ㄴ을 이긴다.

✦ 구개음화
: 'ㅣ'나 반모음 'ㅣ'로
시작하는 형식 형태소

축약	자음 축약	ㄱ, ㄷ, ㅂ, ㅈ + ㅎ = ㅋ, ㅌ, ㅍ, ㅊ 예 각하[가카], 좋던[조턴], 법학[버팍], 쌓지[싸치]
	모음 축약	단모음 + 단모음 = 이중 모음(반모음 + 단모음) 예 이기어 → 이겨, 보아서 → 봐서, 주어서 → 줘서, 되어 → 돼, 싸이어 → 쌔어/싸여
탈락	자음군 단순화	보통은 앞 자음이 선택되나, 'ㄺ, ㄻ, ㄿ'은 뒤 자음이 선택된다. 예 넋[넉], 앉다[안따], 곬[골], 핥다[할따], 앎[암 :], 닭[닥], 읊다[읍따] **예외)** 예 맑고[말꼬], 굵게[굴께], 밟다[밥:따], 넓둥글다[넙뚱글다], 넓죽하다[넙쭈카다]
	자음 탈락	① 'ㄹ' 탈락 예 울+-(으)ㅂ니다 → 웁니다, 울+-(으)시는 → 우시는, 울+-는 → 우는, 울+ㄹ → 울, 울+오 → 우오 ② 'ㅅ' 탈락 예 잇+어서 → 이어서, 붓+어서 → 부어서 ③ 'ㅎ' 탈락 예 쌓이다[싸이다], 많아[마 : 나]
	모음 탈락	① 'ㅡ' 탈락 예 들르- + -어 → 들러, 우러르- + -어 → 우러러 ② '동음' 탈락 예 가- + -아서 → 가서, 가- + -았다 → 갔다
첨가	'ㄴ' 첨가 (합성어, 파생어)	앞말이 자음으로 끝나고 뒷말이 '이, 야, 여, 요, 유'로 시작하는 경우에 는 뒷말의 초성 자리에 'ㄴ' 소리가 첨가되는 현상 예 막-일[망닐], 알-약[알략], 늑막-염[능망념], 서울-역[서울력] 눈-요기[눈뇨기], 식용-유[시굥뉴], 직행-열차[지캥녈차] **예외)** 등용문[등용문], 송별연[송:벼련], 절약[저략]
	반모음 'ㅣ' 첨가 = 'ㅣ' 모음 순행 동화	앞의 'ㅣ'모음에 의해 반모음 'ㅣ'가 첨가되는 현상 예 되어 → [되어/되여], 피어 → [피어/피여], 이오 → [이오/이요], 아니오 → [아니오/아니요]

PART 03

혜선쌤의 야매꼼수

◆ 자음 축약
  : 바닷가재+ㅎ

혜선쌤의 야매꼼수

◆ 'ㄹ' 탈락의 환경
① 용언 활용
  : ㅇ.ㅂ.ㅅ.ㄴ.ㄹ.
② 합성어, 파생어
  : ㅈ.ㄴ.ㄷ.ㅅ

혜선쌤의 야매꼼수

형태론의 용언 활용과
아주 밀접한 관련이 있어요!

혜선쌤의 야매꼼수

ㄴ 첨가가 제일로 중요해요
亦功이들!

② 사잇소리 현상

1. 된소리되기

: **명사 어근의 끝 음이 울림소리(모음, ㄴ, ㄹ, ㅁ, ㅇ)이고, 뒤 명사 어근의 첫 음이 안울림 예사소리인 경우, 뒤의 예사소리가 된소리로 발음**되는 현상

예 귀+병 → 귓병[귀뼝/귇뼝], 도매+금 → 도매금[도매끔], 문+고리 → 문고리[문꼬리],
자리+세 → 자릿세[자리쎄/자릳쎄], 전세+집 → 전셋집[전세찝/전섿찝],
눈+동자 → 눈동자[눈똥자], 길+가 → 길가[길까], 술+잔 → 술잔[술짠],
속임+수 → 속임수[소김쑤]

2. ㄴ 덧남

: 뒤에 'ㄴ, ㅁ'이 결합되는 경우에는 **[ㄴ]이 덧나는** 현상

예 코+날 → 콧날[콘날], 퇴+마루 → 툇마루[퇸ː마루], 아래+니 → 아랫니[아랜니],
배+머리 → 뱃머리[밴머리]

3. ㄴㄴ 덧남

: 뒤에 'ㅣ'나 반모음 'ㅣ'가 결합되는 경우에는 **[ㄴㄴ]이 덧나는** 현상

예 예사+일 → 예삿일[예산닐], 나무+잎 → 나뭇잎[나문닙], 뒤+윷 → 뒷윷[뒨ː뉻],
깨+잎 → 깻잎[깬닙], 도리깨+열 → 도리깻열[도리깬녈]

출.종.포 2 제28항 사잇소리 현상의 된소리되기

A(명사) + B(명사) = 합성어
A의 끝 음이 ❶_____ + B의 첫 음이 예사소리

더 알아두기 음운 변동의 원인

표현 효과의 원리	소리를 강하게 표현하고 분명하게 구별하기 위해서 ('명확성'에 초점) → 된소리되기, 사잇소리 현상 예 국밥[국빱], 산비둘기[산삐둘기]
조음 편리화의 원리 (경제성의 원리)	발음을 편하고 쉽게 하기 위해서 → 음절의 끝소리 규칙, 동화, 축약, 탈락 등 예 꽃[꼳], 신라[실라], 국화[구콰], 삶[삼ː]

출종포 정답

❶ 울림소리

문법

Part

04

어문 규정

박혜선 국어 족집게 적중노트

Chapter 01 표준 발음법

틀리면서 배우는 & 출제될 수 있는 **최빈출** 문법 문제

이중 모음의 발음 – 나열 구조

01 다음 〈보기〉의 표준 발음법 규정에 비추어 이중 모음의 발음이 바르지 않은 것은? 2012 경찰 1차

┌─ 보기 ─┐
제5항 'ㅑ, ㅒ, ㅕ, ㅖ, ㅘ, ㅙ, ㅛ, ㅝ, ㅞ, ㅠ, ㅢ'는 이중 모음으로 발음한다.
다만 1. 용언의 활용형에 나타나는 '져, 쪄, 쳐'는 [저, 쩌, 처]로 발음한다.
다만 2. '예, 례' 이외의 'ㅖ'는 [ㅔ]로도 발음한다.
다만 3. 자음을 첫소리로 가지고 있는 음절의 'ㅢ'는 [ㅣ]로 발음한다.
다만 4. 단어의 첫음절 이외의 '의'는 [ㅣ]로, 조사 '의'는 [ㅔ]로 발음함도 허용한다.

① 우리의[우리에]   ② 계시다[계ː시다]
③ 귀띔[귀뜸]   ④ 차례[차례]

모음 형태소의 발음 – 대조 구조

02 밑줄 친 부분의 표준 발음이 올바른 것은? 2021 지역인재

① 작년까지만 해도 빛이[비시] 있었는데 지금은 다 갔았다.
② 이 이야기의 끝을[끄츨] 지금은 누구도 예상할 수가 없다.
③ 당연한 일을 했을 뿐인데 뜻있는[뜨딘는] 상을 받게 되었다.
④ 큰누나가 요리를 하는지 부엌에서[부어게서] 소리가 들렸다.

03 다음과 같은 발음을 바로잡는 데 활용할 수 있는 어문 규범 내용으로 가장 적절한 것은? 2012 국회직 8급

┌─────────────────────┐
부엌이[부어기], 꽃이[꼬시], 무릎을[무르블]
└─────────────────────┘

① 겹받침 'ㄺ, ㄻ, ㄿ'은 어말 또는 자음 앞에서 각각 [ㄱ, ㅁ, ㅂ]으로 발음한다.
② 'ㅎ(ㄶ, ㅀ)' 뒤에 모음으로 시작된 어미나 접미사가 결합되는 경우에는, 'ㅎ'을 발음하지 않는다.
③ 받침소리로는 'ㄱ, ㄴ, ㄷ, ㄹ, ㅁ, ㅂ, ㅇ'의 7개 자음만 발음한다.
④ 홑받침이나 쌍받침이 모음으로 시작된 조사나 어미, 접미사와 결합되는 경우에는, 제 음가대로 뒤 음절 첫소리로 옮겨 발음한다.
⑤ 받침 'ㄱ(ㄲ, ㅋ, ㄳ, ㄺ), ㄷ(ㅅ, ㅆ, ㅈ, ㅊ, ㅌ, ㅎ), ㅂ(ㅍ, ㄼ, ㄿ, ㅄ)'은 'ㄴ, ㅁ' 앞에서 [ㅇ, ㄴ, ㅁ]으로 발음한다.

한글 자모의 발음, 사이시옷의 발음 – 나열 구조

04 밑줄 친 부분의 표준 발음으로 옳지 않은 것은? 2015 사회복지직 9급 변형

① 길을 떠나기 전에 뱃속을 든든하게 채워 두자. – [배쏙]
② 전셋집에서 이사를 갔다. – [전섿찝]
③ 외래어를 표기할 때 받침에 'ㄷ'을 쓰지 않는다. – [디그슬]
④ 그 단어는 피읖에 밑줄이 그어져 있었다. – [피으페]

유음화 VS 유음화의 예외 – 대조 구조

05 표준 발음법상 'ㄹ'의 발음이 동일하지 않은 것은? 2018 서울시 7급(2차) 변형

① 상견례, 의견란   ② 임진란, 공권력
③ 난로, 입원료   ④ 동원령, 구근류

틀리면서 배우는 & 출제될 수 있는 최빈출 문법 문제 해설

01

정답풀이

"다만 3. 자음을 첫소리로 가지고 있는 음절의 '긔'는 [ㅣ]로 발음한다."에 의해 '띔'은 무조건 [띰]으로만 발음되므로 [귀뜸]이 아니라 [귀띰]으로 발음되는 것이 옳다.

오답풀이

① "다만 4. 단어의 첫음절 이외의 '의'는 [ㅣ]로, 조사 '의'는 [ㅔ]로 발음함도 허용한다."에 따라 '우리의'의 관형격 조사 '의'는 [의](원칙) / [에](허용)으로 발음되므로 [우리에]는 옳다.

② "다만 2. '예, 례' 이외의 'ㅖ'는 [ㅔ]로도 발음한다."로 인해 '계,메,폐,혜'는 [ㅖ](원칙) / [ㅔ](허용)으로 발음이 된다. 따라서 첫 음절이 장음으로 발음되는 '계시다'는 [계:시다](원칙) / [게:시다](허용)으로 발음된다.

④ "다만 2. '예, 례' 이외의 'ㅖ'는 [ㅔ]로도 발음한다."로 인해 '례'는 무조건 [례]로만 발음되므로 '[차례]로 발음되는 것은 옳다.

02

정답풀이

뜻있는 → (음절의 끝소리 규칙) → 뜯읻는 → (역행적 비음화) → 뜨딘는]

오답풀이

①, ②, ④ : 받침으로 끝나는 체언 뒤에 모음 형식 형태소가 오는 경우에는 받침이 그대로 연음되므로 각각 [비지], [끄틀], [부어케서]로 고쳐야 한다.

03

정답풀이

'부엌이[부어키], 꽃이[꼬치], 무릎을[무르플]'을 각각 '부엌+이(모음으로 시작하는 조사), 꽃+이(모음으로 시작하는 조사), 무릎+을(모음으로 시작하는 조사)'로서 홑받침이 모음으로 시작하는 조사 앞에서 뒤 음질 첫소리로 옮겨 발음됨을 보여준다.

오답풀이

① "겹받침 'ㄺ, ㄻ, ㄿ'은 어말 또는 자음 앞에서 각각 [ㄱ, ㅁ, ㅂ]으로 발음한다."는 자음군 단순화를 설명한 조항으로 〈보기〉의 발음과는 관련이 없다.

② "'ㅎ(ㄶ, ㅀ)' 뒤에 모음으로 시작된 어미나 접미사가 결합되는 경우에는, 'ㅎ'을 발음하지 않는다."은 ㅎ 탈락을 설명한 조항으로 〈보기〉의 발음과는 관련이 없다.

③ "받침소리로는 'ㄱ, ㄴ, ㄷ, ㄹ, ㅁ, ㅂ, ㅇ'의 7개 자음만 발음한다."는 음절의 끝소리 규칙을 설명한 조항으로 〈보기〉의 발음과는 관련이 없다.

⑤ "받침 'ㄱ(ㄲ, ㅋ, ㄳ, ㄺ), ㄷ(ㅅ, ㅆ, ㅈ, ㅊ, ㅌ, ㅎ), ㅂ(ㅍ, ㄼ, ㄿ, ㅄ)'은 'ㄴ, ㅁ' 앞에서 [ㅇ, ㄴ, ㅁ]으로 발음한다."는 역행 비음화를 설명한 조항으로 〈보기〉의 발음과는 관련이 없다.

04

정답풀이

[피으페]가 아니라 [피으베]이므로 적절하지 않다.

오답풀이

① 뱃속[배쏙/밷쏙]
② 전셋집[전세찝/전섿찝]
③ ㄷ을[디그슬]

05

정답풀이

'입원/료'는 'ㄹ'의 비음화가 일어나 [이붠뇨]로 발음된다. 하지만 '난로'는 유음화로 인해 [날로]로 발음되므로 'ㄹ' 발음이 동일하지 않다.

오답풀이

① '상견례, 의견란'은 각각 '상견/례' '의견/란'으로 나누어지는 단어로서, 유음화가 적용되지 않는 예외 사례이다. 유음화 대신에 'ㄹ'의 비음화가 적용되어 [상견녜], [의 : 견난]으로 발음된다.

② '임진/란' '공권/력'은 'ㄹ'의 비음화가 일어나 각각 [임:진난], [공꿘녁]으로 발음되므로 'ㄹ' 발음이 동일하다.

④ '동원/령, 구근/류'는 'ㄹ'의 비음화가 일어나 각각 [동:원녕], [구근뉴]로 발음되므로 'ㄹ' 발음이 동일하다.

정답

01 ③   02 ③   03 ④   04 ④   05 ③

제4항 | 'ㅏ ㅐ ㅓ ㅔ ㅗ ㅚ ㅜ ㅟ ㅡ ㅣ'는 단모음(單母音)으로 발음한다.

붙임 'ㅚ, ㅟ'는 원칙적으로 단모음이지만, 이중 모음으로 발음함도 허용한다.

출.종.포 1   제4항 'ㅚ'의 발음

ㅚ = [❶_____(원칙) / ❷_____(허용)]

제5항 | 'ㅑ ㅒ ㅕ ㅖ ㅘ ㅙ ㅛ ㅝ ㅞ ㅠ ㅢ'는 이중 모음으로 발음한다.

다만 1. 용언의 활용형에 나타나는 '져, 쪄, 쳐'는 [저, 쩌, 처]로 발음한다.

가져[가저]	쪄[쩌]	다쳐[다처]
묻혀[무처]	붙여[부처]	잊혀[이처]

출.종.포 2   제5항 다만 1 "져, 쪄, 쳐"의 발음

용언의 활용형에 나타나는 '❸_____'는 ❹_____로 발음된다.

다만 2. '예, 례' 이외의 'ㅖ'는 [ㅔ]로도 발음한다.

✦ '민주주의의 의의' 발음의
  개수는?
  : ❶❹_____

출.종.포 3   제5항 다만 2 "ㅖ"의 발음

1. '예, 례'는 [❺_____]로만 발음된다.
2. '계, 몌, 폐, 혜'는 [❻_____](원칙), [❼_____](허용)로도 발음한다.

다만 3. 자음을 첫소리로 가지고 있는 음절의 'ㅢ'는 [ㅣ]로 발음한다.

다만 4. 단어의 첫음절 이외의 '의'는 [ㅣ]로, 조사 '의'는 [ㅔ]로 발음함도 허용한다.

출종포 **정답**

❶ ㅚ ❷ ㅞ ❸ 져, 쪄, 쳐
❹ [저, 쩌, 처] ❺ ㅖ ❻ ㅖ
❼ ㅔ ❽ ㅣ ❾ 의 ❿ ㅢ
⓫ ㅣ ⓬ ㅢ ⓭ ㅔ ⓮ 8

출.종.포 4   제5항 다만 3, 다만 4 "의"의 발음

1. 자음을 가진 'ㅢ' = [❽_____]로만 발음됨.
2. 첫째 음절 '의' = [❾_____]로만 발음됨.
3. 둘째 음절 이하 '의' = [❿_____](원칙) [⓫_____](허용)
4. 관형격 조사 '의' = [⓬_____](원칙) [⓭_____](허용)

92 제4편 어문 규정

제13항＋14항 | 홑받침이나 쌍받침, 겹받침이 모음으로 시작된 조사나 어미, 접미사와 결합되는
경우에는 제 음가대로 뒤 음절 첫소리로 옮겨 발음한다.

출.종.포 5 　제13항＋14항 "모음 형식 형태소"가 오는 경우의 발음

홑받침이나 쌍받침, 겹받침 뒤에 모음 ❶＿＿＿＿＿ 형태소가 오는 경우에는 대표음화 없이
❷＿＿＿＿＿ 된다.

제15항 | 받침 뒤에 모음으로 시작되는 실질 형태소가 연결되는 경우에는, 대표음으로 바꾸어서
뒤 음절 첫소리로 옮겨 발음한다.

출.종.포 6 　제15항 "모음 실질 형태소"가 오는 경우의 발음

모음 ❸＿＿＿＿＿ 형태소가 오는 경우에는 홑받침이든 쌍받침이든 겹받침이든
❹＿＿＿＿＿＿ 적용 후 ❺＿＿＿＿＿ 된다.

다만, 맛있다[마딛따(원칙) / 마싣따(허용)], 멋있다[머딛따(원칙) / 머싣따(허용)]는
예외적으로 외워야 한다.

출종포 정답

❶ 형식　❷ 연음　❸ 실질
❹ 대표음화　❺ 연음

제16항 한글 자모의 이름은 그 받침소리를 연음하되, 'ㄷ, ㅈ, ㅊ, ㅋ, ㅌ, ㅍ, ㅎ'의 경우에는 특별히 다음과 같이 발음한다.

출.종.포 7 ⭐⭐⭐ 제16항 한글 자모의 이름 발음

한글 자모의 이름은 ❶_____ 후에 ❷_____한다.

다만, 음절의 끝소리 규칙이 적용되어 '❸_____'으로 발음된 것들은 모두 '❹_____'으로 바꿔서 연음한다.

디귿이[디그시]	디귿을[디그슬]	디귿에[디그세]
지읒이[지으시]	지읒을[지으슬]	지읒에[지으세]
치읓이[치으시]	치읓을[치으슬]	치읓에[치으세]
키읔이[키으기]	키읔을[키으글]	키읔에[키으게]
티읕이[티으시]	티읕을[티으슬]	티읕에[티으세]
피읖이[피으비]	피읖을[피으블]	피읖에[피으베]
히읗이[히으시]	히읗을[히으슬]	히읗에[히으세]

제30항 사이시옷이 붙은 단어는 다음과 같이 발음한다.

1. 'ㄱ, ㄷ, ㅂ, ㅅ, ㅈ'으로 시작하는 단어 앞에 사이시옷이 올 때에는 이들 자음만을 된소리로 발음하는 것을 원칙으로 하되, 사이시옷을 [ㄷ]으로 발음하는 것도 허용한다.

냇가[내ː까/낻ː까]	샛길[새ː낄/샏ː낄]
빨랫돌[빨래똘/빨랟똘]	콧등[코뜽/콛뜽]
깃발[기빨/긷빨]	대팻밥[대ː패빱/대ː팯빱]
햇살[해쌀/핻쌀]	뱃속[배쏙/밷쏙]
뱃전[배쩐/밷쩐]	고갯짓[고개찓/고갣찓]

출.종.포 8 ⭐⭐⭐ 제30항 사이시옷이 적힌 단어의 발음

사잇소리 현상(원칙) / 음절의 끝소리 규칙 '[ㄷ]' + 된소리되기(허용)

출종포 정답

❶ 음절의 끝소리 규칙
❷ 연음 ❸ [ㄷ] ❹ [ㅅ]

ME
MO

Chapter

02 표준어 규정

틀리면서 배우는 & 출제될 수 있는 **최빈출** 문법 문제

 웃 윗 위 – 나열 구조

01 〈보기〉는 표준어 규정 제12항의 일부이다. 이를 바탕으로 추리한 내용으로 가장 적절하지 않은 것은?

2017 경찰 1차 여경

┌─── 보기 ───┐

제12항 '웃-' 및 '윗-'은 명사 '위'에 맞추어 '윗-'으로 통일한다.
다만 1. 된소리나 거센소리 앞에서는 '위-'로 한다.
다만 2. '아래, 위'의 대립이 없는 단어는 '웃-'으로 발음되는 형태를 표준어로 삼는다.

① '어깨에서 팔꿈치까지의 부분'을 의미하는 말은 '웃팔'이겠군.
② '아래층'에 반대되는 말은 '윗층'이 아닌 '위층'이 맞는 말이겠군.
③ '아랫입술'에 반대되는 말은 '웃입술'이 아닌 '윗입술'이 맞는 말이겠군.
④ '맨 겉에 입는 옷'을 의미하는 말은 '아래옷'의 반대되는 말이 아니니 '웃옷'이겠군.

02 다음 중 표준어가 아닌 것은?

2014 국가직 9급

① 윗목
② 윗돈
③ 위층
④ 웃옷

틀리면서 배우는 & 출제될 수 있는 **최빈출** 문법 문제 해설

01

정답풀이

'어깨에서 팔꿈치까지의 부분'을 의미하는 말은 '웃팔'이 아니라 '위팔'이다. '팔꿈치부터 손목까지의 부분'을 의미하는 '아래팔'이 존재하기 때문에 '위/윗'이 올 수 있는데 거센소리 'ㅍ'이 있으므로 '위-'가 결합되어야 한다.

오답풀이

나머지는 모두 옳다.

02

정답풀이

'윗돈'이 되려면 '아랫돈'이 있어야 하는데 '아랫돈'은 존재하지 않는다. 따라서 '웃돈'이 옳다.

오답풀이

① '아래'와 '위'의 대립이 있으므로 '윗목'으로 적는 것이 옳다. '아랫목'도 있기 때문이다.
③ '위층'과 같이 된소리나 거센소리 앞에서는 '위'로 적어야 하므로 '위층'은 옳다.
④ '웃옷'이 바르다. 이 때 '웃옷'은 아래 위의 대립이 없는 '겉옷'을 의미한다. '윗옷'도 표준어인데, 대신 '웃옷'과 의미가 다르다. '윗옷'은 '아래옷'이 있어 위 아래가 대립하므로 옳다.

PART
04

제12항 | '웃-' 및 '윗-'은 명사 '위'에 맞추어 '윗-'으로 통일한다.

표준어(○)	비표준어(×)	비 고
윗-넓이	웃-넓이	
윗-눈썹	웃-눈썹	
윗-니	웃-니	
윗-당줄✚	웃-당줄	
윗-덧줄✚	웃-덧줄	
윗-도리	웃-도리	
윗-목	웃-목	
윗-바람	웃-바람	
윗-변	웃-변	수학 용어
윗-수염	웃-수염	
윗-입술	웃-입술	
윗-잇몸	웃-잇몸	
윗-자리	웃-자리	
윗-중방✚	웃-중방	

✚ **윗당줄**: 망건당(망건의 윗부분)에 꿴 당줄

✚ **윗덧줄**: 악보의 오선(五線) 위에 덧붙여 그 이상의 음높이를 나타내기 위하여 짧게 긋는 줄

✚ **윗중방**: 창문 위 또는 벽의 위쪽 사이에 가로지르는 인방

다만 1. 된소리나 거센소리 앞에서는 '위-'로 한다.

표준어(○)	비표준어(×)	비 고
위-짝	웃-짝	
★위-쪽	웃-쪽	
위-채	웃-채	
★위-층	웃-층	
위-치마	웃-치마	
★위-턱	웃-턱	위턱구름[上層雲]
★위-팔	웃-팔	

다만 2. '아래, 위'의 대립이 없는 단어는 '웃-'으로 발음되는 형태를 표준어로 삼는다.

표준어(○)	비표준어(×)	비 고
웃-국✚	윗-국	
웃-기✚	윗-기	
웃-돈✚	윗-돈	
웃-비✚	윗-비	웃비걷다
웃-어른	윗-어른	
웃-옷✚	윗-옷	

◉ '위'와 '아래'의 대립이 없는 단어는 '웃-'의 형태를 표준어로 삼는다는 조항이다.

✚ **웃국** : 간장이나 술 따위를 담가서 익힌 뒤에 맨 처음에 떠낸 진한 국

✚ **웃기** : 떡, 포, 과일 따위를 괸 위에 모양을 내기 위하여 얹는 재료

✚ **웃돈** : 본래의 값에 덧붙이는 돈

✚ **웃비** : 아직 우기(雨氣)는 있으나 좍좍 내리다가 그친 비

✚ **웃옷** : 맨 겉에 입는 옷. '윗옷(상의)'은 '아래옷(하의)'의 반대임.

PART
04

출.종.포 9   제12항 '웃, 위/윗'

1. 웃 : '위, 아래'의 대립이 없음.

   ❶_____에 ❷_____가 내리면 ❸_____들이 ❹_____는다.

2. 위/윗 : '위, 아래'의 대립이 있음.

   위 : '❺_____소리, ❻_____소리' 앞

   윗 : 나머지

출종포 정답

❶ 국기 ❷ 돈비
❸ 어른 ❹ 옷
❺ 거센 ❻ 된

Chapter

03

한글 맞춤법

틀리면서 배우는 & 출제될 수 있는 최빈출 문법 문제

  표음주의 VS 표의주의 – 대조 구조

01 〈보기〉의 밑줄 친 ㉠과 ㉡의 사례로 옳지 않게 짝지은 것은?

2022 서울시 9급 6월

┌─ 보기 ─┐
제1항 한글 맞춤법은 표준어를 ㉠ 소리대로 적되, ㉡ 어법에 맞도록 함을 원칙으로 한다.
└─────┘

	㉠	㉡
①	마감	무릎이
②	며칠	없었고
③	빛깔	여덟에
④	꼬락서니	젊은이

02 ㉠과 ㉡의 예로 적절하지 않은 것은?

2017 지방직 7급

┌─ 한글맞춤법 ─┐
총칙 제1항 한글 맞춤법은 표준어를 ㉠ 소리대로 적되, ㉡ 어법에 맞도록 함을 원칙으로 한다.
└──────────┘

표준어를 소리대로 적는다는 것은 표음주의를 취한다는 것이다. 그런데 표준어를 소리대로 적는다는 원칙만을 적용하기 어려운 경우도 있다. 예를 들어 한 단어의 발음이 여러 가지로 실현되는 경우 소리대로 적는다면 뜻을 파악하기 어렵다. 어법이란 언어 조직의 법칙, 또는 언어 운용의 법칙이라고 풀이할 수 있다. 어법에 맞도록 한다는 것은 뜻을 파악하기 쉽도록 각 형태소의 본 모양을 밝히어 적는다는 것이다.

① ㉠ : '살고기'로 적지 않고 '살코기'로 적음
② ㉠ : '론의(論議)'로 적지 않고 '논의'로 적음
③ ㉡ : '그피'로 적지 않고 '급히'로 적음
④ ㉡ : '달달이'로 적지 않고 '다달이'로 적음

틀리면서 배우는 & 출제될 수 있는 **최빈출 문법 문제 해설**

01

정답풀이

'ⓛ 여덟에[여덜베]'는 수사와 조사의 원형을 밝혀 적은 것이므로 ⓛ의 사례로 적절하다. 하지만 'ⓐ 빛깔[빋깔]'은 어법에 맞도록 적은 것이므로 ⓛ이 되어야 하므로 ⓐ의 사례로 적절하지 않다.

오답풀이

나머지 선지는 ⓐ과 ⓛ의 사례로 적절하다.

① 'ⓐ 마감'은 어근 '막-'에 '-암'이 결합한 것으로, 소리대로 적은 것이다.

'ⓛ 무릎이[무르피]'는 어법에 맞도록 명사와 조사의 원형을 밝혀 적은 것이다.

② 'ⓐ 며칠'은 소리대로 적은 것이다.

'ⓛ 없었고[업썯꼬]'는 어법에 맞도록 용언 어간의 원형을 밝히어 적은 것이다.

④ 'ⓐ 꼬락서니'는 '꼴'에 '-악서니'가 결합한 것으로, 원형을 밝혀 적지 아니한 것이므로 ⓐ이라고 보는 것이 적절하다.

'ⓛ 젊은이[절므니]'는 어법에 맞도록 원형을 밝혀 적은 것이다.

02

정답풀이

'ⓐ 소리대로 적되,'은 음운변동이 반영된 표기법, 'ⓛ 어법에 맞도록 함'은 단어의 원형을 적는 표기법이다. "끝소리가 'ㄹ'인 말과 딴 말이 어울릴 적에 'ㄹ' 소리가 나지 아니하는 것은 아니 나는 대로 적는다."는 한글 맞춤법 제28항에서 '달-달-이'는 '다달이'라 적는다. 음운 변동인 'ㄹ' 탈락이 있기 때문에 이는 ⓛ이 아니라 ⓐ의 예이다.

오답풀이

① '살코기'는 [ㅎ]음이 첨가되어 발음되는 단어(살ㅎ+고기)이다. 음운 변동인 거센소리되기가 반영된 채로 표기한 것이므로 ⓐ의 예로 적절하다. (살ㅎ은 'ㅎ' 종성체언이다.)

② "한자음 '라, 래, 로, 뢰, 루, 르'가 단어의 첫머리에 올 적에는, 두음 법칙에 따라 '나, 내, 노, 뇌, 누, 느'로 적는다."는 음운 변동인 두음 법칙이 적용된 것이므로 ⓐ의 예로 적절하다. '論議'는 소리나는 대로 '론의'로 표기하지 않고 '논의'로 적는다.

③ '급히'는 [그피]로 발음되지만 각 형태소의 본 모양을 밝히어 '급히'로 표기한 것이므로 ⓛ의 예로 적절하다.

PART **04**

정답

01 ③ **02** ④

틀리면서 배우는 & 출제될 수 있는 최빈출 문법 문제

 두음 법칙 – 나열 구조

 율/열, 양/난/능 – 대조 구조

03 ⟨보기⟩에 제시된 한글 맞춤법의 규정이 바르게 적용되지 않은 것은?

2014 경찰 2차

┌─── 보기 ───┐

제12항 한자음 '라, 래, 로, 뢰, 루, 르'가 단어의 첫 머리에 올 적에는 두음 법칙에 따라 '나, 내, 노, 뇌, 누, 느'로 적는다.
[붙임 1] 단어의 첫머리 이외의 경우에는 본음대로 적는다.
[붙임 2] 접두사처럼 쓰이는 한자가 붙어서 된 단어는 뒷말을 두음 법칙에 따라 적는다.

① 낙원(樂園), 실락원(失樂園)
② 내일(來日), 왕래(往來)
③ 노인(老人), 상노인(上老人)
④ 누각(樓閣), 광한루(廣寒樓)

04 다음 ⟨보기⟩의 한글 맞춤법 규정이 적용된 단어로 적절하지 않은 것은?

2021 경찰 2차

┌─── 보기 ───┐

[붙임 2] 접두사처럼 쓰이는 한자가 붙어서 된 단어는 뒷말을 두음 법칙에 따라 적는다.

① 이 지역에 내래월(來來月)까지 비가 온다고 한다.
② 그의 이론은 현실적으로 볼 때 비논리적(非論理的)이다.
③ 멀리 격리되어 몇 달 동안 중노동(重勞動)에 처함을 어찌 면하겠나?
④ 육십을 갓 넘겼는데 그의 얼굴은 칠십의 상노인(上老人)같이 늙어 보였다.

05 맞춤법에 맞는 것만으로 묶은 것은?

2021 국가직 9급 변형

① 돌나물, 꼭지점, 페트병, 낚시꾼
② 흡입량, 구름양, 정답란, 칼럼난
③ 오뚝이, 싸라기, 법석, 딱다구리
④ 찻간(車間), 홧병(火病), 셋방(貰房), 곳간(庫間)

틀리면서 배우는 & 출제될 수 있는 최빈출 문법 문제 해설

03

정답풀이

'실락원(失樂園)'이 아니라 실낙원(失樂園)이다. '실–'은 접두사처럼 쓰이는 한자이므로 '락원'과 결합할 때 두음법칙이 적용된 후에 결합되어야 하므로 '실낙원'이 옳다.

오답풀이

나머지는 한글 맞춤법 규정을 잘 따르고 있다.

③ '상노인'은 접두사처럼 쓰이는 한자이므로 '로인'과 결합할 때 두음 법칙이 적용되어 '상노인'이 되는 것이다.

04

정답풀이

내래월(×) → 내내월(來來月)(○) : '접두사처럼 쓰이는 한자가 붙어서 된 말이나 합성어에서, 뒷말의 첫소리가 'ㄴ' 소리로 나더라도 두음 법칙에 따라 적는다.'는 붙임 조항에 따라 '내내월'로 고쳐야 한다. '내(來)+래월(來月)'은 두음 법칙이 적용되지 않은 것이므로 옳지 않다.

☞ 내내월=내달의 다음 달 (내달 : 이달의 다음 달)

오답풀이

나머지는 '접두사처럼 쓰이는 한자가 붙어서 된 말이나 합성어에서, 뒷말의 첫소리가 'ㄴ' 소리로 나더라도 두음 법칙에 따라 적는다.'를 잘 지키고 있다.

② 비(非)– : 부정(否定)의 뜻을 나타내는 말
   비(非)+론리적(論理的)=비논리적

③ 중(重)– : '심한'의 뜻을 더하는 접두사
   중(重)+로동(勞動)=중노동

④ 상노인 : 여러 노인 중 가장 나이 많은 사람
   상(上)+로인(老人)=상노인

05

정답풀이

흡입량(○), 구름양(○) : '흡입(吸入)'은 한자어이므로 '흡입량'은 옳다. '구름'은 고유어이므로 '구름양'은 옳다.

정답란(○), 칼럼난(○) : '정답(正答)'은 한자어이므로 '정답란'은 옳다. '칼럼'은 외래어이므로 '칼럼난'은 옳다.

오답풀이

① 꼭지점(×) → 꼭짓점(○) : 고유어 '꼭지'가 있으면서 사잇소리 현상이 일어나므로 사이시옷을 표기해야 한다.

③ 딱다구리(×) → 딱따구리(○) : '한글 맞춤법 제5항 한 단어 안에서 뚜렷한 까닭 없이 나는 된소리는 다음 음절의 첫소리를 된소리로 적는다.'에 의해 '딱따구리'가 옳다.

④ 홧병(×) → 화병(○) : '화병(火兵)'은 2글자 한자어이므로 사이시옷을 표기할 수 없다. 2글자 한자어의 경우 표기할 수 있는 것은 6개 단어밖에 없다. (툇간, 곳간, 셋방, 찻간, 횟수, 숫자)

PART
04

정답
03 ①   04 ①   05 ②

제1장 총칙

제1항 | 한글 맞춤법은 표준어를 소리대로 적되, 어법에 맞도록 함을 원칙으로 한다.

출.좋.포 10 표음주의와 표의주의

1. 한글 맞춤법은 표준어를 소리대로 적되,

   (= ❶_____이 표기에 반영됨, ❷_____을 밝혀 적음.)

   예 수캉아지,

   익명,

   바느질,

   씁쓸하다

2. 어법에 맞도록 함을 원칙으로 한다. (= ❸_____을 밝혀 적음.)

   예 [꽃] – 꽃이[꼬치], 꽃을[꼬츨], 꽃에[꼬체]

   [꼰] – 꽃나무[꼰나무], 꽃놀이[꼰노리], 꽃망울[꼰망울]

   [꼳] – 꽃과[꼳꽈], 꽃다발[꼳따발], 꽃밭[꼳빧]

출좋포 정답

❶ 음운 변동 ❷ 표준 발음
❸ 원형

제3절 두음 법칙

출.종.포 11 두음 법칙

1. 한자어 두음에 'ㄴ, ㄹ' 뒤에 'ㅣ, 반모음 ㅣ'가 오는 경우에는 탈락된다.

여자(女子)	연세(年歲)	요소(尿素)
유대(紐帶)	이토(泥土)	익명(匿名)
양심(良心)	역사(歷史)	예의(禮儀)
용궁(龍宮)	유행(流行)	이발(理髮)

2. 한자어 두음에 'ㄹ' 뒤에 단모음('ㅣ' 제외)이 오는 경우에는 'ㄹ'이 'ㄴ'으로 교체된다.

낙원(樂園)	내일(來日)	노인(老人)
뇌성(雷聲)	누각(樓閣)	능묘(陵墓)

3. 접두사처럼 쓰이는 한자가 붙어서 된 단어는 뒷말을 두음 법칙에 따라 적는다.

신-여성(新女性)	공-염불(空念佛)	남존-여비(男尊女卑)
역-이용(逆利用)	연-이율(年利率)	열-역학(熱力學)
내-내월(來來月)	상-노인(上老人)	중-노동(重勞動)
실-낙원(失樂園)	비-논리적(非論理的)	

4. 외자인 이름, 외자가 아닌 이름

예 채윤/채륜, 하윤/하륜

출.종.포 12 '모난 유희열'과 '양(量) / 난(欄) / 능(陵)'

음운론적 환경	모음, 'ㄴ' 받침	열/율	예 나열. 분열, 실패율, 백분율
	'ㄴ'을 제외한 받침	렬/률	예 행렬, 직렬, 합격률, 체지방률
어휘론적 환경	고유어, 외래어	양/난/능	예 구름-양(量), 허파숨-양(量), 먹이-양(量), 벡터(vector)-양(量), 에너지(energy)-양(量), 어머니-난(欄), 가십(gossip)-난(欄), 어린이-난(欄), 아기-능(陵)
	한자어	량/란/릉	예 운행-량(運行量), 수출-량(輸出量), 공-란(空欄), 투고-란(投稿欄), 동구-릉(東九陵), 서오-릉(西五陵)

틀리면서 배우는 & 출제될 수 있는 **최빈출** 문법 문제

사이시옷 표기 조건 − 나열 구조

06 다음 규정에 근거할 때 옳지 않은 것은? 2022 국가직 9급

> 한글 맞춤법 제30항
> 사이시옷은 다음과 같은 경우에 받치어 적는다.
> (가) 순우리말로 된 합성어로서 앞말이 모음으로 끝나면서 뒷말의 첫소리가 된소리로 나는 것
> (나) 순우리말과 한자어로 된 합성어로서 앞말이 모음으로 끝나면서 뒷말의 첫소리가 된소리로 나는 것

① (가)에 따라 '아래 + 집'은 '아랫집'으로 적는다.
② (가)에 따라 '쇠 + 조각'은 '쇳조각'으로 적는다.
③ (나)에 따라 '전세 + 방'은 '전셋방'으로 적는다.
④ (나)에 따라 '자리 + 세'는 '자릿세'로 적는다.

07 〈보기 1〉을 참고할 때, 〈보기 2〉에서 사이시옷을 적을 수 있는 것끼리 바르게 짝지은 것은? 2019 법원직 9급

> ┌ 보기 1 ┐
> 제30항 사이시옷은 다음과 같은 경우에 받치어 적는다.
> 1. 순우리말로 된 합성어로서 앞말이 모음으로 끝난 경우
> (1) 뒷말의 첫소리가 된소리로 나는 것
> (2) 뒷말의 첫소리 'ㄴ, ㅁ' 앞에서 'ㄴ' 소리가 덧나는 것
> (3) 뒷말의 첫소리 모음 앞에서 'ㄴㄴ' 소리가 덧나는 것
> 2. 순우리말과 한자어로 된 합성어로서 앞말이 모음으로 끝난 경우
> (1) 뒷말의 첫소리가 된소리로 나는 것
> (2) 뒷말의 첫소리 'ㄴ, ㅁ' 앞에서 'ㄴ' 소리가 덧나는 것
> (3) 뒷말의 첫소리 모음 앞에서 'ㄴㄴ' 소리가 덧나는 것
> 3. 두 음절로 된 다음 한자어: 곳간(庫間), 셋방(貰房), 숫자(數字), 찻간(車間), 툇간(退間), 횟수(回數)

> ┌ 보기 2 ┐
> ㉠ 대+잎   ㉡ 아래+마을
> ㉢ 머리+말   ㉣ 코+병
> ㉤ 위+층   ㉥ 개(個)+수(數)

① ㉠, ㉡, ㉢
② ㉠, ㉡, ㉣
③ ㉡, ㉣, ㉤
④ ㉢, ㉤, ㉥

틀리면서 배우는 & 출제될 수 있는 최빈출 문법 문제 해설

06

정답풀이

'전세방(傳貰房)'은 한자어 '전세(傳貰)'와 한자어 '방(房)'이 결합한 것이므로, 사이시옷 없이 표기한다.

오답풀이

① '아랫집[아래찝/아랟찝]'은 순우리말로 된 합성어이자 사잇소리 현상이 일어나므로 '아랫집'으로 표기한다.

② '쇳조각[쇠쪼각/쇧쪼각]'은 순우리말로 된 합성어이자 사잇소리 현상이 일어나므로 '쇳조각'으로 표기한다.

④ '자릿세[자리쎄/자릳쎄]'는 순우리말 '자리'와 한자어 '세(貰)'가 결합된 것으로, 사잇소리 현상이 일어나므로 '자릿세'로 표기한다.

07

정답풀이

㉠ 댓잎[댄닙] : 'ㄴㄴ'이 덧나는 사잇소리 현상이 일어나면서 '대(고유어)+잎(고유어)' 구성이므로 사이시옷을 표기한 것은 옳다. (1의 (3)이 적용됨)

㉡ 아랫마을[아랜마을] : 'ㄴ'이 덧나는 사잇소리 현상이 일어나면서 '아래(고유어)+마을(고유어)' 구성이므로 사이시옷을 표기한 것은 옳다. (1의 (2)가 적용됨)

㉣ 콧병[코뼝 / 콛뼝] : 뒤의 소리가 된소리로 나는 사잇소리 현상이 일어나면서 '코(고유어)+병(病 : 한자어)' 구성이므로 사이시옷을 표기한 것은 옳다. (2의 (1)이 적용됨)

오답풀이

㉢ 머리말[머리말] : 'ㄴ'이 덧나는 사잇소리 현상이 일어나지 않으므로 합성어임에도 사이시옷을 적지 않아야 한다.

㉤ 위층[위층] : 사이시옷은 된소리나 거센소리 앞에 올 수 없다.

㉥ 개수[개쑤](個數) : 사잇소리 현상이 있지만 모두 한자어이므로 사이시옷을 적을 수 없다.

정답

06 ③   **07** ②

틀리면서 배우는 & 출제될 수 있는 **최빈출** 문법 문제

'하'의 준말 - 대조 구조

08 ㄱ~ㄹ 중 한글 맞춤법에 맞게 쓰인 것만을 모두 고르면?

2023 국가직 9급

> • 혜인 씨에게 ㉠ <u>무정타</u> 말하지 마세요.
> • 재아에게는 ㉡ <u>섭섭치</u> 않게 사례해 주자.
> • 규정에 따라 딱 세 명만 ㉢ <u>선발토록</u> 했다.
> • ㉣ <u>생각컨대</u> 그의 보고서는 공정하지 못했다.

① ㉠, ㉡   ② ㉠, ㉢
③ ㉡, ㉣   ④ ㉢, ㉣

09 다음의 설명에 따라 올바르게 표기된 경우가 아닌 것은?

2019 서울시 9급(2차)

> • 어간의 끝음절 '하'의 'ㅏ'가 줄고 'ㅎ'이 다음 음절의 첫소리와 어울려 거센소리로 될 적에는 거센소리로 적는다.
> • 어간의 끝음절 '하'가 아주 줄 적에는 준 대로 적는다.

① 섭섭지   ② 흔타
③ 익숙치   ④ 정결타

'잖, 찮' - 대조 구조

10 준말의 표기가 옳은 것을 〈보기〉에서 모두 고른 것은?

2018 서울시 7급

> ┌─── 보기 ───┐
> ㉠ 되었다 - 됐다
> ㉡ 쓰이어 - 쓰여
> ㉢ 뜨이어 - 띄어
> ㉣ 적지 않은 - 적쟎은
> ㉤ 변변하지 않다 - 변변찮다

① ㉠, ㉡   ② ㉡, ㉢
③ ㉡, ㉣   ④ ㉡, ㉤

틀리면서 배우는 & 출제될 수 있는 **최빈출** 문법 문제 해설

08

정답풀이

'하'가 줄어드는 기준은 '하' 앞에 오는 받침의 소리이다. '하' 앞의 받침의 소리가 [ㄱ,ㄷ,ㅂ]이면 '하'가 통째로 줄고 그 외의 경우에는 'ㅎ'이 남는다. 따라서, '무정타, 섭섭지, 선발토록, 생각건대'가 올바른 표기이다.

09

정답풀이

익숙치 → 익숙지(○): '하' 앞의 받침의 소리가 [ㄱ, ㄷ, ㅂ]인 경우에는 '하'가 통째로 탈락되므로 '익숙＋지: 익숙지'가 옳다.

오답풀이

① '하' 앞의 받침의 소리가 [ㄱ, ㄷ, ㅂ]인 경우에는 '하'가 통째로 탈락되므로 '섭섭＋지: 섭섭지'가 옳다.

② '하' 앞의 받침의 소리가 '울림 소리'인 경우에는 '하'의 'ㅏ'만 탈락되어 거센소리가 된다. 따라서 '흔ㅎ＋다: 흔타'는 옳다.

④ '하' 앞의 받침의 소리가 '울림 소리'인 경우에는 '하'의 'ㅏ'만 탈락되어 거센소리가 된다. 따라서 '정결ㅎ＋다: 정결타'는 옳다.

10

정답풀이

ⓒ "'ㅏ, ㅗ, ㅜ, ㅡ' 뒤에 '-이어'가 어울려 줄어질 적에는 준 대로 적는다."는 한글 맞춤법 제38항에 따르면 '쓰이어'의 준말 표기는 '쓰여' 혹은 '씌어'이다.

ⓒ "'ㅏ, ㅗ, ㅜ, ㅡ' 뒤에 '-이어'가 어울려 줄어질 적에는 준 대로 적는다."는 한글 맞춤법 제38항에 따르면 '뜨이어'의 준말 표기는 '(눈이)뜨여' 혹은 '띄어'이다. 다만, '띄어쓰기, 띄어 쓰다, 띄어 놓다' 따위는 관용상 '뜨여쓰기, 뜨여 쓰다, 뜨여 놓다'같은 형태가 사용되지 않는다.

오답풀이

㉠ 되었다 – 됐다 : "어간 모음 'ㅚ' 뒤에 '-어'가 결합하여 'ㅙ'로 줄어드는 경우, 'ㅙ'로 적는다."는 한글 맞춤법 제35항 붙임2에 따르면 '되었다'의 준말 표기는 '됐다'이다.

㉣ 적지 않은 – 적잖은 : "어미 '-지' 뒤에 '않-'이 어울려 '-잖-'이 될 적과 '-하지' 뒤에 '않-'이 어울려 '-찮-'이 될 적에는 준 대로 적는다."는 한글 맞춤법 제39항에 따르면 '적지 않은'의 준말 표기는 '적잖은'이다.

㉤ 변변하지 않다 – 변변찮다 : "어미 '-지' 뒤에 '않-'이 어울려 '-잖-'이 될 적과 '-하지' 뒤에 '않-'이 어울려 '-찮-'이 될 적에는 준 대로 적는다."는 한글 맞춤법 제39항에 따르면 '변변하지 않다'의 준말 표기는 '변변찮다'이다.

PART 04

정답
08 ② **09** ③ **10** ②

제30항 | 사이시옷은 다음과 같은 경우에 받치어 적는다.

1. 순우리말로 된 합성어로서 앞말이 모음으로 끝난 경우

(1) 뒷말의 첫소리가 된소리로 나는 것

고랫재✚	귓밥✚	나룻배	나뭇가지
냇가	댓가지	뒷갈망✚	맷돌
머릿기름✚	모깃불	못자리	바닷가
뱃길	볏가리✚	부싯돌	선짓국
쇳조각	아랫집	우렁잇속✚	잇자국
잿더미	조갯살	찻집	쳇바퀴
킷값	핏대	햇볕	혓바늘

(2) 뒷말의 첫소리 'ㄴ, ㅁ' 앞에서 'ㄴ' 소리가 덧나는 것

멧나물	아랫니	텃마당	아랫마을
뒷머리	잇몸	깻묵	냇물
빗물	양칫물		

(3) 뒷말의 첫소리 모음 앞에서 'ㄴㄴ' 소리가 덧나는 것

도리깻열✚	뒷윷	두렛일	뒷일
뒷입맛	베갯잇	욧잇	깻잎
나뭇잎	댓잎		

2. 순우리말과 한자어로 된 합성어로서 앞말이 모음으로 끝난 경우

(1) 뒷말의 첫소리가 된소리로 나는 것

귓병(-病)	머릿방(-房)✚	뱃병(-病)	봇둑(洑-)✚
사잣밥(使者-)✚	샛강(-江)	아랫방(-房)	자릿세(-貰)
전셋집(傳貰-)	찻잔(-盞)	찻종(-鍾)✚	촛국(醋-)✚
콧병(-病)	탯줄(胎-)	텃세(-貰)	핏기(-氣)
햇수(-數)	횟가루(灰-)	횟배(蛔-)	

(2) 뒷말의 첫소리 'ㄴ, ㅁ' 앞에서 'ㄴ' 소리가 덧나는 것

곗날(契-)	제삿날(祭祀-)	훗날(後-)	툇마루(退-)

(3) 뒷말의 첫소리 모음 앞에서 'ㄴㄴ' 소리가 덧나는 것

가욋일(加外-)✚	사삿일(私私-)✚	예삿일(例事-)	훗일(後-)

3. 한자 + 한자(사이시옷)

툇간(退間)	곳간(庫間)	셋방(貰房)	찻간(車間)
횟수(回數)	숫자(數字)		

✚ **고랫재** : 방고래(방 구들장 밑으로 낸 고랑)에 모여 쌓여 있는 재

✚ **귓밥(귓볼)** : 귓바퀴의 아래쪽으로 늘어진 살

✚ **뒷갈망** : 일의 뒤끝을 맡아서 처리하는 일. 뒷감당

✚ **머릿기름** : 머리털에 바르는 기름

✚ **볏가리** : 벼를 베어서 가려 놓거나 볏단을 차곡차곡 쌓은 더미

✚ **우렁잇속** : 내용이 복잡하여 헤아리기 어려운 일을 비유적으로 이르는 말

✚ **도리깻열** : 도리깨의 한 부분. 곧고 가느다란 나뭇가지 두세 개로 만들며, 이 부분을 아래로 돌리어 곡식을 두드려 낟알을 떤다.

✚ **머릿방(-房)** : 안방의 뒤에 달려 있는 방

✚ **봇둑(洑-)** : 보(흐르는 냇물을 가두어 놓은 곳)를 둘러쌓은 둑

✚ **사잣밥(使者-)** : 초상집에서 죽은 사람의 넋을 부를 때 저승사자에게 대접하는 밥

✚ **찻종(-鍾)** : 차를 따라 마시는 종지. 찻잔

✚ **촛국(醋-)** : 초를 친 냉국

✚ **가욋일(加外-)** : 필요 밖의 일

✚ **사삿일(私私-)** : 개인의 사사로운 일

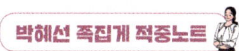

출.종.포 13 제30항 사이시옷의 조건

1. 적어도 하나의 (❶_____)

　모두 (❷_____)라면 사이시옷을 못 붙인다.

　　예　유리잔(琉璃盞), 소주잔(燒酒盞), 맥주잔(麥酒盞), 장미과(薔薇科), 화병(火病), 포도과(葡萄科),
　　　　초점(焦點), 전세방(傳貰房), 개수(個數), 마구간(馬廐間), 수라간(水刺間), 도매금(都賣金)

�◗ 예외 6가지가 있음

　　예　툇간(退間), 곳간(庫間), 셋방(貰房), 찻간(車間), 횟수(回數), 숫자(數字)

2. (❸_____)이 일어남.

　(❸_____)이 일어나지 않으면 사이시옷을 못 붙인다.

◗ 사잇소리 현상은?

　　① ❹_____

　　② '❺_____' 덧남

　　③ '❻_____' 덧남

◗ 사잇소리 현상이 일어나지 않은 예외

　　예　인사말[인사말], 머리말[머리말], 꼬리말[꼬리말], 유리잔[유리잔], 고무줄[고무줄],
　　　　초가집[초가집], 소나기밥[소나기밥]

PART
04

출.종.포 14 고유어가 하나 있으면 사이시옷 추가 가능성이 높아진다.

알아두면 좋을 고유어들

• 집 : 맥줏집[맥쭈찝/맥쭏찝], 횟집[회:찝/휃:찝], 부잣집[부:자찝/부:잗찝]
• 말 : 혼잣말[혼잔말], 시쳇말[시첸말], 노랫말[노랜말]
• 국 : 만둣국[만두꾹/만둗꾹], 고깃국[고기꾹/고긷꾹], 북엇국[부거꾹/부걷꾹]
• 빛 : 장밋빛[장미삗/장믿삗], 보랏빛[보라삗/보랃삗], 햇빛[해삗/핻삗]
• 값 : 절댓값[절때깝/절땓깝], 덩칫값[덩치깝/덩칟깝], 죗값[죄:깝/쮌:깝]
• 길 : 등굣길[등교낄/등굗낄], 혼삿길[혼사낄/혼삳낄], 고갯길[고개낄/고갣낄]

제35항 | 모음 'ㅗ, ㅜ'로 끝난 어간에 '-아/-어, -았-/-었-'이 어울려 'ㅘ/ㅝ, 왔/웠'으로 될 적에는 준 대로 적는다.

꼬아 → 꽈	보아 → 봐	쏘아 → 쏴	두어 → 둬
쑤어 → 쒀	주어 → 줘	꼬았다 → 꽜다	보았다 → 봤다
쏘았다 → 쐈다	두었다 → 뒀다	쑤었다 → 쒔다	주었다 → 줬다

● **'놓이다'의 준말 '뇌다'**
'놓이어'가 줄어진 형태는 '뇌어'가 아니라 '놓여'로 적는다.

[붙임1] '놓아'가 '놔'로 줄 적에는 준 대로 적는다.

[붙임2] 'ㅚ' 뒤에 '-어, -었-'이 어울려 'ㅙ, 왰'으로 될 적에도 준 대로 적는다.

● **굳어진 '띄어쓰기, 띄어 쓰다, 띄어 놓다'**
관용상 '뜨여쓰기, 뜨여 쓰다, 뜨여 놓다' 같은 형태가 사용되지 않는다.

괴어 → 괘	되어 → 돼	뵈어 → 봬
쐬어 → 쐐	괴었다 → 괬다	되었다 → 됐다
쇠었다 → 쇘다	쐬었다 → 쐤다	뵈었다 → 뵀다
죄었다 → 좼다	사뢰었다 → 사뢨다	되뇌었다 → 되뇄다
쇠어 → 쇄	뵈었다 → 뵀다	

출.종.포 15   제35항 모음 축약

ㅚ + ㅓ = ❶_____ (모음 축약)
• 되다 : 이렇게 만나게 돼서(← ❷_____) 반갑다.
  뵈다 : 오랜만에 부모님을 봬서(← ❸_____) 기뻤다.

예 2022년에 공무원이 돼요(← 되어요).
   그럼 내일 함께 부모님을 ❹_____(← 뵈어요).
   어느덧 가을이 됐다(← 되었다).
   어제 부모님을 뵀다(← 뵈었다).

출종포 정답

❶ ㅙ ❷ 되어서
❸ 뵈어서 ❹ 봬요

제40항 | 어간의 끝음절 '하'의 'ㅏ'가 줄고 'ㅎ'이 다음 음절의 첫소리와 어울려 거센소리로 될 적에는 거센소리로 적는다.

거북하지 → 거북지　　　생각하건대 → 생각건대

생각하다 못하여 → 생각다 못해　　　깨끗하지 않다 → 깨끗지 않다

넉넉하지 않다 → 넉넉지 않다　　　못하지 않다 → 못지않다

섭섭하지 않다 → 섭섭지 않다　　　익숙하지 않다 → 익숙지 않다

출.종.포 16　제40항 '하'의 준말

1. 어간의 끝 음절 '하'가 ❶＿＿＿＿＿＿＿＿(ㄱ, ㄷ, ㅂ, ㅅ 등) 뒤에서 아예 탈락된다.
    예　생각하＋지 않다, 답답하＋지 않다 ＝ 답답잖다

2. 어간의 끝 음절 '하'가 ❷＿＿＿＿＿(모음, ㄴ, ㄹ, ㅁ, ㅇ) 뒤에서 'ㅏ'만 탈락한다.
    예　편하＋지 않다＝편찮다, 변변하＋지 않다＝변변찮다

3. 단, '서슴다, 삼가다'는 '❸＿＿＿＿', '❹＿＿＿＿'로 활용된다.

제39항 | 어미 '-지' 뒤에 '않-'이 어울려 '-잖-'이 될 적과 '-하지' 뒤에 '않-'이 어울려 '-찮-'이 될 적에는 준 대로 적는다.

그렇지 않은 → 그렇잖은　　　적지 않은 → 적잖은

만만하지 않다 → 만만찮다　　　변변하지 않다 → 변변찮다

달갑지 않다 → 달갑잖다　　　마뜩잖다 → 마뜩하지 않다

오죽하지 않다 → 오죽잖다　　　당찮다 → 당하지 않다

*시답잖다 → 시답지 않다　　　편찮다 → 편하지 않다

◉ '-스럽-＋-이'＝'-스레'
예 '사랑스럽-＋-이'＝사랑스레'
'천연스럽-＋-이'＝'천연스레'

출.종.포 17　제39항 '잖, 찮'

'잖', '찮'은 반드시 '❺＿＿＿＿', '❻＿＿＿＿'으로 표기해야 한다.

제56항 | '-더라, -던'과 '-든지'는 다음과 같이 적는다.

1. **지난 일을 나타내는 어미는 '-더라, -던'으로 적는다.**

지난겨울은 몹시 춥더라.　　　깊던 물이 얕아졌다.

그렇게 좋던가?　　　그 사람 말 잘하던데!

얼마나 놀랐던지 몰라.

2. **선택의 뜻을 나타내는 조사와 어미는 '-든지'로 적는다.**

배든지 사과든지 마음대로 먹어라.　　　가든지 오든지 마음대로 해라.

출중포 정답

❶ 안울림소리 ❷ 울림소리
❸ 서슴지 ❹ 삼가지
❺ 잖 ❻ 찮

출.종.포 18 제56항 과거의 '-던' VS 선택의 '-든'

1. ❶_____의 의미 : -던

   예 오랜만에 만났더니 반갑더라. / 선생님도 이젠 늙으셨더구나.
      그림을 잘 그렸던데 여기에 걸자. / 선생님은 교실에 계시던걸.

2. ❷_____의 의미 : -든

   예 사과를 먹든지 감을 먹든지 하렴. / 가든(지) 말든(지) 상관없다.

제57항 | 다음 말들은 각각 구별하여 적는다.

가름 : 그들의 끈기가 이 경기의 승패를 **가름**했다.

갈음 : 오늘 이것으로 치사를 **갈음**하고자 합니다.

가늠 : 전봇대의 높이를 **가늠**할 수 있겠니?

❶ 가름 : 쪼개거나 나누어 따로따로 되게 하는 일 / 승부나 등수 따위를 정하는 일
   갈음 : 다른 것으로 바꾸어 대신함.
   가늠 : 사물을 어림잡아 헤아리다.

걷잡다 : **걷잡을** 수 없는 상태

겉잡다 : **겉잡아서** 이틀 걸릴 일

❶ 걷잡다 : 한 방향으로 치우쳐 흘러가는 형세 따위를 붙들어 잡다. 마음을 진정하거나 억제하다.
   겉잡다 : 겉으로 보고 대강 짐작하여 헤아리다.

늘이다 : 엿가락(바짓단, 고무줄)을 **늘인다.**

늘리다 : 엿가락(바짓단, 고무줄)의 나머지

❶ 늘이다 : 본디보다 더 길어지게 하다.
   늘리다 : 물체의 부피 따위를 본디보다 커지게 하다. 수나 분량 따위를 본디보다 많아지게 하다.

부딪치다 : 차와 차가 마주 **부딪쳤다.**
              자동차가 가로수에 **부딪쳤다.**

부딪히다 : 마차가 화물차에 **부딪혔다.**
              공공 정책은 강력한 반대에 **부딪혀** 공공 갈등을 유발한다.

❶ 부딪치다 : '부딪다'를 강조
   부딪히다 : '부딪다'의 피동사. 부딪음을 당하다.

혜선쌤의 야매꼼수

✦ '늘이다'를 외우자
  : 엿,바,고

출종포 정답

❶ 과거 ❷ 선택

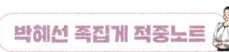

(으)로서[자격] : 사람으로서 그럴 수는 없다.

(으)로써[수단] : 닭으로써 꿩을 대신했다.

❶ (으)로서 : '지위나 신분, 자격'
   (으)로써 : '재료, 수단, 도구'
❶ 한편 '(으)로써'는 '어떤 일의 기준이 되는 시간'의 의미로 쓰이기도 한다.

결제(決濟) : 그 회사는 어음을 결제하지 못해 부도 처리가 됐다.

결재(決裁) : 사장님의 결재를 받았다.

❶ 결제(決濟) : 증권이나 대금의 수수(授受)에 의해서 매매 당사자 간의 거래 관계를 끝맺음.
   결재(決裁) : 상관이 부하가 제출한 안건을 검토하여 승인함.

PART
04

구별(區別) : 그 형제는 너무 닮아서 누가 동생이고 누가 형인지 구별할 수 없다.

구분(區分) : 문학은 서정 갈래, 서사 갈래, 교술 갈래, 극 갈래로 구분할 수 있다.

분류(分類) : 서정 갈래, 서사 갈래, 교술 갈래, 극 갈래를 문학으로 분류할 수 있다.

❶ 구별(區別) : 성질이나 종류에 따라 차이가 남. 또는 성질이나 종류에 따라 갈라놓음.
   구분(區分) : 일정한 기준에 따라 나눔.
   분류(分類) : 일정한 기준에 따라 묶음.

경신(更新) : 마라톤 세계 기록 경신. 그의 이론은 논리학과 철학에 경신을 일으켰다.

갱신(更新) : 카드를 갱신하였다. 계약을 갱신하였다.

❶ 경신(更新) : 종전의 기록을 깨뜨림. 이미 있던 것을 고쳐 새롭게 함.
   갱신(更新) : 법률관계의 존속 기간이 끝났을 때 그 기간을 연장하는 일

계발(啓發) : 교사는 학생이 잠재된 창의성을 계발하도록 해야 한다.

개발(開發) : 경치가 좋은 곳을 관광지로 개발하려고 한다.
          교사는 학생이 잠재된 창의성을 개발하도록 해야 한다.
          첨단 산업을 개발하고 육성하다.

❶ 계발(啓發) : 슬기나 재능, 사상 따위를 일깨워 줌.
   개발(開發) : • 토지나 천연자원 따위를 유용하게 만듦.
            • 지식이나 재능 따위를 발달하게 함.
            • 산업이나 경제 따위를 발전하게 함.
            • 새로운 물건을 만들거나 새로운 생각을 내어놓음.

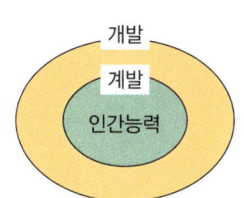

개재(介在) : 이번 협상에는 수많은 변수가 개재되어 있다.

게재(揭載) : 학술지에 논문을 게재하였다

계제(階梯) : 공부에는 밟아야 되는 계제가 있다.
지금은 이것저것 가릴 계제가 아니다.
변명할 계제가 없었다.

❶ 개재(介在) : 어떤 것들 사이에 끼여 있음. '끼어듦', '끼여 있음'
　게재(揭載) : (글이나 사진, 그림 따위를) 신문이나 잡지에 실음.
　계제(階梯) : • 일이 되어 가는 순서나 절차를 비유적으로 이르는 말
　　　　　　　 • 어떤 일을 할 수 있게 된 형편이나 기회

지향(志向)하다 : 평화를 지향하다.

지양(止揚)하다 : 흡연을 지양해야 한다.

❶ 지향(志向)하다 : 어떤 목적으로 뜻이 쏠리어 향함.
　지양(止揚)하다 : 어떤 것을 하지 않음.

독해

Part

05

논리

박혜선 국어 족집게 적중노트

Chapter

01

반드시 참인 명제

출.종.포 논리 1 꼭 알아야 하는 명제의 논리 기호

❶ 단순 명제 중 꼭 알아야 하는 명제의 논리 기호

기호화	명칭	뜻
p	긍정	p이다(All) − 전칭
~p	부정	p가 아니다(not p) p는 거짓이다.
~(~p)	이중 부정	p이다(All). − 전칭

❷ 복합 명제 중 꼭 알아야 하는 명제의 논리 기호

기호화	명칭	뜻
p → q (전칭)	전건 − 충분조건(좁) 후건 − 필요조건(넓) 조건문(단순 함축)	p이면 반드시 q이다. 모든 p는 q이다. p하기 위해서는 q해야 한다. p를 하려면 q해야 한다.
p ≡ q	동치(쌍조건문)	p는 q이기 위한 필요충분조건이다.
p ∧ q (특칭)	연언(連言)	어떤 p는 q이다. p 그리고(또한) q p이면서 q이다. p 중 q가 존재한다. p 그러나, 그런데, 그럼에도 불구하고 q
p ∨ q	선언(選言)	p 혹은(이거나, 또는) q

 **논리 2** 진리표

❶ 연언의 진리표(P ∧ Q)

'P 그리고(=그러나) Q'로 표현되는 연언문은 P와 Q 모두가 참이어야지만 P ∧ Q는 참이 된다.
하나라도 거짓이라면 P ∧ Q는 거짓이 된다.

P	Q	P ∧ Q
참	참	참
참	거짓	거짓
거짓	참	거짓
거짓	거짓	거짓

❷ 선언의 진리표(P ∨ Q)

'P 거나(또는) Q'로 표현되는 선언문은 P와 Q 둘 중 하나가 참이라면 P ∨ Q는 참이 된다.
P와 Q 둘 다 거짓이면 P ∨ Q는 거짓이 된다.

P	Q	P ∨ Q
참	참	참
참	거짓	참
거짓	참	참
거짓	거짓	거짓

보충자료 선언이 문제에 실질적으로 적용되는 경우

A와 B 중에서 선발에 대한 정보를 기호화하는 방법은 다음과 같다.
❶ 포괄적 선언문 : 둘 다 참임을 허용.
　　　　　　　A와 B 가운데 적어도 하나는 참이다(성립한다). ⇒ A ∨ B ≡ ~A → B ≡ ~B → A
❷ 배타적 선언문 : 둘 중 하나만 참임.
　　　　　　　A와 B 가운데 한 사람만 참이다. ⇒ (A ∧ ~B)∨(~A ∧ B)

❸ 조건 명제(단순 함축)의 진리표(P → Q)

P이면 반드시 Q이다.
P가 참이고 Q가 거짓일 때에만 P → Q가 거짓이 된다. (실제 세계의 참, 거짓에 대해 생각하면 안 된다. 논리학 내에서 참으로 본다고 받아들여야 한다.) 이를 제외한 나머지 경우에는 모두 참이 된다.

전제(P)	결론(Q)	전체 명제(P → Q)
참	참	참
	거짓	거짓
거짓	참	참
	거짓	참

 **동치 규칙**

동치 규칙은 진리표, 함축 규칙과 마찬가지로 논증이 타당한지 알 수 있게 하는 좋은 도구이다.

동치(同値) 규칙(= 대치 규칙)은 하나의 전제를 그것과 동등한 다른 명제로 바꿔서 사용하는 규칙이다.

동치 규칙을 통해 많은 문제가 풀릴 수 있으므로 혜선 쌤이 특히 강조하는 이론이 나오면 집중해야 한다.

❶ 대우 규칙[transposition]

: 전건과 후건을 부정한 뒤 순서를 교체하면 동치가 성립되는 규칙이다.

(주의) 대우 규칙은 조건문에만 적용되는 동치 규칙으로, 연언문과 선언문에는 적용되지 않음에 유의해야 한다.

동치 관계의 논리 기호		조건 명제의 예시
조건문	$P \rightarrow Q \equiv \sim Q \rightarrow \sim P$	다이어트에 성공했다면 반드시(항상, 무조건) 식단 조절을 잘했다는 것이다. ≡ 다이어트에 성공하려면 식단을 조절해야 한다. ≡ 다이어트에 성공한 것은 식단 조절을 잘했다는 것이다.

(주의) 조건문에서 '역의 명제, 이의 명제'는 참일 수도 거짓일 수도 있으므로 '판단불가'로 보아야 한다.

'p→q'가 참임을 가정할 때에		
	기호화	참의 여부
역의 관계	$q \rightarrow p$	반드시 참이라고 보기는 어렵다.
이의 관계	$\sim p \rightarrow \sim q$	반드시 참이라고 보기는 어렵다.

❷ 단순 함축[material implication]

: 조건문 'P → Q'를 '~P ∨ Q'으로 표현한 것을 단순 함축(실질 함축)이라고 한다.

(주의) 단순 함축은 조건문과 선언문에서만 적용될 수 있다.

	동치 관계의 논리 기호
선언문을 조건문으로 바꾸기	1) P ∨ Q ≡ ❶_____ 2) P ∨ ~Q ≡ ❷_____ 3) ~P ∨ Q ≡ ❸_____ 4) ~P ∨ ~Q ≡ ❹_____

3 쌍조건문[material equivalence](단순 동치)

: 두 명제가 서로 같은 값을 가질 때 참인 경우이다.

동치 관계의 논리 기호
$P \leftrightarrow Q$
$\equiv (P \rightarrow Q) \wedge (Q \rightarrow P)$
$\equiv (\sim P \vee Q) \wedge (\sim Q \vee P)$

4 교환 법칙[commutativity]

: 두 사건은 원인과 결과나 선후 관계를 나타내는 것이 아니므로
연언지, 선언지의 순서를 단순히 교체해도 동치를 이룬다.
$P \wedge Q$와 $Q \wedge P$는 서로 동치이다.
이러한 교환 법칙은 논리적 결합에서 일이 일어난 순서는 중요하지 않음을 보여 준다.

주의 교환 법칙은 연언문, 선언문에만 적용되며 조건문은 적용되지 않음에 유의해야 한다.
대신 조건문은 대우 관계, 단순 함축이 동치로 적용된다.

동치 관계의 논리 기호		조건 명제의 예시
연언	$P \wedge Q \equiv Q \wedge P$	1) 운동을 하고 식단 조절을 한다. 　≡ 운동을 하면서(하면서도, 하지만) 식단조절을 한다. 2) 어떤(일부) 역공이는 귀엽다. 　≡ 역공이이면서(이면서도, 이지만) 귀엽다. 　≡ 역공이 중 일부는 귀엽다.
선언	$P \vee Q \equiv Q \vee P$	운동을 하거나 식단 조절을 한다.

정답
❶ $\sim P \rightarrow Q$　❷ $\sim P \rightarrow \sim Q$　❸ $P \rightarrow Q$　❹ $P \rightarrow \sim Q$

❺ 이중 부정[double negation]

: 이중 부정은 긍정이다.

동치 관계의 논리 기호	조건 명제의 예시
$\sim(\sim P) \equiv P$	오늘은 비가 오지 않는 것이 아니다. $\equiv$ 오늘 비가 온다. 그 물건이 비싸지 않다는 것은 거짓이다. $\equiv$ 그 물건은 비싸다. 오늘이 월요일이 아니라는 것은 거짓이다. $\equiv$ 오늘은 월요일이다.

❻ 드모르간 법칙[De Morgan's rule]

: $\sim$(부정)이 뒤의 것들을 모두 반대로 뒤집는 법칙이다.

　보통 명제 자체에서 드모르간의 법칙을 적용해야 하거나 조건문의 대우 관계를 적용할 때에 쓰게 된다.

(주의) 드모르간 법칙은 연언문, 선언문에만 적용되며 조건문은 적용되지 않음에 유의해야 한다.

　'$\sim(P \to Q) \equiv \sim P \leftarrow \sim Q$' 식으로 조건문에 드모르간의 법칙을 적용하면… 절대 안 된다.

　조건문은 아래의 '응용'을 참고하여야 한다.

조건 명제의 예시	동치 관계의 논리 기호
모든 학생들이 합격을 하는 / 것은 아니다.	$\sim$ (학생 $\to$ 합격) $\equiv$ ❶＿＿＿＿＿＿＿＿＿ $\equiv$ ❷＿＿＿＿＿＿＿＿＿
국어를 잘하고 수학을 못하는 사람 / 은 존재하지 않는다. (＝ 국어를 잘하고 수학을 못하는 사람 / 은 없다)	$\sim$ (국어 $\wedge$ $\sim$수학) $\equiv$ ❸＿＿＿＿＿＿＿＿＿ $\equiv$ ❹＿＿＿＿＿＿＿＿＿
다이어트 성공을 하려면 운동을 하고 식단을 조절해야 한다.	성공 $\to$ (운동 $\wedge$ 식단) $\equiv$ ❺＿＿＿＿＿＿＿＿＿ $\equiv$ ❻＿＿＿＿＿＿＿＿＿

❼ 강화의 법칙

: '$M \to (P \wedge Q)$'에서 $(P \wedge Q)$는 P와 Q가 동시에 참이라는 조건이다.

　따라서, $M \to (P \wedge Q)$가 참이라면 $M \to P$, $M \to Q$도 당연히 참이 된다.

동치 관계의 논리 기호	조건 명제의 예시
$M \to (P \wedge Q)$가 참이라면 $M \to P$, $M \to Q$도 당연히 참	'다이어트 성공을 하려면 운동을 하고 식단을 조절해야 한다.'가 참이라면 '다이어트 성공을 하려면 운동을 해야 한다.'와 '다이어트 성공을 하려면 식단을 조절해야 한다.'도 당연히 참

(주의) 동치가 아닌 경우

조건 명제의 예시	조건 명제의 예시
$(P \wedge Q) \to M$가 참이어도 $P \to M$, $Q \to M$은 참이라고 보기 어렵다.(판단 불가)	'불이 켜지고 전원이 연결되면 장비가 작동한다.'가 참이어도 '불이 켜지면 장비가 작동한다.'와 '전원이 연결되면 장비가 작동한다.'는 참이라고 보기 어렵다. (판단 불가)

8 수출입 법칙[exportation]

: 수출 법칙은 전건의 연언지를 후건으로 보내 조건부 주장을 하는 규칙이다. 수입 법칙은 수출 법칙과 동치이다.

동치 관계의 논리 기호		조건 명제의 예시
수출 법칙	$(P \wedge Q) \rightarrow R \equiv P \rightarrow (Q \rightarrow R)$	네가 열심히 공부하고 숙제를 다 하면, 시험에 합격할 것이다. ≡ 네가 열심히 공부했고, 숙제를 다 했을 때 시험에 합격할 것이다.
수입 법칙	$P \rightarrow (Q \rightarrow R) \equiv (P \wedge Q) \rightarrow R$	네가 열심히 공부하면, 숙제를 다 했을 때 시험에 합격할 것이다. ≡ 네가 열심히 공부하고 숙제를 다 하면, 시험에 합격할 것이다.

9 결합 법칙[associativity]

: 아예 연언이거나 아예 선언이라면 괄호로 어떻게 묶든 진릿값이 동일하다는 규칙이다.

동치 관계의 논리 기호		조건 명제의 예시
연언	$(P \wedge Q) \wedge R \equiv P \wedge (Q \wedge R)$	(나는 공부를 하고 숙제를 끝내고) 그리고 시험 준비를 한다. ≡ 나는 공부를 하고 그리고 (숙제를 끝내고 시험 준비를 한다.)
선언	$(P \vee Q) \vee R \equiv P \vee (Q \vee R)$	(나는 영화를 보거나 책을 읽거나) 또는 산책을 한다. ≡ 나는 영화를 보거나 또는 (책을 읽거나 산책을 한다.)

10 분배 법칙[distribution]

: 연언과 선언이 섞여 있는 경우에 나타나는 규칙이다.
  분배 법칙은 논리식을 단순화하거나 해석을 용이하게 하기 위해 사용되는 규칙이다.

1. 논리곱(And)이 논리합(Or)으로 분배되는 경우

   : P가 Q와 R 가가에 대해 논리곱을 수행한 후, 그 결과를 논리합으로 묶는 형태

동치 관계의 논리 기호	조건 명제의 예시
$P \wedge (Q \vee R) \equiv (P \wedge Q) \vee (P \wedge R)$	나는 운동을 하고, (달리기를 하거나 수영을 한다). ≡ (나는 운동을 하고 달리기를 한다) 또는 (나는 운동을 하고 수영을 한다).

2. 논리합(Or)이 논리곱(And)으로 분배되는 경우

   : P가 Q와 R 각각에 대해 논리합을 수행한 후, 그 결과를 논리곱으로 묶는 형태

동치 관계의 논리 기호	조건 명제의 예시
$P \vee (Q \wedge R) \equiv (P \vee Q) \wedge (P \vee R)$	나는 영화를 보거나, (집에 있고 저녁을 먹는다). ≡ (나는 영화를 보거나 집에 있다) 그리고 (나는 영화를 보거나 저녁을 먹는다).

정답

❶ ~(~학생 ∨ 합격) ❷ 학생 ∧ ~합격 ❸ ~국어 ∨ 수학 ❹ 국어 → 수학 ❺ ~(운동 ∧ 식단) → ~성공
❻ (~운동 ∨ ~식단) → ~성공

 **함축 규칙**

함축 규칙은 진리표와 마찬가지로 논증이 타당한지 알 수 있게 하는 좋은 도구이다.
함축 규칙은 여러 참인 전제들을 통해 함축되어 있던 결론을 도출해내는 규칙을 의미한다.

❶ 전건 긍정식(제거)[modus ponens]

: 참인 조건문이 있을 때, 전건이 참이면 후건도 참이라는 결론을 도출하는 규칙이다.

전제가 참	P → Q	건강하면 숙면을 취한 것이다.
	P	건강하다.
결론	Q	∴ 숙면을 취한 것이다.

주의 후건 긍정의 오류

다만, 이때 후건을 긍정한다고 해서 반드시 참인 결론을 도출할 수는 없다.
(역의 관계는 반드시 참이라고 볼 수 없다.)

전제가 참	P → Q	건강하면 숙면을 취한 것이다.
	Q	숙면을 취하였다.
결론	P	∴ 건강하다. (판단 불가)

❷ 후건 부정식[modus tollens]

: 참인 조건문이 있을 때, 후건을 부정하면 전건의 부정도 참이라는 결론을 도출하는 규칙이다.
 (대우 관계를 떠올리면 더 쉽다.)

전제가 참	P → Q	건강하면 숙면을 취한 것이다.
	～ Q	숙면을 취하지 못했다.
결론	～ P	∴ 건강하지 않을 것이다.

주의 전건 부정의 오류

다만, 이때, 전건을 부정한다고 해서 반드시 참인 결론을 도출할 수는 없다.
(이의 관계는 반드시 참이라고 볼 수 없다.)

전제가 참	P → Q	건강하면 숙면을 취한 것이다.
	～ P	건강하지 않다.
결론	～ Q	∴ 숙면을 취하지 못했을 것이다. (판단 불가)

③ 가언 삼단 논법[hypothetical syllogism]

: 조건문을 연쇄적으로 이어 반드시 참인 결론을 도출하는 규칙이다.

전제가 참	P → Q	건강하면 숙면을 취한 것이다.
	Q → R	숙면을 취했다면, 피부가 좋아진다.
결론	P → R	∴ 건강하면 피부가 좋아진다.

④ 연언지 단순화(제거)[simplification]

: 연언문 'P ∧ Q'가 참이라면 각각 P와 Q 모두 참이라는 결론을 도출하는 규칙이다.

전제가 참	P ∧ Q	그는 운동을 하고 식단 조절을 한다.
	P도 참	그는 운동을 한다.
결론	Q도 참	∴ 그는 식단 조절을 한다.

⑤ 연언화(도입)[conjunction]

: 두 개의 참인 명제를 연결하여 참인 복합 명제를 결론으로 도출하는 규칙이다.
  참인 복합 명제를 결론으로 도출하기 위해서는 반드시 'P'와 'Q' 모두가 참이어야만 한다.

전제가 참	P	역공녀는 카피바라를 닮았다.
	Q	역공녀는 쿼카를 닮았다.
결론	P ∧ Q	∴ 역공녀는 카피바라를 닮았고 쿼카를 닮았다.

PART
05

6 선언적 삼단 논법(선언지 제거법)[disjunctive syllogism]

: 두 개의 전제 중 하나가 부정되어 나머지 하나가 참이라는 결론을 도출하는 규칙이다.
따라서 선언문의 경우에는 하나의 전제가 부정될 때 의미가 있다.

전제가 참	P ∨ Q	민수가 회의에 참석하거나 철수가 회의에 참석한다.
	~ P	철수가 회의에 참석하지 않는다.
결론	Q	∴ 민수가 회의에 참석한다.

주의 선언지 긍정의 오류

다만, 논증에서 쓰이는 선언문은 포괄적 선언문이기 때문에,
선언지 중 하나를 긍정한다고 해서 나머지가 부정되지는 않는다.

전제가 참	P ∨ Q	민수가 회의에 참석하거나 철수가 회의에 참석한다.
	P	민수가 회의에 참석한다.
결론	~Q	∴ 철수가 회의에 참석하지 않는다. (판단 불가)

7 선언지 첨가법[addition]

: 참인 전제에 다른 명제를 첨가하여 '선언'으로 연결하여 참인 결론을 도출하는 규칙이다.
선언으로 연결하였기 때문에 둘 중 하나만 참이면 되므로 다른 명제를 첨가해도 참이 된다.

전제가 참	P	역공녀는 쿼카를 닮았다.
결론	P ∨ Q	∴ 역공녀는 쿼카를 닮거나 수지를 닮았다.

⑧ 단순 양도 논법[dilemma]

: 2개의 전건 긍정식이 연결된 형태로, P와 Q 중 적어도 하나는 참이므로 R이 참인 결론을 도출하는 규칙이다.

전제가 참	$P \lor Q$	민수가 회의에 참석하거나 철수가 회의에 참석한다.
	$P \to R$	민수가 회의에 참석하면 프로젝트가 성공한다.
	$Q \to R$	철수가 회의에 참석하면 프로젝트가 성공한다.
결론	R	∴ 프로젝트가 성공한다.

(주의) 파괴적 양도 논법

다만, 논증에서 쓰이는 선언문은 포괄적 선언문이기 때문에,
선언지 중 하나를 긍정한다고 해서 나머지가 부정되지는 않는다.

전제가 참	$\sim P \lor \sim Q$	민수가 회의에 참석하지 않거나, 철수가 회의에 참석하지 않는다.
	$R \to P$	프로젝트가 성공했다는 것은 민수가 회의에 참석했다는 것이다.
	$S \to Q$	발표 날짜가 연기되었다는 것은 철수가 회의에 참석했다는 것이다.
결론	$\sim R \lor \sim S$	∴ 프로젝트가 성공하지 않거나 발표 날짜가 연기되지 않았다.

⑨ 흡수 규칙[absorption]

: 조건문이 참이라면 전건에 후건을 연이어도 참인 결론을 도출하는 규칙이다.

전제가 참	$P \to Q$	불을 켜면, 방이 밝아진다.
결론	$P \to (P \land Q)$	∴ 불을 켜면, 불이 켜져 있고 방이 밝아진다.

뇌에 쪽적을 남기는 노트 논리 유형 ①

01 다음 명제가 모두 참일 때, 항상 참인 것은?

> • 월요일에 회의를 하면 화요일에 보고서를 작성한다.
> • 수요일에 출장을 가지 않으면 화요일에 보고서를 작성하지 않는다.
> • 수요일에 출장을 가면 목요일에 쉬지 않는다.
> • 목요일에 쉬지 않으면 금요일에 미팅을 한다.

① 월요일에 회의를 하지 않으면 수요일에 출장을 가지 않는다.
② 금요일에 미팅을 하지 않으면 수요일에 출장을 간다.
③ 목요일에 쉬면 월요일에 회의를 하지 않는다.
④ 목요일에 쉬지 않으면 수요일에 출장을 간다.

혜선 쌤의 논리 시각화 ①

○ 회의 → 보고서 ≡ ~보고서 → ~회의
○ 출장 → ~보고서 ≡ 보고서 → 출장
○ 출장 → ~휴식 ≡ 휴식 → ~출장
○ ~휴식 → 미팅 ≡ ~미팅 → 휴식

혜선 쌤의 야매꼼수

정답 혜선 쌤이 알려준 꼬리물기 권법 활용하기

오답패턴
①, ④ 판단 불가의 오류
② 반대의 오류

논리 유형 **정답 및 해설**

세 번째 명제의 대우명제에 의해 '휴식 → ~출장'이고 두 번째 명제에 의해 '~출장 → ~보고서'이며 첫 번째 명제의 대우명제에 의해 '~보고서 → ~회의'이므로 세 명제를 차례대로 연결하면 '휴식 → ~회의'가 도출된다. 따라서 목요일에 쉬면 월요일에 회의를 하지 않는다.

오답풀이
① 첫 번째 명제에 의해 '회의 → 보고서'이고 두 번째 명제의 대우명제에 의해 '보고서 → 출장'이므로 두 명제를 연결하면 '회의 → 출장'이 도출된다. 이 선지는 '~회의 → ~출장'으로 도출한 결론의 이명제이다. 따라서 항상 참이라고 할 수 없다. 판단 불가의 오류이다.
② 네 번째 명제의 대우명제에 의해 '~미팅 → 휴식'이고 세 번째 명제의 대우명제에 의해 '휴식 → ~출장'이므로 두 명제를 연결하면 '~미팅 → ~출장'이 도출된다. 따라서 금요일에 미팅을 하지 않으면 수요일에 출장을 가지 않는다. 반대의 오류이다.
④ '~휴식 → 출장'으로 세 번째 명제 '출장 → ~휴식'의 역명제이다. 따라서 항상 참이라고 할 수 없다. 판단 불가의 오류이다.

▶ ③

뇌에 쪽쪽을 남기는 노트 논리 유형 ②

02 다음 진술이 모두 참일 때, 반드시 참인 것은?

> • A가 여행을 가면 B는 여행을 가지 않는다.
> • C가 여행을 가지 않으면 D도 여행을 가지 않는다.
> • C 또는 D가 여행을 가면 B도 여행을 간다.

① B가 여행을 가면 A도 여행을 간다.
② A가 여행을 가면 B, C, D 모두 여행을 가지 않는다.
③ B가 여행을 가지 않을 때 C는 여행을 갈 수도 있다.
④ C가 여행을 가면 A도 여행을 간다.

PART
05

○ A → ~B ≡ B → ~A
○ ~C → ~D ≡ D → C
○ (C ∨ D) → B ≡ ~B → (~C ∧ ~D)

[정답] 대우 법칙, 드모르간의 법칙,
연언문과 선언문의 진리치를 잘 알기

[오답패턴]
①, ③, ④ 반대의 오류

정답 및 해설

첫 번째 조건에 의해 'A → ~B'이고 세 번째 조건의 대우명제에 의해 '~B → (~C ∧ ~D)'이므로 A가 여행을 가면 B가 여행을 가지 않고, B가 여행을 가지 않으면 C와 D가 모두 여행을 가지 않는다. 따라서 A가 여행을 가면 B, C, D가 모두 여행을 가지 않는다.

[오답풀이]
① 첫 번째 조건의 대우명제에 의해 'B → ~A'이므로 B가 여행을 가면 A는 여행을 가지 않는다.
③ 세 번째 조건의 대우명제에 의해 '~B → (~C ∧ ~D)'이므로 B가 여행을 가지 않으면 C와 D가 모두 여행을 가지 않는다. 따라서 B가 여행을 가지 않을 때 C가 여행을 갈 수는 없다.
④ 세 번째 조건에 의해 '(C ∨ D) → B'이고 첫 번째 조건의 대우명제에 의해 'B → ~A'이므로 C가 여행을 가면 B도 여행을 가고, B가 여행을 가면 A는 여행을 가지 않는다. 따라서 C가 여행을 가면 A는 여행을 가지 않는다.

▶ ②

뇌에 쪽쪽을 남기는 노트 논리 유형 ❸

03   재민이는 ㉠~㉣의 진술에 따라 친구들과의 여행 계획을 세우려고 한다. ㉠~㉣의 진술이 모두 참이라고 할 때, 재민이의 여행 계획에 포함되는 활동을 모두 고르면?

> ㉠ 등산을 하거나 수영을 한다.
> ㉡ 캠핑을 하면 바비큐는 하지 않는다.
> ㉢ 바비큐를 하지 않으면 수영도 하지 않고 캠핑도 하지 않는다.
> ㉣ 등산은 하지 않는다.

① 수영
② 바비큐
③ 수영, 캠핑
④ 수영, 바비큐

혜선 쌤의 논리 시각화 ❸

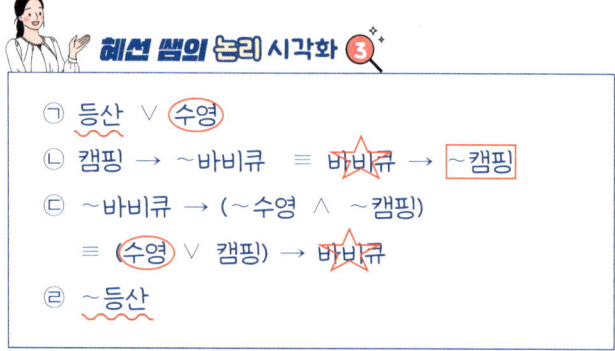

혜선 쌤의 야매꼼수

정답   가장 확실한 전제부터 시작한다!
대우 법칙, 드모르간의 법칙,
연언문과 선언문의 진리치를 잘 알기
여행계획에 포함되는 활동여부에 동그라미 잘 치기!

논리 유형   정답 및 해설

㉣에 의해 '~등산'이고 ㉠에 의해 '등산 ∨ 수영'이므로 '수영'이 도출된다. ㉢의 대우명제에 의해 '(수영 ∨ 캠핑) → 바비큐'이므로 전건 '수영 ∨ 캠핑'이 만족되어 '바비큐'가 도출된다. ㉡의 대우명제에 의해 '바비큐 → ~캠핑'이므로 '~캠핑'이 도출된다. 따라서 재민이의 여행 계획에 포함되는 활동은 수영, 바비큐이다.

▶ ④

뇌에 쪽적을 남기는 노트 논리 유형 ④

04 요리사 A, B, C는 각각 돼지고기, 소고기, 닭고기, 오리고기 중 두 종류의 고기를 골라 요리를 하려고 한다. 세 명의 요리사가 다음 조건에 따라 고기를 선택한다고 할 때, C가 선택할 고기의 종류를 올바르게 모두 고른 것은?

- A는 닭고기를 선택한다.
- B가 돼지고기 또는 소고기를 선택하면 A는 닭고기를 선택하지 않는다.
- A, B, C 모두가 선택한 고기는 없다.
- C가 돼지고기를 선택한다면 B는 오리고기를 선택하지 않는다.

① 돼지고기, 소고기　　　　　　　　　② 소고기, 오리고기
③ 소고기, 닭고기　　　　　　　　　　④ 닭고기, 오리고기

PART
05

혜선 쌤의 야매꼼수

정답 어떤 문제를 논리기호로 풀고 어떤 문제를 표로 풀지 기준을 잘 잡기! 여러 사람이 있고 각각 선택해야 하는 것이 나오면 표로 푸는 것이 좋을 수 있다!

논리 유형　정답 및 해설

- A는 닭고기를 선택한다.

	돼지	소	닭	오리
A			○	
B				
C				

- B가 돼지고기 또는 소고기를 선택하면 A는 닭고기를 선택하지 않는다.
  ≡ A가 닭고기를 선택하면 B는 돼지고기와 소고기를 선택하지 않는다.

	돼지	소	닭	오리
A			○	
B	×	×	○	○
C				

- A, B, C 모두가 선택한 고기는 없다.

	돼지	소	닭	오리
A			○	
B	×	×	○	○
C			×	

- C가 돼지고기를 선택한다면 B는 오리고기를 선택하지 않는다.
  ≡ B가 오리고기를 선택한다면 C는 돼지고기를 선택하지 않는다.

	돼지	소	닭	오리
A			○	
B	×	×	○	○
C	×	○	×	○

따라서 C가 선택할 고기의 종류는 소고기, 오리고기이다.

▶▶ ②

뇌에 쪽쪽을 남기는 노트 논리 유형 ⑤

05 농장의 관리자인 수진이는 다음 진술에 따라 사과, 배, 복숭아, 수박, 참외 중에서 재배할 작물을 3개 이상 정하려고 한다. ㉠~㉺의 진술이 참이라고 할 때, 수진이가 반드시 재배하게 될 작물을 고르면?

> ㉠ 사과를 재배하거나 복숭아를 재배하지 않는다.
> ㉡ 수박을 재배하면 배를 재배하지 않는다.
> ㉢ 복숭아를 재배하면 참외를 재배하지 않는다.
> ㉣ 복숭아를 재배하지 않으면 배를 재배한다.
> ㉤ 참외를 재배하지 않으면 수박을 재배한다.

① 사과
② 배
③ 수박
④ 참외

혜선 쌤의 논리 시각화 ⑤

> ㉠ 사과 ∨ ~복숭아
> ㉡ 수박 → ~배 ≡ 배 → ~수박
> ㉢ 복숭아 → ~참외 ≡ 참외 → ~복숭아
> ㉣ ~복숭아 → 배 ≡ ~배 → 복숭아
> ㉤ ~참외 → 수박 ≡ ~수박 → 참외

혜선 쌤의 야매꼼수

 정답 어떤 문제를 케이스로 나눠야 할지를 알기
선언이 나오는 경우에는 케이스를 나누자!

정답 및 해설

먼저 ㉠에 따라 경우의 수를 나눈다.

(1) 사과와 복숭아를 모두 재배하는 경우
'복숭아'이고 ㉢에 의해 '복숭아 → ~참외'이므로 '~참외'가 도출된다. ㉤에 의해 '~참외 → 수박'이므로 '수박'이 도출된다. ㉡에 의해 '수박 → ~배'이므로 '~배'가 도출된다. 따라서 이 경우 수진이가 재배할 작물은 사과, 복숭아, 수박이다.

(2) 사과와 복숭아를 모두 재배하지 않는 경우
'~복숭아'이고 ㉣에 의해 '~복숭아 → 배'이므로 '배'가 도출된다. ㉡의 대우명제에 의해 '배 → ~수박'이므로 '~수박'이 도출된다. ㉤의 대우명제에 의해 '~수박 → 참외'이므로 '참외'가 도출된다. 따라서 이 경우 수진이가 재배할 작물은 배, 참외인데 이는 문제의 조건인 3개 이상을 충족하지 않으므로 기각된다.

(3) 사과를 재배하고 복숭아를 재배하지 않는 경우
'~복숭아'이고 ㉣에 의해 '~복숭아 → 배'이므로 '배'가 도출된다. ㉡의 대우명제에 의해 '배 → ~수박'이므로 '~수박'이 도출된다. ㉤의 대우명제에 의해 '~수박 → 참외'이므로 '참외'가 도출된다. 따라서 이 경우 수진이가 재배할 작물은 사과, 배, 참외이다.

따라서, 수진이가 재배할 작물은 (사과, 배, 참외) 또는 (사과, 복숭아, 수박)이 가능하므로, 경우의 수와 무관하게 반드시 재배하게 될 작물은 사과이다.

▶ ①

뇌에 쪽적을 남기는 노트 논리 유형 ❻

06 유리는 연주할 악기를 정하기 위해 ㉠~㉢과 같은 기준을 세웠다. 이를 따를 때, 반드시 참인 것은?

> ㉠ 피아노를 연주하면 기타는 연주하지 않는다.
> ㉡ 바이올린을 연주하면 드럼도 연주한다.
> ㉢ 기타 또는 바이올린 중 적어도 하나의 악기를 연주한다. 단, 두 악기 모두 연주하지는 않는다.

① 바이올린을 연주하면 피아노를 연주한다.
② 적어도 2가지 이상의 악기를 연주한다.
③ 피아노를 연주하면 드럼을 연주한다.
④ 드럼을 연주하면 피아노를 연주하지 않는다.

 혜선 쌤의 논리 시각화 ❻

> ㉠ 피아노 → ~기타 ≡ 기타 → ~피아노
> ㉡ 바이올린 → 드럼 ≡ ~드럼 → ~바이올린
> ㉢ (기타 ∧ ~바이올린) ∨ (~기타 ∧ 바이올린)

 **혜선 쌤의 야매꼼수**

정답 어떤 문제를 케이스로 나눠야 할지를 알기
선언이 나오는 경우에는 케이스를 나누자!

논리 유형 정답 및 해설

㉢에 따라 경우의 수를 나누고 ㉠과 ㉡을 이용하여 결론을 도출한다.

(1) 기타를 연주하고 바이올린을 연주하지 않는 경우
(기타 ∧ ~바이올린)
'기타'이고 ㉠의 대우명제에 의해 '기타 → ~피아노'이므로 '~피아노'가 도출된다. '~바이올린'은 ㉡의 대우명제의 후건에 있기 때문에 ㉡과 연결할 수 없어 드럼의 연주 여부는 결정할 수 없다. 따라서 이 경우 연주할 악기는 (기타) 또는 (기타, 드럼)이다.

(2) 기타를 연주하지 않고 바이올린을 연주하는 경우
(~기타 ∧ 바이올린)
'바이올린'이고 ㉡에 의해 '바이올린 → 드럼'이므로 '드럼'이 도출된다. '~기타'는 ㉠의 후건에 있기 때문에 ㉠과 연결할 수 없어 피아노의 연주 여부는 결정할 수 없다. 따라서 이 경우 연주할 악기는 (바이올린, 드럼, 피아노) 또는 (바이올린, 드럼)이다.

따라서, 피아노를 연주하는 경우는 (2)뿐으로 (바이올린, 드럼, 피아노)만 가능하므로 피아노를 연주하면 반드시 드럼을 연주함을 알 수 있다.

오답풀이
① (2)에서 (바이올린, 드럼)을 연주하는 것이 가능하므로 바이올린을 연주한다고 해서 반드시 피아노를 연주한다고 할 수 없다.
② (1)에서 (기타)만 연주하는 것이 가능하므로 적어도 2가지 이상의 악기를 연주한다고 할 수 없다.
④ (2)에서 (바이올린, 드럼, 피아노)를 연주하는 것이 가능하므로 드럼을 연주한다고 해서 반드시 피아노를 연주하지 않는다고 할 수 없다.

▶ ③

Chapter
02 충분조건, 필요조건

출.종.포 논리 5   충분조건, 필요조건

기호화	명칭	뜻
p → q	전건 – 충분조건(좁) 후건 – 필요조건(넓)	p이면 반드시 q이다. 모든 p는 q이다. p하기 위해서는 q해야 한다. p를 하려면 q해야 한다.

❶ 충분조건

: 충분조건은 전건이 성립하면 후건이 반드시 참이라는 뜻이다.

충분조건은 'P → Q'로 표현할 수 있는데, 전건 P가 있다면 후건 Q는 반드시 참이라는 것이다.

이때 주의해야 할 점은 Q가 참이라고 해서 P가 참임을 보장할 수는 없다는 것이다.

또한 전건 P가 참이 아니라면 후건 Q는 참일 수도 있고 참이 아닐 수도 있다.

면접에 붙었다면 태도가 좋았던 것이다.

면접은 (좋은 태도의) 충분조건이다.

면접에 붙기 위해서는 태도가 좋아야 한다.

면접에 붙었다는 것만으로 태도가 좋았음을 알 수 있다.

태도가 좋아야만 면접에 붙을 수 있다.

논리 기호화	면접 → 태도
의미	면접에 붙은 사람들을 인터뷰한 결과, 전부 100% 태도가 좋았음이 드러났다. 하지만 태도가 좋았다고 해서 반드시 면접에 붙는 것은 아니었다. 면접에 붙는 것의 필수 조건에는 태도뿐만 아니라 외모, 분위기, 말투 등이 더 있을 수 있기 때문에 '태도'는 충분조건이 될 수 없다.

❷ 필요조건

: 필요조건은 충분조건이 성립하기 위해 반드시 필요한 조건, 즉 필수 조건을 의미한다.

즉, 어떤 일이 일어나기 위해 꼭 있어야 하는 필수적인 조건이므로

적어도 이 조건이 없으면 결과가 성립할 수 없다는 뜻이다.

면접에 붙었다면 태도가 좋았던 것이다.

좋은 태도는 (면접의) 필요조건이다.

면접에 붙기 위해서는 태도가 좋아야 한다.

면접에 붙었다는 것만으로 태도가 좋았음을 알 수 있다.

태도가 좋아야만 면접에 붙을 수 있다.

논리 기호화	면접 → 태도
의미	좋은 태도는 면접을 붙는 것의 필수 조건이다. 따라서 태도가 좋지 않다면 절대로 면접에 붙을 수 없다. 하지만 태도가 좋았다고 해서 반드시 면접에 붙는 것은 아니었다.

❸ 필요충분조건

: 필요충분조건이란 어떤 조건이 다른 조건이 참임을 보장하고,

동시에 그 반대 조건도 참임이 보장되는 관계를 의미한다.

즉, 두 조건이 서로를 보장한다는 뜻이다.

필요충분조건은 'P ↔ Q'로 표현할 수 있는데, 이는 P와 Q가 서로 필요하고 충분함(동치)을 의미한다.

뇌에 쪽적을 남기는 노트 논리 유형 ❶

01 다음 글에서 추론할 수 있는 내용으로 가장 적절한 것은?

> 책임감만으로 모든 문제를 해결할 수는 없다. 예를 들어, 한 마을의 관리자가 쓰레기 문제를 해결하겠다는 책임감을 가지고 있다고 하자. 그러나 이 관리자는 쓰레기 수거 방식을 개선하거나 새로운 규칙을 도입하지 않고, 책임감만 가진 채 기존 방식을 고수하였다. 이 관리자가 문제를 해결하려는 책임감이 있었다는 점은 인정할 수 있지만, 실제로 문제를 해결했다고 보기는 어렵다. 이는 문제 해결을 위해서는 기존의 방식을 변화시켜야 한다는 것을 의미한다.

① 책임감은 문제 해결의 충분조건이다.
② 문제 해결은 책임감의 필요조건이다.
③ 방식의 변화는 문제 해결의 필요조건이다.
④ 문제 해결은 방식의 변화의 필요조건이다.

 혜선 쌤의 논리 시각화 ❶

(1) 책임감만으로 모든 문제가 해결되는 것은 아니다.
 = ~(책임감 → 문제 해결)
 = 책임감은 문제 해결의 충분조건이 아니다.
 = 문제 해결은 책임감의 필요조건이 아니다.
(2) 이는 문제 해결을 위해서는 기존의 방식을 변화시켜야 한다는 것을 의미한다.
 = 문제 해결 → 방식의 변화
 = 방식의 변화는 문제 해결의 필요조건이다.
 = 문제 해결은 방식 변화의 충분조건이다.

 **혜선 쌤의 야매꿀수**

논리 독해 결합형은 문장을
논리 기호로 바꿀 수 있어야 한다.

 논리 유형   정답 및 해설

(2)에 의해 방식의 변화는 문제 해결의 필요조건이다.

오답풀이
① (1)에 의해 책임감은 문제 해결의 충분조건이 아니다.
② (1)에 의해 문제 해결은 책임감의 필요조건이 아니다.
④ (2)에 의해 문제 해결은 방식의 변화의 충분조건이다.

▶ ③

뇌에 족적을 남기는 노트 논리 유형 ❷

02 다음 글에서 추론할 수 있는 내용으로 가장 적절한 것은?

> 올바른 식단으로 식사를 한다고 해서 건강한 다이어트를 보장할 수 있는 것은 아니다. 가령, 어떤 사람이 체중 감량을 위해 식단을 철저하게 계획해서 영양 섭취를 한다고 하자. 그런데 이 사람은 적절한 운동을 전혀 병행하지 않고 나쁜 생활습관을 유지하면서 체중만 일부 감량하였다. 우리는 이 사람이 체중 감량을 하였다는 것은 인정할 수 있지만, 건강한 다이어트에 성공하였다고 보지는 않는다. 이는 건강한 다이어트를 위해서는 올바른 식단뿐만 아니라 적절한 운동이 병행되어야 한다는 것을 시사한다.

① 건강한 다이어트는 올바른 식단의 필요조건이다.
② 건강한 다이어트는 올바른 식단과 적절한 운동의 충분조건이다.
③ 올바른 식단은 적절한 운동의 필요조건이다.
④ 올바른 식단과 적절한 운동은 건강한 다이어트의 충분조건이다.

  **혜선 쌤의 논리 시각화 ❷**

(1) 올바른 식단으로 식사를 한다고 해서 건강한 다이어트를 보장할 수 있는 것은 아니다.
 = ~(식단 → 다이어트)
 = 건강한 다이어트는 올바른 식단의 필요조건이 아니다.
 = 올바른 식단은 건강한 다이어트의 충분조건이 아니다.

(2) 이는 건강한 다이어트를 위해서는 올바른 식단뿐만 아니라 적절한 운동이 병행되어야 한다는 것을 시사한다.
 = 다이어트 → (식단 ∧ 운동)
 = 올바른 식단과 적절한 운동은 건강한 다이어트의 필요조건이다.
 = 건강한 다이어트는 올바른 식단과 적절한 운동의 충분조건이다.

 **혜선 쌤의 야매꼼수**

논리 독해 결합형은 문장을
논리 기호로 바꿀 수 있어야 함.

논리 유형 정답 및 해설

(2)에 의해 건강한 다이어트는 올바른 식단과 적절한 운동의 충분조건이다.

오답풀이
① (1)에 의해 건강한 다이어트는 올바른 식단의 필요조건이 아니다.
③ (1), (2)에 의해 올바른 식단은 적절한 운동의 필요조건도, 충분조건도 아니다.
④ (2)에 의해 올바른 식단과 적절한 운동은 건강한 다이어트의 필요조건이디.

▶ ②

PART **05**

뇌에 쪽적을 남기는 노트 논리 유형 ❸

03 다음 글의 ㉠과 ㉡에 대한 평가로 올바른 것은?

> 연구 프로젝트의 혁신성을 평가할 때는 창의성, 실현가능성, 경제성을 검토한다. 창의성은 기존 방식과 차별화된 새로운 접근법을 제시했는지, 실현가능성은 현재의 기술로 구현이 가능한지, 경제성은 비용 대비 효과가 높은지를 평가한다. 특히 최근 연구 개발 분야에서는 이 세 가지 기준의 균형적인 달성이 더욱 중요해지고 있다. 단순히 창의적인 아이디어를 제시하는 것만으로는 부족하며, 그것이 실제로 구현 가능하고 경제적으로도 타당성이 있어야 한다는 것이다. 실제로 많은 연구 기관들이 이 세 가지 기준을 자체 평가 지표로 도입하고 있으며, 연구 지원금 심사 과정에서도 중요한 판단 근거로 활용하고 있다. ㉠ <u>이 세 기준을 모두 충족하는 것은 연구 프로젝트가 혁신적이기 위한 필수 요건이다.</u> 그러나 ㉡ <u>이 세 기준을 모두 충족했다고 해서 반드시 혁신적인 프로젝트라고 할 수는 없다.</u> 이는 연구 프로젝트의 혁신성이 이 세 가지 기준 외에도 시장 수용성, 사회적 영향력, 환경적 지속가능성 등 다양한 요소들과 복합적으로 연관되어 있기 때문이다.

① 혁신적이지 않은 프로젝트 중에서 세 기준 중 일부만 충족한 사례가 있다면, ㉠은 약화된다.
② 세 기준 중 하나를 충족하지 못한 프로젝트가 혁신적이지 못했다면, ㉠은 강화된다.
③ 세 기준 중 두 가지만 충족하고도 혁신적이라고 평가된 프로젝트들이 있다면, ㉡은 강화된다.
④ 세 기준 중 하나라도 충족하지 못했지만 혁신적이라고 평가받은 프로젝트가 있다면, ㉡은 약화된다.

혜선 쌤의 논리 시각화 ❸

> ㉠ 혁신 → (창의 ∧ 실현 ∧ 경제)
> ㉡ ~[(창의 ∧ 실현 ∧ 경제) → 혁신]

혜선 쌤의 야매꼼수

논리 독해 결합형이지만
'강화 약화' 문제이기 때문에
논리 기호로만 풀어서는 답이 나오기 힘듦.

특히 선지를 논리 기호로 바꿔서 푸는 순간
오히려 정답이 보이지 않으니
'강화 약화' 문제로 푸는 것을 추천함.

논리 유형 · 정답 및 해설

세 기준 모두 충족하는 것이 필수 조건이므로 한 개라도 충족하지 못했다면 혁신적이지 못했을 것이다. 따라서 이 사례는 세 기준이 '혁신성'의 필요조건(필수 조건)임을 보여주는 사례이므로 ㉠을 강화하는 사례로 적절하다.

오답풀이

① ㉠을 약화하려면 세 기준을 충족하지 못했음에도 연구 프로젝트가 혁신적인 사례가 나왔어야 했다. 그런데 ①의 사례는 '혁신적이지 않은 프로젝트가 일부 기준만 충족했다는 것'이므로 이는 ㉠을 강화하지도 약화하지도 않으므로 적절하지 않다. 무관의 오류이다.

③ ㉡에서 '세 기준'이 달성되었다고 해서 '혁신성'을 보장할 수 없다고 하고 있다. 즉, 세 기준은 혁신성의 충분조건이 아니라는 것이다. ㉡을 강화하려면 세 기준을 충족함에도 혁신적이지 못했음을 드러내는 사례가 나왔어야 했다. 그런데 ③의 사례는 세 기준이 모두 달성되지 않은 상황에서 혁신성이 나타난 경우로, 세 기준이 모두 달성되었을 때의 상황을 다루고 있으므로 ㉡을 강화하지도 약화하지도 않으므로 적절하지 않다. 무관의 오류이다.

④ ㉡을 약화하려면 세 기준을 충족하면 무조건 혁신적인 프로젝트가 된다는 사례가 나와야 한다. 하지만 ④의 사례는 세 기준 중 하나라도 충족하지 못했지만 혁신적이라고 평가받은 프로젝트가 있다는 상황을 다루고 있으므로 ㉡을 강화하지도 약화하지도 않으므로 적절하지 않다. 무관의 오류이다.

▶ ②

MEMO

관련교재 이 출좋포 독해 · 논리 p.102~112
문 천기누설 혜선팍 논리 p.62~82

Chapter
03

빈칸에 들어갈 결론

 **정언 명제의 4가지 표준 형식과 표준 형식에서 벗어난 명제**

❶ 정언 논리의 개념

정언 논리란 명제를 구성하는 주어나 술어에 따라 논증의 타당성을 분석하고 평가하는 방식이다.
정언 논리는 개념들 간의 포함 관계를 다루는 것으로 명제의 타당성을 평가하고 논리적 결론을 도출하는 데 유용하다.

❷ 정언 명제의 구성

정언 명제(Categorical Proposition)는 논리학에서 특정 대상을 어떤 범주에 포함하거나 포함하지 않는 명제이다.
정언 명제는 보통 하나의 주어(S, Subject)와 하나의 술어(P, Predicate), 연결사, 양화사로 구성되어
주어와 술어의 관계가 포함 관계인지 배제의 관계인지를 서술한다.

주부(주어)	술부(술어)
(모든/어떤) S는 양화사	p (이다/아니다) 연결사

1. 주어 : 중심 화제를 보여 주는 것으로 양화사를 통해 범위가 정해짐.

2. 술어 : 서술어. 중심화제의 성질을 보여 줌.

3. 연결사(Connectives) : 주어와 술어의 관계를 나타냄. '이다(긍정)' 또는 '아니다(부정)'를 나타냄.

4. 양화사(quantifier) : 주어 부분의 수량이나 범위를 정해주는 기호
  "모든 경우(전칭)"와 "어떤 경우(특칭)"를 나타냄.

❸ 정언 명제의 네 가지의 표준 형식

(1) A 명제 : 전칭 긍정 명제(Universal Affirmative)

명제	모든 <u>역공이</u>는 합격자이다.
논리 기호	역공이 → 합격자

주어(S)의 모든 개체가 술어(P)의 조건을 만족할 때 사용하는 명제이다.
즉, 주어를 모두 조사했을 때 모두 술어에 해당할 때 사용하는 명제이다.

(2) E 명제 : 전칭 부정 명제(Universal Negative)

명제	모든 <u>역공이</u>는 합격자가 아니다.
논리 기호	역공이 → ~합격자

주어(S)의 모든 개체가 술어(P)의 조건을 만족하지 않을 때 사용하는 명제이다.
즉, 주어를 모두 조사했을 때 모두 술어에 해당하지 않을 때 사용하는 명제이다.

(3) I 명제 : 특칭 긍정 명제(Particular Affirmative)

명제	어떤 <u>역공이</u>는 합격자이다.
논리 기호	역공이 ∧ 합격자

주어(S)의 일부 개체가 술어(P)에 해당될 때 표현되는 명제이다.
즉, 주어 중 최소 하나가 술어에 해당된다는 뜻이다.

(4) O 명제 : 특칭 부정 명제[Particular Negative(negO)]

명제	어떤 <u>역공이</u>는 합격자가 아니다.
논리 기호	역공이 ∧ ~합격자

주어(S)의 일부 개체가 술어(P)에 해당되지 않을 때 표현되는 명제이다.
즉, 주어 중 최소 하나가 술어에 해당되지 않는다는 뜻이다.

 정언 삼단 논법

❶ 정언 삼단 논법이란?

정언 삼단 논법이란 대전제와 소전제를 통해 타당한 결론을 도출하는 논법이다.

❷ 정언 삼단 논법의 타당성을 도출하는 방법

> 매개념이 유의미하게 쓰이려면 최소 1번 주연되어야 한다.
> : 주연(Distributed)이란 어떤 개념이 전체를 다룬다는 뜻으로 "모든"처럼 전체를 다루거나,
>   "아니다"처럼 특정 부분을 분명하게 배제하여 확실하게 범위를 정할 때 주연이라고 한다.
>   매개념이 최소 1번은 주연되어야 반드시 참인 명제가 나올 수 있는데
>   만약 주연되지 않으면 중간 연결이 헐거워진 상태가 되어 결론을 도출하는 데 문제가 생긴다.

※ 매개념이 유의미하게 쓰이는 경우
① 전칭 명제에서 주어가 주연됨.

	명제	논리 기호화
전제 1	어떤 리버풀 선수는 공격수이다.	리버풀 선수 ∧ 공격수 ≡ 공격수 ∧ 리버풀 선수
전제 2	공격수는 골키퍼가 될 수 없다. (매개념 "공격수"가 전칭으로 주연됨)	공격수 → ~골키퍼
결론	어떤 리버풀 선수는 골키퍼가 될 수 없다. (타당) ≡ 어떤 골키퍼가 아닌 사람은 리버풀 선수이다. (타당)	리버풀 선수 ∧ ~골키퍼 ≡ ~골키퍼 ∧ 리버풀 선수 (타당)

② 부정 명제에서 술어가 주연됨.

	명제	논리 기호화
전제 1	어떤 미남은 혜선 쌤 남친이다.	미남 ∧ 혜선 쌤 남친 ≡ 혜선 쌤 남친 ∧ 미남
전제 2	모든 리버풀 선수는 미남이 아니다. (매개념 "미남"이 부정으로 주연됨)	리버풀 선수 → ~미남 ≡ 미남 → ~리버풀 선수
결론	어떤 혜선 쌤 남친은 리버풀 선수가 아니다. (타당) ≡ 어떤 리버풀 선수가 아닌 사람은 혜선 쌤 남친이다. (타당)	혜선 쌤 남친 ∧ ~리버풀 선수 ≡ ~리버풀 선수 ∧ 혜선 쌤 남친(타당)

뇌에 **쪽적**을 남기는 **노트 논리** 유형 ❶

01 ⊙~ⓒ에서 전제가 참일 때, 결론이 반드시 참인 논증을 모두 고른 것은?

> ⊙ 모든 사진작가는 색채 감각이 뛰어나. 그런데 몇몇 화가들은 색채 감각이 뛰어나. 그렇다면 화가 중에는 사진작가가 있어.
>
> ⓒ 기반 시설이 없는 지역은 어떤 곳이라도 안전하지 않아. 그런데 홍수 위험이 있는 지역은 어떤 곳도 기반 시설이 없어. 그러므로 안전한 지역은 모두 홍수 위험이 없는 지역일 거야.
>
> ⓒ 모든 셰프는 새로운 레시피를 만들어낼 수 있어. 그러나 새로운 레시피를 창출할 수 없는 사람이라면 창의력이 없어. 따라서 셰프라면 반드시 창의력이 있을 거야.

① ⊙   ② ⓒ
③ ⊙, ⓒ   ④ ⓒ, ⓒ

혜선 쌤의 **논리** 시각화 ❶

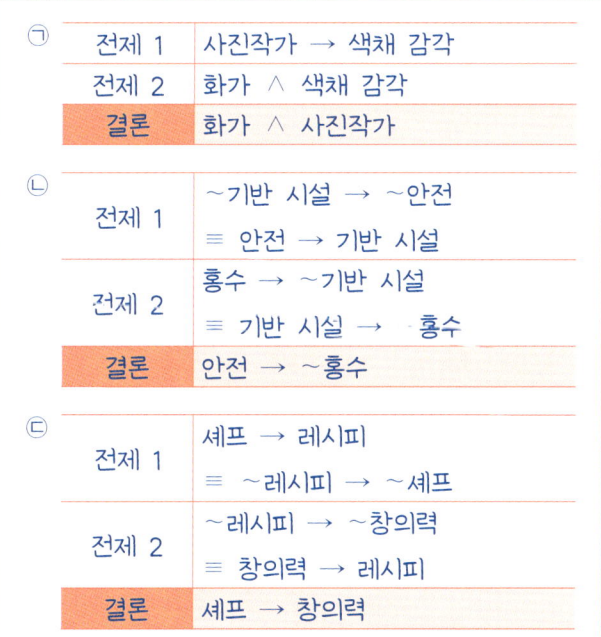

⊙	전제 1	사진작가 → 색채 감각
	전제 2	화가 ∧ 색채 감각
	결론	화가 ∧ 사진작가
ⓒ	전제 1	~기반 시설 → ~안전
		≡ 안전 → 기반 시설
	전제 2	홍수 → ~기반 시설
		≡ 기반 시설 → ~홍수
	결론	안전 → ~홍수
ⓒ	전제 1	셰프 → 레시피
		≡ ~레시피 → ~셰프
	전제 2	~레시피 → ~창의력
		≡ 창의력 → 레시피
	결론	셰프 → 창의력

논리 유형 정답 및 해설

⊙ 전제 1에 의해 '사진작가 → 색채 감각'이고 전제 2에 의해 '화가 ∧ 색채 감각'이긴 하지만 매개항인 '색채 감각'이 전제 1의 후건에 있기 때문에 전제 1과 전제 2를 연결하여 '화가 ∧ 사진작가'를 도출할 수는 없다.

ⓒ 전제 1의 대우명제에 의해 '안전 → 기반 시설'이고 전제 2의 대우명제에 의해 '기반 시설 → ~홍수'이므로 두 명제를 연결하여 '안전 → ~홍수'를 도출할 수 있다.

ⓒ 결론인 '셰프 → 창의력'을 도출하기 위해서는 전제 1인 '셰프 → 레시피'의 후건인 '레시피'가 전제 2의 전건과 일치하고, 전제 2의 결론이 '창의력'이어야 한다(레시피 → 창의력). 하지만 전제 2의 대우명제는 '창의력 → 레시피'로 전제 1과 연결하여 '셰프 → 창의력'을 도출하는 것은 불가능하다.

따라서 전제가 참일 때 결론이 반드시 참인 논증은 ⓒ이다.

▶ ②

혜선 쌤의 **야매꼼수** 👂

전칭 명제끼리 연결하는 방법과
전칭 명제와 특칭 명제를 연결하는 방법을 알기

특히, 전칭 명제와 특칭 명제를 연결하는 경우에는
전칭 명제의 전건이 반복되는가가 중요함!

뇌에 쪽쪽을 남기는 노트 논리 유형 ❷

02 다음 전제가 모두 참이라고 할 때 밑줄 친 부분에 들어갈 결론으로 가장 적절한 것은?

> 태호가 푼 모든 문제는 지수가 푼 문제이고, 지수가 푼 모든 문제는 민수가 푼 문제이다. 그런데 태호가 푼 어떤 문제는 세진이가 풀지 않은 문제이다. 따라서 　　　　　　　　　　　.

① 민수가 푼 모든 문제는 태호가 푼 문제이다.
② 세진이가 푼 어떤 문제는 지수가 풀지 않은 문제이다.
③ 태호가 풀지 않은 어떤 문제는 세진이가 푼 문제이다.
④ 민수가 푼 어떤 문제는 세진이가 풀지 않은 문제이다.

혜선 쌤의 논리 시각화 ❷

(1) 태호 → 지수 ≡ ~지수 → ~태호
(2) 지수 → 민수 ≡ ~민수 → ~지수
(3) 태호 ∧ ~세진

혜선 쌤의 야매꼼수

전칭 명제끼리 연결하는 방법과
전칭 명제와 특칭 명제를 연결하는 방법을 알기

특히, 전칭 명제와 특칭 명제를 연결하는 경우에는
전칭 명제의 전건이 반복되는가가 중요함!

논리 유형 　정답 및 해설

(1)의 후건과 (2)의 전건이 '지수'로 일치하므로 두 명제를 연결하여 '태호 → 민수'를 도출할 수 있다. 그리고 (3)에 의해 '태호 ∧ ~세진'이므로 '태호'를 매개항으로 하여 '민수 ∧ ~세진'을 도출할 수 있다.

오답풀이
① (1)의 후건과 (2)의 전건이 '지수'로 일치하므로 두 명제 '태호 → 지수'와 '지수 → 민수'를 연결하여 '태호 → 민수'를 도출할 수 있다. 하지만 이를 통해 역명제인 '민수 → 태호'를 도출하는 것은 불가능하다.
② (1)에 의해 '태호 → 지수'이고 (3)에 의해 '태호 ∧ ~세진'이므로 '태호'를 매개항으로 하여 '지수 ∧ ~세진'을 도출하는 것은 가능하다. 하지만 이를 통해 '~지수 ∧ 세진'을 도출하는 것은 불가능하다.
③ [정답 해설]의 ④와 같은 논증 과정으로 '태호 ∧ ~세진'을 도출하는 것은 가능하나 이를 통해 '~태호 ∧ 세진'을 도출하는 것은 불가능하다.

▶ ④

03   ㉠~㉣에 대한 평가로 적절한 것을 〈보기〉에서 모두 고른 것은?

> ㉠ 어떤 직원은 똑똑하지 않다.
> ㉡ 성실하지 않은 모든 사람은 똑똑하다.
> ㉢ 성실한 모든 사람은 똑똑하지 않다.
> ㉣ 어떤 직원은 성실하지 않다.

─────── 보기 ───────

> ㉮ ㉠과 ㉡이 참일 경우 ㉣은 참일 수 있다.
> ㉯ ㉠과 ㉢이 참일 경우 ㉣은 반드시 참이다.
> ㉰ ㉡과 ㉣이 참일 경우 ㉠은 반드시 참이다.

① ㉮
② ㉯
③ ㉮, ㉰
④ ㉯, ㉰

PART 05

혜선 쌤의 **논리** 시각화 ❸

> ㉠ 직원 ∧ ~똑똑
> ㉡ ~성실 → 똑똑 ≡ ~똑똑 → 성실
> ㉢ 성실 → ~똑똑 ≡ 똑똑 → ~성실
> ㉣ 직원 ∧ ~성실

혜선 쌤의 **야매꼼수**

전칭 명제끼리 연결하는 방법과
전칭 명제와 특칭 명제를 연결하는 방법을 알기

특히, 전칭 명제와 특칭 명제를 연결하는 경우에는
전칭 명제의 전건이 반복되는가가 중요함!

논리 유형   정답 및 해설

㉮ ㉠에 의해 직원 중 똑똑하지 않은 사람이 존재하고, ㉡의 대우명제에 의해 똑똑하지 않은 모든 사람은 성실하므로 직원 중 성실한 사람이 존재한다는 결론, 즉 '직원 ∧ 성실'을 도출하는 것이 가능하다. 이를 통해 ㉣인 '직원 ∧ ~성실'을 부정할 수는 없으므로 ㉣은 참인 것이 가능하다. 따라서 ㉠과 ㉡이 참일 경우 ㉣은 참일 수 있다.

오답풀이

㉯ ㉠과 ㉢의 경우 매개항이 ㉢의 후건에 있으므로 연결하는 것이 불가능하다.

㉰ ㉣에 의해 직원 중 성실하지 않은 사람이 존재하고, ㉡에 의해 성실하지 않은 모든 사람은 똑똑하므로 직원 중 똑똑한 사람이 존재한다는 결론, 즉 '직원 ∧ 똑똑'을 도출하는 것이 가능하다. 이를 통해 ㉠인 '직원 ∧ ~똑똑'을 부정할 수는 없으므로 ㉠은 참인 것이 가능하다. 다만, '직원 ∧ 똑똑'은 전칭 긍정의 경우의 수도 포함할 수 있으므로 '직원 ∧ ~똑똑'이 반드시 참이라고 볼 수 없다.

▶ ①

뇌에 쪽적을 남기는 노트 논리 유형 ❹

04 ㉠~㉢이 모두 참일 때, 〈보기〉 중 옳은 것만을 있는 대로 고른 것은?

> ㉠ 모든 노트북은 키보드가 있다.
> ㉡ 터치스크린 기능이 있는 노트북이 있다.
> ㉢ 키보드 있다고 해서 인터넷 연결성이 큰 것은 아니다.
> ㉣ 고장이 잘 나지 않는 어떤 것도 키보드가 없다.
> ㉤ 모든 노트북에 네트워크 안정성 기능이 반드시 탑재된 것은 아니다.

┌─ 보기 ─┐

가. 터치스크린 기능이 있는 어떤 것은 고장이 잘 난다.
나. 네트워크 안정성 기능이 없는 어떤 것은 키보드가 있다.
다. 인터넷 연결성이 크지 않은 어떤 것은 고장이 잘 난다.

① 나
② 가, 나
③ 나, 다
④ 가, 나, 다

 혜선 쌤의 논리 시각화 ❹

> ㉠ 노트북 → 키보드
> ㉡ 터치스크린 기능 ∧ 노트북
> ㉢ 키보드 ∧ ~인터넷 연결성
> ㉣ ~고장 → ~키보드 ≡ 키보드 → 고장
> ㉤ ~(노트북 → 네트워크 안정성)
>   ≡ ~(~노트북 ∨ 네트워크 안정성)
>   ≡ 노트북 ∧ ~네트워크 안정성

 **혜선 쌤의 야매꼼수**

전칭 명제끼리 연결하는 방법과
전칭 명제와 특칭 명제를 연결하는 방법을 알기

특히, 전칭 명제와 특칭 명제를 연결하는 경우에는
전칭 명제의 전건이 반복되는가가 중요함!

논리 유형 **정답 및 해설**

가. ㉠에 의해 '노트북 → 키보드'이고 ㉣에 의해 '키보드 → 고장'이므로 '노트북 → 고장'을 도출할 수 있다. 그리고 ㉡에 의해 '터치스크린 기능 ∧ 노트북'이므로 '터치스크린 기능 ∧ 고장'을 도출할 수 있다.
나. ㉤에 의해 '노트북 ∧ ~네트워크 안정성'이고 ㉠에 의해 '노트북 → 키보드'이므로 '~네트워크 안정성 ∧ 키보드'를 도출할 수 있다.
다. ㉢에 의해 '~인터넷 연결성 ∧ 키보드'이고 ㉣에 의해 '키보드 → 고장'이므로 '~인터넷 연결성 ∧ 고장'을 도출할 수 있다.

▶ ④

ME
MO

Chapter

04 생략된 전제 추론

출.종.포 논리 8 생략된 전제 추론

❶ 전제 2개 중 한 개가 생략되는 경우

Type 1 나머지 전제가 전칭일 경우

	명제	논리 기호화
전제 1	식물을 자주 가꾸는 모든 사람은 자연을 사랑한다.	식물 → 자연
전제 2	어떤 사람은	식물 ∧ 생태계
결론	자연을 사랑하는 어떤 사람은 생태계 보호에 기여한다.	자연 ∧ 생태계 (≡ 생태계 ∧ 자연)

: 결론이 특칭 명제이므로 '전제 2'에는 특칭 명제가 들어가야 한다.
  또한 결론에 '자연'이 살아남아 있으므로 전제 2에는 '식물'이 꼭 들어가면서 '∧ 생태계'가 들어가야 한다.
  따라서 전제 2에는 '**식물 ∧ 생태계**'가 들어 가야 하므로 '식물을 자주 가꾸는 어떤 사람은 생태계 보호에 기여한다.'가
  전제 2에 오기에 적절하다.

Type 2 나머지 전제가 특칭일 경우

	명제	논리 기호화
전제 1	스파게티를 좋아하는 어떤 사람은 라자냐를 좋아한다.	스파게티 ∧ 라자냐
전제 2	모든 사람은	라자냐 → 피자
결론	피자를 좋아하는 어떤 사람은 스파게티를 좋아한다.	피자 ∧ 스파게티 (≡ 스파게티 ∧ 피자)

: 적어도 전제 1개는 전칭 명제여야 하므로 '전제 2'에는 전칭 명제가 들어가야 한다.
  또한 결론에는 전제 1에 있었던 '라자냐'가 사라지고 '피자'가 생겼다.
  따라서 전제 2에는 '**라자냐 → 피자**'가 들어가야 하므로 '라자냐를 좋아하는 모든 사람은 피자를 좋아한다.'가
  전제 2에 오기에 적절하다.

② 전제 3~4개 중 한 개가 생략되는 경우

Type 1 나머지 전제가 특칭들만 있을 경우

	명제	논리 기호화
전제 1	여행에 관심이 있는 어떤 사람은 수영에도 관심이 없다.	여행 ∧ ~수영
전제 2	하이킹에 관심이 있는 어떤 사람은 수영에 관심이 없다.	하이킹 ∧ ~수영
전제 3	모든 사람은	하이킹 → 양궁
결론	수영에 관심이 없는 어떤 사람은 양궁에 관심이 있다.	~수영 ∧ 양궁 (≡ 양궁 ∧ ~수영)

: 전제의 개수가 총 3개 있을 때에는 퍼즐을 넣어 보는 것이 좋다.
 나머지 전제가 특칭만 있을 경우에는 적어도 하나의 전제는 전칭 명제여야 하므로 전칭의 선지를 먼저 넣어 본다.
 '하이킹 → 양궁(하이킹에 관심이 있는 모든 사람은 양궁에 관심이 있다.)'를 넣어 보자!

Type 2 나머지 전제가 특칭, 전칭이 있을 경우

	명제	논리 기호화
전제 1	모든 역공이는 국어를 좋아한다.	역공이 → 국어
전제 2	국어를 좋아하는 어떤 사람은 추론을 좋아한다.	국어 ∧ 추론
전제 3	모든 사람은	국어 → 역공이
결론	추론을 좋아하는 어떤 사람은 역공이이다.	추론 ∧ 역공이 (≡ 역공이 ∧ 추론)

: 전제의 개수기 충 3개 있을 때에는 퍼즐을 넣어 보는 것이 좋다.
 나머지 전제가 특칭, 전칭이 있을 경우에는, 특칭보다 쓸모가 많은 전칭의 선지를 먼저 넣어 본다.
 '국어 → 역공이(국어를 좋아하는 모든 사람은 역공이이다.)'를 넣어 보자!

Type 3 나머지 전제가 전칭들만 있을 경우

	명제	논리 기호화
전제 1	모든 강사는 최고의 교재를 선호한다.	강사 → 교재
전제 2	강의력을 선호하는 모든 사람은 낮은 준비성을 선호하지 않는다.	강의력 → ~낮은 준비성
전제 3	어떤 사람은	강의력 ∧ 교재
결론	최고의 교재를 선호하는 어떤 사람은 낮은 준비성을 선호하지 않는다.	교재 ∧ ~낮은 준비성 (≡ ~낮은 준비싱 ∧ 교재)

: 전제의 개수가 총 3개 있을 때에는 퍼즐을 넣어 보는 것이 좋다.
 나머지 전제가 전칭만 있을 경우에는 결론이 특칭 명제이므로 특칭의 선지를 먼저 넣어 본다.
 '강의력 ∧ 교재(강의력을 선호하는 어떤 사람은 최고의 교재를 선호한다.)'를 넣어 보자!

뇌에 쪽적을 남기는 노트 논리 유형 ❶

01 다음 글의 밑줄 친 결론을 이끌어내기 위해 추가해야 할 것은?

> 코딩을 좋아하는 사람은 모두 디지털 아트를 좋아하는 사람이다. 디지털 아트를 좋아하는 어떤 사람은 인공지능을 좋아하는 사람이다. 따라서 <u>인공지능을 좋아하는 어떤 사람은 코딩을 좋아하는 사람이다.</u>

① 인공지능을 좋아하지만 코딩을 좋아하지 않는 사람은 모두 디지털 아트를 좋아하는 사람이다.
② 디지털 아트를 좋아하는 사람은 모두 코딩을 좋아하는 사람이다.
③ 인공지능을 좋아하는 모든 사람은 디지털 아트를 좋아하는 사람이다.
④ 코딩을 좋아하는 어떤 사람은 디지털 아트를 좋아하는 사람이다.

혜선 쌤의 논리 시각화 ❶

> 전제 1: 코딩 → 디지털 아트
> 전제 2: 디지털 아트 ∧ 인공지능
>   ≡ 인공지능 ∧ 디지털 아트
> 전제 3: [   ] 디지털 아트 → 코딩
> --
> 결론: 인공지능 ∧ 코딩 ≡ 코딩 ∧ 인공지능

혜선 쌤의 야매꼼수

전칭, 특칭이 있으면
생략된 전제는 전칭 명제일 확률이 높음

논리 유형 정답 및 해설

②은 '디지털 아트 → 코딩'이다. 만약 '디지털 아트 → 코딩'이 추가된다면, '디지털 아트 ∧ 인공지능'에 의해 결론인 '코딩 ∧ 인공지능'을 도출할 수 있다.

오답풀이

① '(인공지능 ∧ ~코딩) → 디지털 아트'로, 이 전제를 주어진 전제 1 '코딩 → 디지털 아트', 전제 2 '디지털 아트 ∧ 인공지능'과 연결할 수 없으므로 '코딩 ∧ 인공지능'을 도출하는 것은 불가능하다.
③ '인공지능 → 디지털 아트'로, 이를 통해 결론인 '코딩 ∧ 인공지능'을 도출할 수 없다.
④ '코딩 ∧ 디지털 아트(특칭 긍정)'로, 이는 주어진 전제 1 '코딩 → 디지털 아트(전칭 긍정)'로부터 도출할 수 있는 의미 없는 결론이다. 따라서 추가해야 할 전제로 적절하지 않다.

▶ ②

뇌에 족적을 남기는 노트 논리 유형 ②

02 다음 글의 모든 문장이 참일 때, '결론'을 이끌어내기 위해 추가해야 할 '전제 3'으로 적절한 것은?

전제 1: 매운 음식을 선호하는 모든 사람은 단 음식을 선호하지 않는다.
전제 2: 모든 요리사는 신선한 재료를 선호한다.
전제 3: _____
결론: 신선한 재료를 선호하는 어떤 사람은 단 음식을 선호하지 않는다.

① 단 음식을 선호하는 어떤 사람은 요리사가 아니다.
② 매운 음식을 선호하지 않는 모든 사람은 요리사가 아니다.
③ 모든 요리사는 단 음식을 선호한다.
④ 매운 음식을 선호하는 어떤 사람은 신선한 재료를 선호한다.

 혜선 쌤의 **논리**시각화 ②

전제 1: 매운 → ~단 ≡ 단 → ~ 매운
전제 2: 요리사 → 신선 ≡ ~ 신선 → ~ 요리사
전제 3: [＿＿＿＿＿＿＿＿] 매운 ∧ 신선
- -
결론: 신선 ∧ ~단 ≡ ~단 ∧ 신선

 혜선 쌤의 **야매꼼수**

전칭, 전칭이 있으면
생략된 전제는 특칭 명제일 확률이 높음

다만 전칭, 전칭의 경우에는
생략된 전제를 직접 만드는 것보다
특칭 선지를 먼저 넣어보는 것이 나음.

논리 유형 **정답 및 해설**

'매운 ∧ 신선'이므로 '매운 ∧ 신선(≡신선 ∧ 매운)'이 추가되면 전제 1의 '매운 → ~단'과 연결되어 '신선 ∧ ~단'을 결론으로 도출할 수 있다.

오답풀이

①은 '단 ∧ ~요리사(≡ ~요리사 ∧ 단)'이다. 이와 연결이 되는 전제 1의 대우 관계인 '단 → ~ 매운'과 연결을 하여도 결론은 '~요리사 ∧ ~ 매운'이 도출될 뿐이므로 결론인 '신선 ∧ ~ 단'을 도출하는 것은 불가능하다.

②은 '~매운 → ~요리사'이다. '~매운 → ~요리사'가 추가되어도 이 전제와 연결될 명제가 마땅하지 않으므로 결론인 '신선 ∧ ~단'을 도출하는 것은 불가능하다.

③은 '요리사 → 단'이다. '요리사 → 단'이 추가되어도 이 전제와 연결될 명제가 마땅하지 않으므로 결론인 '신선 ∧ ~단'을 도출하는 것은 불가능하다.

▶ ④

뇌에 쪽쪽을 남기는 노트 논리 유형 ❸

03 다음 대화의 빈칸에 들어갈 말로 가장 적절한 것은?

> 갑: 운동회는 구민 운동장이나 학교 운동장에서 열어야 합니다.
> 을: 운동회를 _____.
> 병: 사용 신청을 이번 주 안에 마치지 않으려면, 운동회를 구민 운동장에서 열면 안됩니다.
> 정: 여러분의 의견대로 하자면, 반드시 이번 주 안에 사용 신청을 완료해야 하겠군요.

① 학교 운동장에서 열어야 합니다
② 구민 운동장에서 열 수 없습니다
③ 학교 운동장에서 열 수 없습니다
④ 학교 운동장에서 열면, 이번 주 안에 사용 신청을 마치지 않아도 됩니다

혜선 쌤의 논리 시각화 ❸

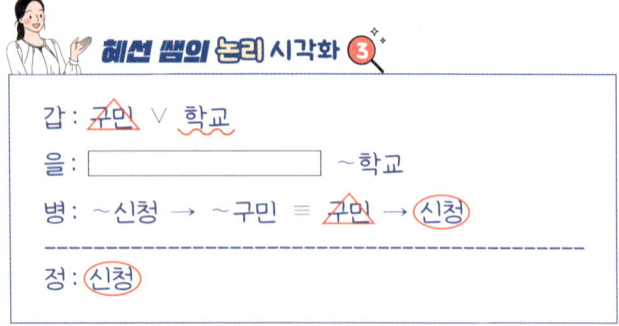

혜선 쌤의 야매꼼수

역순으로 올라가서 생략된 전제를 찾기

논리 유형   정답 및 해설

'~학교'이므로 갑의 진술 '구민 ∨ 학교'에 의해 '구민'이 도출되고, 병의 진술의 대우명제 '구민 → 신청'에 의해 '신청'이 도출된다.

오답풀이

① '학교'이므로 갑의 진술 '구민 ∨ 학교'에 의해 '구민'과 '~구민'이 모두 가능하다. 따라서 이를 통해 병의 진술과 연결하여 '신청'을 도출할 수 없다.
② '~구민'이므로 갑의 진술 '구민 ∨ 학교'에 의해 '학교'가 도출된다. 하지만 이를 통해 병의 진술과 연결하여 '신청'을 도출할 수 없다.
④ '학교 → ~신청'으로 이를 통해 '신청'을 도출하는 것은 불가능하다.

 ③

뇌에 족적을 남기는 노트 논리 유형 ④

04 다음 대화의 빈칸에 들어갈 말로 가장 적절한 것은?

> 갑: 이번 박람회는 국내관이나 국제관에서 열 수 있습니다.
> 을: 국내관에서 박람회를 열지 않으면 추가 예산을 받을 수 없습니다.
> 병: _____
> 정: 여러분의 의견대로 하자면, 박람회를 국제관에서 열 수도, 그렇지 않을 수도 있겠군요.

① 박람회를 국내관에서 열 수 없습니다.
② 추가예산을 받고 박람회를 국제관에서 열지 않습니다.
③ 박람회를 국제관에서 연다면 추가 예산을 받을 수 있습니다.
④ 현재 상황을 고려할 때, 추가 예산을 받는 것이 가능합니다.

혜선 쌤의 논리 시각화 ④

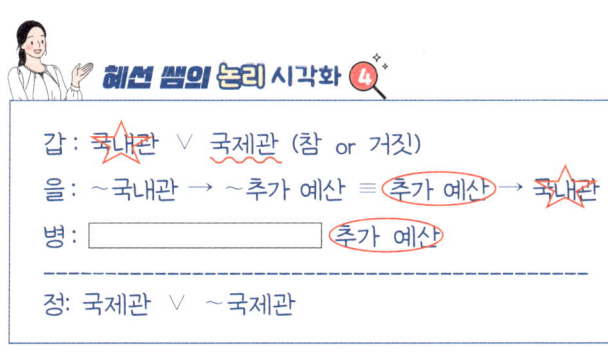

갑: 국내관 ∨ 국제관 (참 or 거짓)
을: ~국내관 → ~추가 예산 ≡ 추가 예산 → 국내관
병: [_____] 추가 예산

정: 국제관 ∨ ~국제관

혜선 쌤의 야매꼼수

생략된 전제를 만드는 것이 어려우면
선지를 슬쩍 넣어보기!

논리 유형　정답 및 해설

'추가예산'이므로 을의 진술의 대우명제 '추가예산 → 국내관'에 의해 '국내관'이 도출된다. '국내관'이면 이미 갑의 진술 '국내관 ∨ 국제관'이 만족되었으므로 '국제관' 또는 '~국제관'이 가능하다. 즉, '국제관 ∨ ~국제관'이다.

오답풀이
① '~국내관'으로 갑의 진술 '국내관 ∨ 국제관'에 의해 '국제관'이 도출된다. 따라서 이 경우 박람회를 국제관에서 열지 않는 것은 불가능하다.
② '추가 예산 ∧ ~국제관'으로 이를 '추가 예산 → 국내관'과 연결지으면 '국내관 ∧ ~국제관'이라는 결론이 도출되므로 '국제관 ∨ ~국제관'을 도출하는 것은 불가능하다.
③ '국제관 → 추가예산'으로 이를 을의 진술의 대우명제 '추가예산 → 국내관'과 연결지어 '국제관 → 국내관'을 도출할 수 있다. 하지만 이를 통해 결론인 '국제관 ∨ ~국제관'을 도출하는 것은 불가능하다.

▶ ④

뇌에 쪽쪽을 남기는 노트 논리 유형 ❺

05 프로젝트 매니저는 새로운 팀 구성을 논의하던 중, 중요한 메모에서 다음과 같은 기록을 발견하였다. 매니저가 이 메모를 보고 "아, 민수가 팀원으로 선정됐구나!"라고 믿기 위해 보충되어야 할 전제는?

> 지훈이 팀원으로 선정된다면, 서연은 팀원이 아니다. 서연과 도현 중 한 사람만 팀원이다. 도현이 팀원일 경우에만, 민수가 팀원이 아니다.

① 서연이 팀원이다.
② 서연이가 팀원이 아니다.
③ 지훈이 팀원이다.
④ 도현이 팀원이다.

혜선 쌤의 논리 시각화 ❺

전제 1: 지훈 → ~서연 ≡ 서연 → ~지훈
전제 2: (서연 ∧ ~도현) ∨ (~서연 ∧ 도현)
전제 3: ~민수 → 도현 ≡ ~도현 → 민수
전제 4: [   ] 서연

결론: 민수

혜선 쌤의 야매꼼수

역순으로 올라가서 생략된 전제를 찾기

정답 및 해설

결론인 '민수'를 도출하기 위해서는 전제 3의 대우 명제의 전건인 '~도현'이 필요하다. '서연'이 추가되면 전제 2에 의해 '~도현'이 도출되고 전제 3에 의해 '민수'를 도출할 수 있다.

오답풀이
② '~서연'이 추가되면 전제 2에 의해 '도현'이 도출된다. 하지만 이를 통해 '민수'를 도출하는 것은 불가능하다.
③ '지훈'이 추가되면 전제 1에 의해 '~서연'이 도출되고 전제 2에 의해 '도현'이 도출된다. 하지만 이를 통해 '민수'를 도출하는 것은 불가능하다.
④ '도현'이 추가되면 전제 2에 의해 '~서연'이 도출된다. 하지만 이를 통해 '민수'를 도출하는 것은 불가능하다.

▶ ①

뇌에 쪽쪽을 남기는 노트 논리 유형 ❻

06 다음 글의 밑줄 친 결론을 이끌어 내기 위해 추가해야 할 것은?

> 환경 보호 캠페인에 참여하지 않는 모든 사람은 분리수거 교육을 받지 않고 폐기물 처리 훈련도 받지 않는다. 지속 가능성에 대한 인식을 가지지 않는 모든 사람은 절약 습관을 갖지 않는다. 따라서 <u>분리수거 교육을 받거나 폐기물 처리 훈련을 받은 사람은 모두 절약 습관을 갖고 지속 가능성에 대한 인식을 가지는 사람이다.</u>

① 환경 보호 캠페인에 참여하는 사람은 모두 지속 가능성에 대한 인식을 가지지 않는다.
② 환경 보호 캠페인에 참여하지 않는 사람은 모두 절약 습관을 갖는다.
③ 분리수거 교육을 받지 않는 사람은 모두 폐기물 처리 훈련을 받지 않는다.
④ 절약 습관을 갖지 않는 사람은 모두 환경 보호 캠페인에 참여하지 않는 사람이다.

PART **05**

혜선 쌤의 논리 시각화 ❻

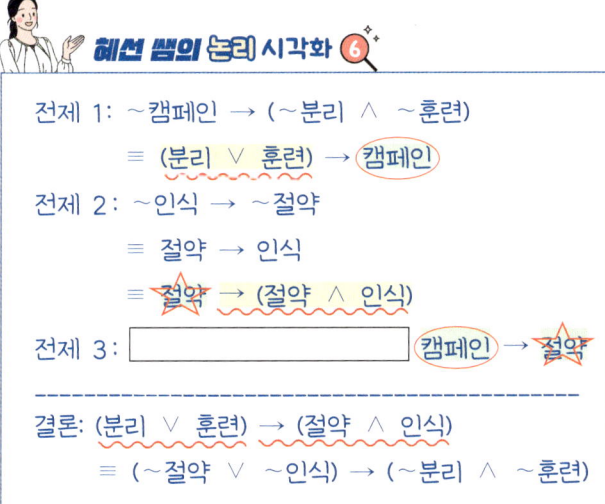

전제 1: ~캠페인 → (~분리 ∧ ~훈련)
　　　≡ (분리 ∨ 훈련) → 캠페인

전제 2: ~인식 → ~절약
　　　≡ 절약 → 인식
　　　≡ 절약 → (절약 ∧ 인식)

전제 3: [　　　　　　　　　] 캠페인 → 절약

결론: (분리 ∨ 훈련) → (절약 ∧ 인식)
　　≡ (~절약 ∨ ~인식) → (~분리 ∧ ~훈련)

혜선 쌤의 야매꿀수

흡수 규칙을 알기!

논리 유형 　정답 및 해설

결론의 전건 '분리 ∨ 훈련'과 후건 '절약 ∧ 인식'을 연결 지을 수 있는 전제, 또는 결론의 대우명제의 전건 '~절약 ∨ ~인식'과 후건 '~분리 ∧ ~훈련'을 연결 지을 수 있는 전제가 필요하다. 전제 2의 대우명제를 흡수 규칙(Absorption)을 이용하여 변형하면 '절약 → (절약 ∧ 인식)'이므로 '캠페인 → 절약 ≡ ~절약 → ~캠페인'을 추가한다면 전제 1의 대우명제 '(분리 ∨ 훈련) → 캠페인', 추가한 전제 '캠페인 → 절약', 그리고 '절약 → (절약 ∧ 인식)'을 연결하여 '(분리 ∨ 훈련) → (절약 ∧ 인식)'을 도출할 수 있다.

오답풀이
① '캠페인 → ~인식'으로 이를 전제 1과 가언삼단논법으로 연결하여 '(분리 ∨ 훈련) → ~인식'을 도출할 수는 있으나 이를 통해 주어진 결론을 도출하는 것은 불가능하다.
② '~캠페인 → 절약'으로 이를 전제 2와 가언삼단논법으로 연결하여 '~캠페인 → 인식'을 도출할 수는 있으나 이를 통해 주어진 결론을 도출하는 것은 불가능하다.
③ '~분리 → ~훈련'으로 이를 전제 1 또는 2와 연결하여 주어진 결론을 도출하는 것은 불가능하다.

▶ ④

독해

박혜선 국어 족집게 적중노트

Part

06

독해

Chapter

01 말하기 방식 / 의견의 대립 양상

빨리 푸는 亦功 전략

1단계

부정 발문이므로
선지를 먼저 체크하기

2단계

선지에 나온 주어들을 통해
제시문의 해당 발화에
집중한 후
선지를 판단하기

3단계

요즘 트렌드는
대화 참여자들의
의견 대립 양상을
파악하는 것임을 알고
제시문을 읽기

쪽적노 독해 亦功 노트

❶ 중심 화제?
　　：

❷ 각 대화 참여자들의 말하기 방식

　① 서준 :

　② 은정 :

　③ 민석 :

　④ 수현 :

❸ 정답을 맞힐 객관적 단서?
　　：

정답

❶ 신약 개발 과정에서 동물 실험을 하는 것이 윤리적으로 정당한가
❷ ① 서준 : 동물 실험은 정당하지 않음. 동물의 권리를 무시하는 것은 도덕적으로 문제가 있으며 이는 인간 중심
　　　　 적 사고이므로 대안을 찾아야 하는 필요성을 드러냄.
　② 은정 : 동물 실험은 정당함. 많은 인간들의 생명을 구하므로 동물보다 인간의 생명이 우선시되어야 함.
　③ 민석 : 동물 실험은 정당하지 않음. 인간과 동물 모두 동등하게 생명을 존중 받아야 함.
　④ 수현 : 동물 실험은 정당하지 않음. 동물 실험은 도덕적으로 문제가 있으니 대체 실험 개발을 해야 함.
❸ 수현과 은정의 발화

뇌에 **쪽적**을 남기는 **노트 독해** 유형 **①**   p. 210

신유형 2025 버전 1

말하기 방식

01 다음 대화를 분석한 내용으로 적절하지 않은 것은?

> 서준 : 최근 뉴스에서 본 신약 개발 과정이 생각나. 수많은 동물 실험을 거쳐야 사람에게 쓸 수 있는 약이 나온다더라고. 그런데 이게 과연 윤리적으로 정당한 걸까?
>
> 은정 : 당연히 정당하다고 봐야지. 인간의 생명을 구하기 위한 불가피한 과정이야. 동물 실험을 통해 개발된 약으로 수많은 환자들이 살아날 수 있다면, 그 결과만으로도 충분히 정당화돼.
>
> 민석 : 나는 반대야. 동물도 고통을 느끼는 존재인데, 인간의 이익을 위해 일방적으로 희생시키는 건 옳지 않아. 생명의 가치는 종에 관계없이 존중받아야 한다고 생각해.
>
> 수현 : 민석이 말에 공감해. 동물들도 나름의 권리가 있는 존재야. 설령 인간에게 도움이 된다고 해도, 동의 없이 고통을 강요하는 것은 도덕적으로 문제가 있어. 대체 실험 방법을 개발하는 게 맞다고 봐.
>
> 은정 : 하지만 현실적으로 대체 방법만으로는 한계가 있어. 인간과 동물 생명 사이에서 선택해야 한다면, 인간의 생명이 우선되어야 하는 거 아닐까? 더 많은 사람을 구할 수 있다면 그게 더 큰 선이야.
>
> 서준 : 두 입장 다 이해되지민, 나는 수현이 말이 맞다고 생각해. 동물의 권리를 무시하고 인간 중심적으로만 생각하는 건 옳지 않아. 과학 기술로 대안을 찾아야 해.

① 은정은 인간 생명 구호의 결과를 중시하지만 민석은 동물의 생명권 자체를 중시한다.

② 수현과 서준은 동물 실험의 대안이 필요하다는 주장에 동의할 것이다.

③ 수현과 은정은 동물도 도덕적 권리를 가진 존재라고 보는 관점에 동의할 것이다.

④ 서준은 동물 권리 보호를 우선해야 한다고 보지만 은정은 그렇지 않다.

PART
06

빨리 푸는 *亦功* 전략

1단계

〈보기〉를 보고
전체적인 느낌을 잡는다.

'대립한다 vs
대립하지 않는다'

'대립=반대'

2단계

1. 갑과 을이
반대되는지 보기

2. 병을 읽고
갑과 을의 관계는
어떤지 보기

쪽쩍노 독해 亦功 노트

❶ 중심 화제?

⋮

❷ 이 글의 핵심 문장(지시어, 접속어) 뽑기

① 갑 :

② 을 :

③ 병 :

❸ 각 대화 참여자들의 의견 대립 양상 정리하기

① 갑 :

② 을 :

③ 병 :

정답

❶ 현대 사회는 능력주의가 실현되었는가, 사회는 불평등한가.

❷ ① 갑 : 이처럼 전통적인 계급 장벽은 무너졌고, 이제는 능력만 있으면 누구나 상향 이동할 수 있는 공정한 경쟁 사회가 되었어.

  ② 을 : 따라서 부모의 경제력이 자녀의 미래를 결정하는 불평등 구조가 고착화되었고, 능력주의는 이런 불평등을 정당화하는 이데올로기일 뿐이야.

  ③ 병 : 하지만 능력주의가 완전히 실현되었다고 보기는 어려워. 부모의 사회경제적 지위가 자녀의 교육 기회와 문화 자본에 여전히 큰 영향을 미쳐.

❸ ① 갑 : 현대 사회는 능력주의가 실현되었으며 이를 통해 공정한 경쟁 사회가 되었다.

  ② 을 : 현대 사회는 능력주의가 실현되지 않았으며 부모의 경제력이 대물림되는 불평등한 사회이다.

  ③ 병 : 현대 사회는 완전히 능력주의가 실현되지는 않았으며 부모의 사회 경제적 지위가 자녀의 교육기회와 문화 자본에 영향을 미치는 불평등한 사회이다.

뇌에 족적을 남기는 노트 독해 유형 ②

p. 210

신유형 2025 버전 2

의견의 대립 양상

PART 06

02 갑~병의 주장을 분석한 내용으로 적절한 것만을 〈보기〉에서 모두 고르면?

갑 : 현대 사회는 과거와 달리 출신 배경이 아니라 개인의 능력과 노력이 성공을 결정해. 인터넷과 온라인 교육의 발달로 누구나 지식에 접근할 수 있게 되었고, 스타트업 생태계는 아이디어만 있으면 성공할 기회를 제공해. 실제로 흙수저 출신 CEO들이 많이 등장하고 있잖아. 이처럼 전통적인 계급 장벽은 무너졌고, 이제는 능력만 있으면 누구나 상향 이동할 수 있는 공정한 경쟁 사회가 되었어.

을 : 능력주의는 허상이야. 지난 30년간 부의 대물림은 오히려 강화되었어. 상위 1%가 전체 부의 절반 이상을 차지하고, 그들의 자녀는 최고의 교육을 받아 다시 상위층이 돼. 명문대 입학생의 70% 이상이 고소득층 자녀라는 통계가 이를 증명해. 따라서 부모의 경제력이 자녀의 미래를 결정하는 불평등한 구조가 고착화되었고, 능력주의는 이런 불평등을 정당화하는 이데올로기일 뿐이야.

병 : 전통적인 신분제는 확실히 약화되었어. 과거처럼 태생이 평생을 결정하지는 않지. 하지만 능력주의가 완전히 실현되었다고 보기는 어려워. 부모의 사회경제적 지위가 자녀의 교육 기회와 문화 자본에 여전히 큰 영향을 미쳐. 사회 이동의 가능성은 존재하지만, 구조적 불평등이 그 가능성을 제약하고 있어.

┌─────── 보기 ───────┐

ㄱ. 갑의 주장과 을의 주장은 대립하지 않는다.
ㄴ. 을의 주장과 병의 주장은 대립하지 않는다.
ㄷ. 병의 주장과 갑의 주장은 대립하지 않는다.

① ㄱ

② ㄴ

③ ㄱ, ㄷ

④ ㄴ, ㄷ

Chapter

02 공문서 개요 작성

빨리 푸는 亦功 전략

1단계

문제점의 원인과
해결 방안이
순서대로 1:1 대응됨을
알기

2단계

2장의 1과 선지 ①,
2장의 2과 선지 ②,
2장의 3과 선지 ③에
눈동자를 왔다갔다 하며
선지를 판단하기

뇌에 **족적**을 남기는 **노트 독해** 유형 ❸

p. 211

신유형 2025 버전 1

[작문_공문서] 개요 작성

01 〈개요〉의 빈칸에 들어갈 내용으로 적절하지 않은 것은?

┌── 개요 ──┐

제목: 고령층 디지털 소외 현상의 실태와 해소 방안

Ⅰ. 고령층 디지털 소외 현상의 실태
　　1. 키오스크 등 무인 정보 단말기 활용의 어려움
　　2. 디지털 기반 행정·금융 서비스 접근 제약으로 경제적 불이익 발생
　　3. 비대면 서비스 확산으로 인한 일상생활의 불편과 사회적 고립감 증가

Ⅱ. 고령층 디지털 소외의 원인
　　1. 신체적인 문제로 인한 디지털 기기 사용의 어려움
　　2. 체계적인 맞춤형 디지털 교육 프로그램 부족
　　3. 소득별 디지털 기기 접근성과 활용 기회의 격차

Ⅲ. 고령층 디지털 소외 해소를 위한 개선 방안
　　┌──────────────────────────┐
　　└──────────────────────────┘

① 글자 크기 확대와 음성 기능 강화 등 고령 친화적 기기 개발
② 노인복지관 중심의 수준별 디지털 교육 확대와 일대일 맞춤 지원
③ 저소득층 고령자에게 스마트폰·태블릿·노트북 무상 대여
④ 비대면 서비스 중심으로 행정 절차를 디지털 활용으로 전환하도록 유도

뇌에 쪽쪽을 남기는 노트 독해 유형 ④

p. 211

신유형 2025 버전 2

[작문_공문서] 개요 작성

02 〈지침〉에 따라 〈개요〉를 작성할 때 (가)~(라)에 들어갈 내용으로 적절하지 않은 것은?

┌─ 지침 ─┐
- 서론은 보고서 작성의 배경과 필요성을 포함할 것.
- 본론은 제목에서 밝힌 내용을 2개의 장으로 구성하되 각 장의 하위 항목끼리 대응되도록 작성할 것.
- 결론은 기대 효과와 향후 과제를 순서대로 제시할 것.

┌─ 개요 ─┐
제목 : 청년 채무 문제의 현황과 지원 체계 강화 방안

1장 서론
    1. 팬데믹 이후 청년 부채 급증과 사회적 고립 심화
    2.   (가)
2장 청년 채무 문제의 구조적 현황
    1. 연령 차별적 채무조정 기준과 제도적 접근성 제약
    2.   (나)
3장 청년 채무 해결을 위한 지원 체계 강화 방안
    1.   (다)
    2. 금융교육 의무화와 맞춤형 상담 프로그램 확대
4장 결론
    1.   (라)
    2. 지속가능한 청년 금융안전망 구축을 위한 제도 개선

① (가) : 미래 경제 주체 보호를 위한 사회적 투자 필요성
② (나) : 금융교육 부재로 인한 건전한 금융생활 역량 부족
③ (다) : 청년 특화 채무조정 프로그램 도입과 승인 기준 완화
④ (라) : 금융 취약 청년층에 대한 추가 대출 권장으로 소비 활성화

1단계

〈지침〉 첫 번째 보고
  ⊙ 보고
  ⓛ 커닝

〈지침〉 두 번째 보고
  ⓒ 보고
  ⓔ 커닝

2단계

〈지침〉에 드러난 내용이 잘 들어갔는지 확인하기

상위 항목이 하위 항목을 잘 포괄하는지 확인하기

문제점과 해결 방안이 1:1 대응하는지 보기

나에게 기본 상식이 잘 장착되었는지 확인하기

PART
06

Chapter

03 내용 고쳐 쓰기

빨리 푸는 亦功 전략

1단계

발문을 보고
긍정 발문이면
㉠~㉣ 중 틀린 내용이
답이 됨을 인지하고
바로 제시문 읽기

2단계

밑줄 친 ㉠~㉣이 맞는지
틀린지는 앞뒤의 단서를
통해 판단해야 함을 알기

3단계

틀린 내용을 발견하면
선지로 가서
잘 고쳤는지 확인하기

뇌에 쪽적을 남기는 노트 독해 유형 ❺

p. 211

신유형 2025 버전 1

[작문] 내용 고쳐 쓰기 긍정 발문

01 다음 글의 ㉠~㉣ 중 어색한 곳을 찾아 가장 적절하게 수정한 것은?

교육의 방식과 그 목적을 둘러싼 논의에서 경쟁교육과 협동교육은 서로 다른 접근법과 철학을 보여준다. 경쟁교육은 ㉠ <u>학생들 간의 성과 차이를 통해 학업 동기를 부여하고</u>, 개인의 능력을 극대화하려는 접근법이다. 이 관점에서는 시험, 석차, 장학금과 같은 제도를 통해 학생들이 더 높은 성과를 내기 위해 노력하도록 장려한다. 시험에서 상위 성적을 받은 학생들에게 특혜를 제공하는 것은 경쟁교육의 전형적인 사례로 꼽힌다. 그러나 경쟁교육은 학생들 간의 지나친 비교와 스트레스를 유발하며, ㉡ <u>협력보다는 개인주의를 강화할 수 있다</u>는 비판을 받는다. 협동교육은 ㉢ <u>교사의 강의를 중심으로 지식을 전달하여 학습 목표를 달성하고</u>, 사회적 기술을 함양하려는 접근법이다. 이 관점에서는 프로젝트 학습, 조별 과제와 같은 방법을 통해 학생들이 함께 문제를 해결하고, 학습 목표를 달성하도록 장려한다. 협동교육 지지자들은 이를 통해 학생들이 타인과의 소통 능력을 키우고, 집단적 성취감을 경험할 수 있다고 강조한다. 그러나 협동교육은 ㉣ <u>모든 학생이 동등하게 참여하지 않을 경우</u>, 학습 결과의 불균형을 초래할 수 있다는 비판도 존재한다.

① ㉠: 학업 결과보다는 창의성과 과정을 중시하는 학습 환경을 제공하고
② ㉡: 학생들 간의 지나친 상호 의존을 유발할 수 있다
③ ㉢: 학생들 간의 상호작용과 협력을 통해 학습의 효과를 높이고
④ ㉣: 학습 결과가 지나치게 개인적 성취에 의존할 경우

뇌에 **족적**을 남기는 **노트 독해** 유형 **6**   p. 212

p. 212

신유형 2025 버전 2

[작문] 내용 고쳐 쓰기 부정 발문

02 다음 글의 ㉠~㉣ 중 어색한 곳을 찾아 수정한 것으로 적절하지 않은 것은?

> 문화의 기원과 발전을 둘러싼 논의에서 확산론과 진화론은 서로 다른 설명 방식을 제시한다. 확산론은 ㉠ 문화는 특정 사회에서만 고유하게 발생하며, 외부와는 단절된 상태로 발전한다고 본다. 이 관점에서는 기술, 관습, 종교 등 문화적 요소가 특정 중심지에서 발생한 뒤, 교역, 이주, 전쟁 등을 통해 주변으로 확산된다고 설명한다. 예를 들어, 고대 이집트의 건축 기술과 종교적 상징이 지중해 지역의 다른 사회에 영향을 미친 사례는 확산론의 전형적인 예로 언급된다. 확산론자들은 ㉡ 문화적 요소는 항상 한 사회 내에서만 발생하고, 외부와의 상호작용 없이 진화한다고 주장한다. 이와 달리 진화론은 ㉢ 문화가 자연 선택과 유사한 방식으로 스스로 발전하는 것이라고 본다. 진화론자들은 인간 사회가 단순한 형태에서 복잡한 형태로 발전한다고 주장하며, ㉣ 일부 사회는 발전 단계를 생략하거나 뛰어넘을 수 있다고 가정한다. 예를 들어, 사냥과 채집 단계에서 농업, 산업 사회로 발전하는 과정은 진화론의 대표적인 모델이다.

① ㉠: 문화가 한 사회에서 다른 사회로 전달되는 전파의 산물이라고
② ㉡: 문화가 독립적으로 발전했다기보다는, 서로 연결된 네트워크 속에서 전파된 결과라고
③ ㉢: 문화적 발전은 인간의 의도적 설계와 계획에 의해만 이루어진다고
④ ㉣: 모든 사회가 동일한 발전 단계를 거친다

빨리 푸는 亦功 전략

1단계

발문을 보고 부정 발문이면 ㉠~㉣ 중 옳은 내용이 답이 됨을 인지하고 바로 제시문 읽기

2단계

밑줄 친 ㉠~㉣이 맞는지 틀린지는 앞뒤의 단서를 통해 판단해야 함을 알기

PART **06**

3단계

옳은 내용을 발견하면 선지로 가서 잘못 고쳤는지 확인하기

Chapter
04 공문서 문장 고쳐 쓰기

 **출.좋.포 1** 공공 언어 바로 쓰기

❶ 올바른 문장 구조

1. 병렬 관계의 오류

01

> 평화 수호와 인권을 보장하는 것
> ⇨ 평화를 수호하고 인권을 보장하는 것, 평화 수호와 인권 보장

: '-고', '-며', '-와', '-과' 등으로 접속되는 말에는 구조가 같은 표현을 사용했어야 했다.

02

> 교육 목적: 한일 과거사를 극복하고 미래 지향적인 양국 간 관계 발전을 위한 전문가 양성 및 상호교류
> ⇨ 과거사를 극복하고 미래지향적인 양국 간 관계를 발전시키기 위한

: 접속은 같은 성분끼리 해야 한다.
  '극복하고'와 '발전을 위한'이 호응하지 않으므로 '발전시키기 위한'으로 바꾼다.

03

> 불법 고용주는 최고 2,000만 원의 범칙금 부과 또는 형사 처벌을 받게 되고, 정상적인 외국인 고용을 제한받음.
> ⇨ 범칙금을 부과받거나 형사 처벌을 받게 되고

: '범칙금 부과 또는 형사 처벌을 받게 되고'는 어색하게 접속된 구문이다.
  따라서 '범칙금을 부과받거나'로 고쳐서 뒤에 나오는 '형사 처벌을 받게 되고'와 대등하게 이어지도록 한다.

04

> 녹색 생활 분야는 녹색 교통 체계 구축, 녹색 건축물 확대, 녹색 소비 활성화, 1,000만 그루 나무 심기, 도시 생태 공원 조성 등을 시행하여 시민의 삶의 질 개선과 도시 위상 강화 방향을 추진해 나간다.
> ⇨ 시민의 삶의 질을 개선하고 도시 위상을 강화해 나간다

: '개선을 추진하다'와 '방향을 추진하다'가 '과'로 이어진 구조인데 호응이 맞지 않는다.
  조사나 동사를 적절히 써서 문장을 다듬는다.

2. 문장 성분의 호응

05

> 이번 총선에서 **국회의원 ○○○명을 선출되었다.**
> ⇨ 이번 총선에서 **국회의원 ○○○명을 선출하였다.**
> ⇨ 이번 총선에서 **국회의원 ○○○명이 선출되었다.**

: 주어와 서술어의 관계를 명확하게 표현해야 한다. 능동과 피동 표현을 잘 구별해서 쓴다.

06

> ※ 20○○. 8. 6. 한미 정상회담 공동성명 관련 부분
> – "**양 정상**은 한미 동맹이 공통의 가치와 신뢰를 기반으로 안보 협력뿐 아니라 정치·경제·사회·문화 협력
> 까지 포괄하도록 **협력의 범위가 확대·심화되어 나가야 하며**
> ⇨ **협력의 범위를 확대·심화해 나가야 하며**

: 주어와 서술어의 관계를 명확하게 표현해야 한다. 능동과 피동 표현을 잘 구별해서 쓴다.

3. 문장 성분 갖추기

07

> ○○청은 정책의 투명성과 책임성을 제고하기 위해 **7년째 시행 중이다.**
> ⇨ ○○청은 정책의 투명성과 책임성을 높이고자 7년째 **이 제도를** 시행하고 있다.

: 서술어에 호응하는 목적어가 없으므로 무엇을 시행하고 있는지를 추가한다. 또한 어려운 한자어는 쉬운 말로 쓴다.

08

> 또한, "해외 한식당 교육은 그 대상 지역을 점점 확대하고 정례화하는 방향으로 추진하겠다"라며 "외국의 유명
> 요리 학교와도 이에 대해 협력해 나가고 있다."라고 **덧붙였다.**
> ⇨ 또한, **관계자는** "해외 한식당 교육은 그 대상 지역을 점점 확대하고 정례화하는 방향으로 추진하겠다."라며
> "외국의 유명 요리 학교와도 이에 대해 협력해 나가고 있다."라고 **덧붙였다.**

: 전체 문장의 주어가 빠져 있으므로 '관계자는'과 같은 적절한 주어를 넣어야 한다.

4. 올바른 사동, 피동 표현 사용하기

09

> ○○청장은 '일하는 방식 혁신' 추진이 단순히 업무 효율성을 향상하는 데에만 그치지 않고, 적극 행정으로 국민이 체감할 수 있게 <mark>통계 서비스를 개선시킬</mark> 수 있는 방안도 같이 모색하겠다고 밝혔다.
> ⇨ **통계 서비스를 개선할**

: 불필요한 사동 표현인 '-시키다'는 쓰지 않는다.

10

> 최근 독감 의심 환자의 1/2가량은 신종 플루 감염으로 <mark>보여짐</mark>.
> ⇨ **보임**

: '보여지다(보이어지다)'는 피동의 뜻을 나타내는 '-이-'와 '-어지다'를 이중으로 썼기 때문에 부적절하다.

5. 수식 관계의 오류

11

> <mark>5킬로그램 상당의 금 보관함</mark>
> ⇨ **금 5킬로그램 상당을 담은 금 보관함**
> ⇨ **금을 담은 5킬로그램 상당의 금 보관함**

: '5킬로그램 상당의'가 '금'을 수식할 수도 '보관함'을 수식할 수도 있으므로 수식관계가 적절하지 않다.

12

> ○○시는 해마다 취업 박람회를 개최하여 구인·구직자 간 만남의 장을 마련하고 취업 알선, <mark>구직자의 채용 기회</mark>를 제공하고 있습니다.
> ⇨ **구직자의 취업 기회 / 기업의 채용 기회**

: '취업'은 구직자가 하고, '채용'은 기업이 하는 것이므로 '구직자'의 '채용 기회'는 적절하지 않다.

13

> 우리 원은 문화 예술 관련 기관·단체 소속 실무자와 예술 교육 <mark>담당자를 위한 문화 예술 전문 역량 강화를 위해</mark> 다양한 교육과정을 기획·운영하고 있습니다.   ⇨ **담당자의 문화 예술 전문 역량을 강화하고자**

: 문장 전체가 '~ 위한 ~ 위해 ~' 구성이어서 자연스럽지 않으므로 '담당자를 위한'을 '담당자의'로 고치고, 명사구를 다듬는다.

6. 중의적인 문장 피하기

14

> 시장은 <mark>건설업계 관계자들과</mark> 시민의 안전에 관하여 논의하였다.
> ⇨ **건설업계 관계자들을 만나**

: 하나의 뜻으로 해석되는 문장을 사용했어야 했다. 시장이 건설업계 관계자들과 함께 '시민의 안전'에 관해 논의한 것인지, 시장이 혼자 '건설업계 관계자들과 시민의 안전'에 관해 논의한 건지 불분명하다.

7. 명사의 지나친 나열

15

> 20○○년 8월 부시 미 <mark>대통령 방한 시</mark> 개최된 한미 정상회담을 계기로 공동성명을 발표하여
> ⇨ **대통령이 방한했을 때**

: '시(時)'를 순우리말 '때'로 바꿔 쓰고 서술어를 넣어서 쉽게 표현해야 더 적절하다.

16

> <mark>악취 발생 우려 및 집중 호우 시 침출수 지하 토양 오염 우려</mark>
> ⇨ **악취가 발생할 수 있고 집중 호우 시 지하 토양이 침출수로 오염될 수 있음.**

: 명사 나열형 문장은 의미를 불분명하게 한다.
 적절한 조사와 어미를 활용하여 자연스러운 문장으로 쓴다.

8. 의미의 중복 피하기

17

> 제목: 정기 대관 신청 승인 및 계약 <mark>안내 알림</mark>
> ⇨ **안내**

: '안내'와 '알림'이 비슷한 뜻이므로 둘 중 하나만 쓴다.

18

> <mark>매 1년마다</mark> 같은 절차로 반복해서 감면 신청을 해야 하는 등 이용자의 불편이 컸다.
> ⇨ **1년마다 / 매년 / 해마다**

: '각각'을 뜻하는 '매'와 '마다'가 의미가 중복되므로 둘 중에서 하나만 쓴다.

9. 올바른 조사의 사용

19
지역 인재 유출 방지와 <mark>향토기업으로써</mark> 지역 발전에 의미를 더하는 계기가 될 것입니다.
⇨ **향토기업으로서**

: '도구, 수단'을 나타낼 때는 '로써'를 쓰고, '자격'을 나타낼 때는 '로서'를 쓴다.

20
20○○. 10. 18.(금)까지 구체적인 실천 계획을 수립하여 <mark>도지사에</mark> 보고하고,
⇨ **도지사에게**

: '에게'는 유정 명사(인간, 동물) 뒤에 쓰이는데 '도지사'는 인간이므로 '에'가 오는 것은 적절하지 않다.
  '에'는 무정 명사(인간, 동물을 제외한 나머지) 뒤에 오므로 해당 문맥에 적절하지 않다.

② 번역 투의 표현

1. 영어 번역 투의 표현

21
<mark>조선은 태조 이성계에 의해 건국되었다.</mark>
⇨ **조선은 태조 이성계가 건국했다.**

: 우리말다운 문장이 가장 자연스러운 문장이며, 외국어 번역 투는 어순이나 문체 등이 자연스럽게 느껴지지 않을 수 있으므로 삼가야 한다.
  '~에 의해 ~되다'는 어색한 피동 표현이므로 되도록 지양해야 한다.

22
현장 교원, 교수, 시민단체 등으로 구성된 규제 발굴 현장 방문단을 구성하여 <mark>현장에서 필요로 하는</mark> 자율화 과제를 상시 발굴
⇨ **현장에서 필요한**

: '~을 필요로 하다'는 'be necessary to'를 번역한 영어식 표현이므로 우리말답게 바꿔 쓴다.

23
<mark>바닥으로부터</mark> 1.5m 이상 높이 설치
⇨ **바닥에서**

: '으로부터'는 'from'을 번역한 영어식 표현이므로 되도록 다른 표현으로 바꾼다.

24
한편 자리를 함께한 청장은 <mark>참석자들에 대하여</mark> 감사를 전하면서
⇨ **참석자들에게**

: '~에 대하여'는 'about'을 번역한 영어식 표현이므로 우리말답게 바꾸어 써야 한다.

25

○○시는 해마다 **취업 박람회 개최 등을 통해** 구인·구직자 간 만남의 장을 마련하고
⇨ **취업 박람회를 개최하여**

: '취업 박람회' 말고 다른 행사가 없다면 굳이 '등'을 쓸 필요가 없다.
'~을 통해'는 'through'를 번역한 영어식 표현이므로 자연스러운 표현으로 바꾸어 준다.

26

□ ○○청은 28일 서울 **성수동에 위치한** 20 스페이스(SPACE) 카페에서 모범 사회 복무 요원들과 함께하는 토크 콘서트를 개최하였다. ⇨ **성수동에 있는 / 성수동에 자리 잡은**

: '~에 위치한'은 'be located in'을 번역한 영어식 표현이므로 우리말답게 바꾸어 써야 한다.

27

○○청(청장 김○○)은 14일 이탤리언라이그래스와 귀리 섞어 심기 2차 수확 **연시회를 갖는다.**
⇨ **연시회를 연다.**
⇨ **기술 시연회를 연다.**

: 어려운 한자어는 쉬운 표현으로 바꾸어 쓴다.
'회의를 갖는다'는 'have a meeting'을 번역한 영어식 표현이므로 우리말다운 서술어를 쓴다.

28

□ 분석 결과
무한○○, 행복○○ 등의 슬로건이 많이 나왔다는 점이 군정 구호였던 행복 ○○의 영향을 많이 **받았음을 말해 줌.**
⇨ **무한○○, 행복○○ 등 군정 구호 행복○○의 영향을 받은 구호가 많음.**

: 사물이나 추상적인 대상이 행위의 주어로 나오는 문장은 영어 번역 투이므로 삼간다.

2. 일본 번역 투의 표현

29

우리의 목표는 **조국통일에 있다.**
⇨ **조국통일이다.**

: '~에 있다'는 일본어 번역 투이므로 삼가야 한다.

30

우리 부에서는 ○○광역시청 일대에 **국립○○○문화전당을 건립 중에 있습니다.**
⇨ **국립○○○문화전당을 건립하고 있다.**

: '~를 ~ 중에 있다'는 일본어 번역투이므로 '~를 ~하고 있다'로 바꿔야 자연스럽다.

31

평화 유지, 테러리즘, 대량 살상 무기 확산, 해적, 조직범죄, 기후변화, 인권, 에너지 안보, 전염병 등 범세계적 문제 해결 및 다자 **체제에 있어서의** 협력 강화
⇨ **체제에서**

: '~에 있어(서)'는 일본어 번역투이므로 '에서'나 '의'로 바꿔 쓴다. 번역 투는 쓰지 않는 것이 좋다.

❸ 올바른 어휘 선택하기

1. 문맥에 따른 올바른 어휘 사용

32
> 교육 대상: 문화 행정 인력, 정부 부처 · 지방자치단체 공무원
> ※ **접수** 인원이 많으면, 문화 관련 업무 담당자 우선 선정 예정
> ⇨ **신청**

: '접수'는 문서를 작성하는 사람 쪽의 용어이고, '신청'은 문서를 읽는 사람 쪽의 용어이다.
문서를 읽는 사람의 관점에서 용어를 사용하는 것이 좋다.

33
> 신청 방법: E-mail **접수**: ○○○○@korea.kr
> ⇨ **제출**

: 접수는 기관에서 하는 것인데 신청은 응시자들이 하는 것이므로 '접수'가 아니라 응시자들이 '제출'하는 것으로 고쳐야 한다.

34
> 제출한 서류는 **일체** 반환하지 않습니다.
> ⇨ **일절**

: '일체'는 '모든 것'의 뜻이다. '전혀'라는 뜻의 말은 '일체'가 아니라 '일절'이다.
'일절'은 '아주, 전혀, 절대로'의 뜻으로, 흔히 행위를 그치게 하거나 어떤 일을 하지 않을 때에 쓰는 말이다.

35
> 아울러, 우리 원은 **귀 기관으로부터 미술품을 대여하고자 하오니** 협조하여 주시기 바랍니다.
> ⇨ **귀 기관으로부터 미술품을 대여받고자 하오니**

: '대여하다'는 '빌려주는' 것이므로 여기에서는 '대여받다'로 써야 한다.

2. 쉬운 단어로 표현하기

36
> 이에 따라, **감염 확산 방지에 철저를 기하여 주시기 바라며,**
> ⇨ **감염 확산 방지를 철저히 해 주시기 바라며**
> ⇨ **감염이 확산되지 않도록 철저히 방지해 주시기 바라며**

: 어렵고 상투적인 한문 투 표현을 피하고 되도록 쉽고 자연스럽게 쓴다.

37
> **금일**(10. 2. 수) 17:30, 시장님 주재 상황 판단 회의 시 조치 사항 보고
> ⇨ **오늘**

: 일본식 한자어나 어려운 한자어는 쉬운 말로 다듬어 쓴다.

38 | 대변인은 도지사 지시 사항을 도내 공직자 등이 알 수 있도록 도보에 <mark>게재하여</mark> 주시기 바랍니다
⇨ 실어

: 어려운 한자어는 쉬운 말로 다듬어 쓴다.

❹ 맞춤법

1. 표준어 규정, 한글 맞춤법 잘 지켰는가

39 | 출연자는 분장을 하고 나면 로비나 외부로 출입을 <mark>삼가하여 주십시오.</mark>
⇨ 삼가 주십시오

: '몸가짐이나 언행을 조심하다'의 뜻의 동사는 '삼가다'이다.

40 | * 설치, <mark>승인률</mark> : 19○○년 29.0% → 20○○년 96.6% → 20○○년 100.0%
⇨ 승인율

: 모음이나 'ㄴ' 받침 뒤에서는 '율'로, 그 외의 받침 뒤에서는 '률'로 적는다.

41 | 부스 신청 <mark>갯수</mark>
⇨ 개수

: 사이시옷 표기를 올바르게 해야 한다.

42 | 이와 관련하여, 해당 실국에서는 이전 <mark>목표 년도</mark>까지
⇨ 목표 연도

: '연도(年度)'는 두음법칙에 따라 '연도'로 적어야 한다.

43 | 선거 공보 <mark>꼼꼼이</mark> 살펴보기
⇨ 꼼꼼히

: '꼼꼼하다'의 '꼼꼼'에는 부사 파생 접사 '-히'를 붙여야 한다.

뇌에 **쪽적**을 남기는 **노트 독해** 유형 ❼

p. 212

1단계

제시문의 발문에 따라
내용보다는
'**어법상**' 수정할 것이
있는지 판단하기

2단계

〈공공언어 바로 쓰기 원칙〉
에 **초점**을 맞춰
적절하지 않은 것을
고르기

3단계

㉠ 보고 ① 커닝하고
㉡ 보고 ② 커닝하면서
답을 찾기

신유형 2025 버전 1

기안문 없는 공문서 문장 고쳐 쓰기

01 〈공공언어 바로 쓰기 원칙〉에 따라 수정한 것으로 적절하지 않은 것은?

┌─────〈공공언어 바로 쓰기 원칙〉─────┐

• 대등한 것끼리 접속하기
  ㉠ 대등 접속 시 구조가 같은 표현을 사용할 것.
• 명료한 문장 사용하기
  ㉡ 중의성이 있는 문장을 사용하지 않을 것.
• 올바른 문법 표현 사용하기
  ㉢ 올바른 사동, 피동 표현 사용할 것.
• 불필요한 표현 삼가기
  ㉣ 의미가 중복되는 표현을 삼갈 것.

① "지역 인재 유출 방지와 향토기업으로서 지역 발전에 의미를 더하는 계기가 될 것입니다."를 ㉠에 따라 "지역 인재 유출을 방지하고 향토기업으로서 지역 발전에 의미를 더하는 계기가 될 것입니다."로 수정한다.

② "시는 공공시설 이용 시민의 불편 해소 방안을 검토 중이다."를 ㉡에 따라 "시는 시민들이 공공시설을 이용하면서 느끼는 불편을 해소하는 방안을 검토하고 있다."로 수정한다.

③ "제출된 민원 보고서는 담당자에게 충분히 읽어지지 않았다."를 ㉢에 따라 "제출된 민원 보고서는 담당자에게 충분히 읽혀지지 않았다."로 수정한다.

④ "이미 예고된 일이므로 대비해야 합니다."를 ㉣에 따라 "예고된 일이므로 대비해야 합니다."로 수정한다.

뇌에 쪽적을 남기는 노트 독해 유형 ❽

p. 212

신유형 2025 버전 2

기안문 있는 공문서 문장 고쳐 쓰기

02 〈공공언어 바로 쓰기 원칙〉에 따라 〈공문서〉의 ㉠~㉣을 수정한 것으로 적절하지 않은 것은?

┌─ 공공언어 바로 쓰기 원칙 ─┐
- 지나친 명사 나열을 피하고 적절한 조사와 어미를 활용하여 문장을 구성할 것.
- 주어와 서술어의 관계를 명확하게 표현할 것.
- 적절한 접속 표현을 사용할 것.
- 문맥에 적절한 어휘를 사용할 것.

┌─ 공문서 ─┐

□□정책연구원

수신 수신처 참조

제목 청년 고용 확대 지원사업 협조 요청

─────────────────────────

1. 귀 기관의 무궁한 발전을 기원합니다.
2. 본 센터는 청년들의 취업 지원을 위한 ㉠ 맞춤형 서비스 조기 제공 및 직업훈련 일경험 기회 확대 방안을 추진하고 있습니다. 이를 위해 본 센터는 대학일자리 플러스센터 ㉡ 120개소가 운영되고 있습니다.
3. 특히 미취업 졸업생들만 구직 장기화로 ㉢ 어려움을 겪고 있지만, 이들을 위해 실무 역량 강화 프로그램을 제공할 예정입니다. 귀 기관의 적극적인 협조를 부탁드립니다.
4. 아울러 본 계획이 원활히 추진될 수 있도록 귀 기관의 협조를 요청드리며, 서류 ㉣ 결재 후 관련 부서에 통보하여 주시기 바랍니다.

① ㉠: 맞춤형 서비스를 조기에 제공하고 직업훈련과 일 경험 기회를 확대하는
② ㉡: 120개소를 운영하고 있습니다
③ ㉢: 어려움을 겪고 있으니
④ ㉣: 결제

PART 06

Chapter

05 중심 내용 추론

빨리 푸는 亦功 전략

1단계

중심 내용 추론 문제는
제시문 먼저 읽기

2단계

접속어나 지시어를
중심으로 중요한 내용이
무엇인지 파악하며 읽기

3단계

선지에서 중심 내용이
바로 보이면 그것을
고르면 되지만,

그게 아니라면
소거법을 통해 푸는 것이
제일 안전!

족적노 독해 亦功 노트

❶ 중심 화제?

   ⋮

❷ 이 글의 구조?

   ⋮

❸ 이 글의 핵심 문장(지시어, 접속어)

   ⋮ _____

   _____

   _____

   _____

❹ 선지 분석(출제자가 좋아하는 오답 패턴)

   ⋮ ①

     ②

     ③

정답

❶ 특수교육 대상 학생에게 제공되는 개별화교육계획
❷ 대조 구조
❸ 특수교육 대상 학생에게 제공되는 개별화교육계획은 단순한 수업안이 아니라, 학생의 권리를 보장하기 위한 법적 문서로서의 성격을 지닌다. 반면 한국의 경우, 구성요소에 대한 법적 기준이 미비하고, 행정 시스템과 학교 현장의 양식이 분리되어 있어 계획의 연속성과 활용도에 한계가 있다는 지적이 나온다. 이에 따라 장애학생의 권리 보장을 위한 실질적인 제도 개선 논의가 제기되고 있으며, 개별화교육계획이 선언적 의미에 머무르지 않도록 현장의 목소리를 반영한 정책 설계가 요구되고 있다.
❹ ① 미언급의 오류 ② 미언급의 오류 ③ 미언급의 오류

뇌에 **쪽적**을 남기는 **노트 독해** 유형 ❾

p. 213

신유형 2025 버전

중심 내용 추론

01 다음 글의 중심 내용으로 가장 적절한 것은?

> 특수교육 대상 학생에게 제공되는 개별화교육계획은 단순한 수업안이 아니라, 학생의 권리를 보장하기 위한 법적 문서로서의 성격을 지닌다. 특히 미국에서는 관련 교육법을 근거로, 각 주마다 법제화된 표준 양식을 개발하여 학교 현장에 적용하고 있다. 이 양식에는 학업성취 수준, 연간 목표, 특수교육 서비스, 평가 방법 등 학생 개개인의 학습과 삶을 종합적으로 고려한 요소들이 포함된다. 예 컨대 자폐성 장애 아동을 위한 세부 항목이나 보조기기 필요 여부까지 구체적으로 기입하도록 하고 있다. 미국에서는 교사뿐 아니라 학부모와 학생 본인의 참여를 통해 계획 수립의 투명성과 실효성을 확보하고 있다. 반면 한국의 경우, 구성요소에 대한 법적 기준이 미비하고, 행정 시스템과 학교 현장의 양식이 분리되어 있어 계획의 연속성과 활용도에 한계가 있다는 지적이 나온다. 그 결과 현장 교사는 형식적인 서류 작업에 그치거나, 계획의 활용도를 높이지 못하는 경우가 많다. 이에 따라 장애학생의 권리 보장을 위한 실질적인 제도 개선 논의가 제기되고 있으며, 개별화교육계획이 선언적 의미에 머무르지 않도록 현장의 목소리를 반영한 정책 설계가 요구되고 있다.

① 개별화교육계획의 효과적 실행을 위해서는 교사의 전문성 향상과 함께 행정적 지원 체계가 강화되어야 하며, 이는 장애학생의 학습권 보장에 직결된다.

② 미국의 개별화교육계획 제도는 법적 근거와 표준화된 양식을 통해 체계적으로 운영되는 반면, 한국은 학부모와 학생의 참여가 제한적이다.

③ 특수교육 대상 학생을 위한 개별화교육계획은 국가별로 다양한 형태로 발전해 왔으며, 각 국가의 교육 철학과 법체계에 따라 그 성격이 달라진다.

④ 개별화교육계획은 장애학생의 교육권을 보장하는 법적 문서이나, 한국의 경우 제도적 미비로 현장 활용도가 낮아 실효성 있는 개선이 필요하다.

Chapter
06 내용 추론 긍정 발문

빨리 푸는 亦功 전략

1단계

선지의 길이 확인하기
너무 길면
제시문으로 가기

짧으면 선지를 읽되
선지에서 전체적인 느낌
파악하기

2단계

제시문을 혜선 쌤이
수업에서 알려 준
야매꼼수
방식으로 읽기

3단계

제시문을 읽을 때
선지의 초점어가
나타나면
더욱 집중해서 읽고
선지의 참 거짓을
판별하기

쪽적노 독해 亦功 노트

1 중심 화제?
⋮

2 이 글의 구조?
⋮

3 지엽 OR 큼직?
⋮

4 출제자가 옳은 선지를 만드는 방법에 대한 것이다. 빈칸에 해당하는 정보를 제시문에서 찾으시오.

②: 2문단의 결정적인 접속어로 중요한 내용을 파악할 수 있다.

2문단 - _____

5 출제자가 옳지 않은 선지를 만드는 방법에 대한 것이다. 각 선지가 틀린 이유를 채우시오.

①: 핵심어(빙상 붕괴, 임계점, 지연)를 조합하여
극단적인 내용을 그럴듯하게 꾸며 오답 선지를 만듦.

> 1문단 함정: "그린란드 빙상의 붕괴를 결정하는 중요한 요인 중 하나는 임계점이다."

→ 틀린 이유: _____

③: 핵심어(바다로 흘러나가는 속도, 직접적인 융해)를 조합하여
비교 대상에 관련된 내용을 그럴듯하게 꾸며 오답 선지를 만듦.

> 3문단 함정: "과거에는 빙하가 바다로 흘러나가는 속도가 주된 문제였지만, 최근에는 기온 상승으로 인한 빙상 표면의 직접적인 융해가 더 큰 요인이 되고 있다."

→ 틀린 이유: _____

④: 비례, 반비례 관계의 개념으로 오답 선지를 만듦.

> 2문단 함정: "연구자들은 빙상이 일정 수준 이상으로 얇아지면 표면이 더 따뜻해져 융해 속도가 가속화되는 악순환이 발생할 수 있다고 본다."

→ 틀린 이유: _____

뇌에 쪽적을 남기는 노트 독해 유형 ⑩   p. 213

신유형 2025 버전

내용 추론 긍정 발문

01 다음 글에서 추론한 내용으로 가장 적절한 것은?

지구의 기온이 상승하면서 북극의 그린란드 빙상이 빠르게 감소하고 있다. 빙상은 바닷물과 달리 담수로 이루어져 있어 융해 시 해수면 상승을 일으켜 전 세계 해안 지역에 큰 영향을 미친다. 과거에는 빙하가 바다로 흘러나가는 속도가 주된 문제였지만, 최근에는 기온 상승으로 인한 빙상 표면의 직접적인 융해가 더 큰 요인이 되고 있다. 그린란드 빙상의 붕괴를 결정하는 중요한 요인 중 하나는 임계점이다. 임계점이란 외부 환경이 조금만 더 변해도 빙상이 갑자기 대규모로 융해되는 지점을 의미한다. 연구자들은 빙상이 일정 수준 이상으로 얇아지면 표면이 더 따뜻해져 융해 속도가 가속화되는 악순환이 발생할 수 있다고 본다. 이러한 되먹임 효과가 시작되면 빙상 붕괴를 막기 어려워진다.

한편, 지반이 융기하는 현상이 빙상 붕괴를 어느 정도 지연시킬 수 있다. 빙상이 감소하면 무게가 줄어들어 지반이 상승하게 되고, 이로 인해 빙상 표면이 높아져 온도가 낮아지면서 융해 속도가 늦춰진다. 이는 빙상 붕괴를 완전히 막지는 못하지만 속도를 조절하는 요인이 된다. 또한 연구자들은 그린란드 빙상의 특정 해안 지역이 빙상을 붙잡아두는 앵커 역할을 한다고 본다. 이 지역과의 연결이 유지되면 빙상 손실이 제한되어 절반 이상 보존될 수 있으나, 연결이 끊기면 동쪽으로 급속히 후퇴하여 대부분을 잃게 된다. 이러한 지형과 위치의 차이는 해수면 상승을 예측하는 데 중요한 단서가 된다.

① 빙상 붕괴는 임계점을 넘어서야만 발생하며, 어떠한 자연현상도 이를 지연시킬 수 없다.
② 지반 융기는 빙상 붕괴를 완전히 막지는 못하지만 융해 속도를 늦추는 역할을 한다.
③ 빙하가 바다로 흘러나가는 속도가 빙상의 직접적 융해보다 더 빙상 감소 문제에 주된 원인이 되고 있다.
④ 빙상의 크기와 온도는 비례하며 빙상의 온도와 융해 속도는 반비례한다.

독해노트 정답

❶ 빙상 붕괴의 요인과 지연 가능한 요인들
❷ 나열 구조
❸ 지엽적으로 읽어야 함
❹ 2문단- "한편, 지반이 융기하는 현상이 빙상 붕괴를 어느 정도 지연시킬 수 있다."
❺ ① 틀린 이유 : 극단의 오류. 빙상 붕괴가 무조건 임계점을 넘어야 하는 것은 아니며 빙상 붕괴를 지연하는 것에는 지반 융기가 있으므로 어떠한 자연현상도 지연시킬 수 없다는 것은 적절하지 않다.
③ 틀린 이유 : 비교 혼동의 오류. 빙상의 직접적인 융해가 빙하가 바다로 흘러나가는 속도보다 더 빙상 감소 문제에 주된 원인이 된 것이다.
④ 틀린 이유 : 반대의 오류. 빙상의 크기가 작아지면 표면 온도가 높아지므로 반비례한다고 봐야 하며 빙상의 온도가 올라갈수록 속도는 올라가니 이 둘의 관계는 비례한다고 보아야 한다.

PART
06

관련교재
이 출좋포 독해·논리 p.146~156
문 천기누설 혜선팍 독해 시즌 1 p.94~107

Chapter

07   내용 추론 부정 발문

빨리 푸는 *亦功* **전략**

1단계

선지의 길이 확인하기
너무 길면
제시문으로 가기

짧으면 선지를 읽되
선지에서 전체적인 느낌
파악하기

2단계

제시문을 혜선 쌤이
수업에서 알려준
야매꼼수
방식으로 읽기

3단계

제시문을 읽을 때
선지의 초점어가
나타나면
더욱 집중해서 읽고
선지의 참 거짓을
판별하기

쪽적노 독해 亦功 노트

1 중심 화제?
⋮

2 이 글의 구조?
⋮

3 지엽 OR 큼직?
⋮

4 출제자가 옳지 않은 선지를 만드는 방법에 대한 것이다. 빈칸을 채우시오.

③ : _____의 오류

→ 틀린 이유 : _____

5 각 선지가 옳다고 볼 수 있는 근거를 제시문에서 찾아 채우시오.

①

②

④

정답

1 『금오신화』에 나타난 김시습의 인생관과 종교관, 그리고 당대의 역사 현실

2 나열

3 지엽적으로 읽어야 함

4 미언급. 환상적 사건의 당대 현실의 부정적 모습(부조리함)을 드러내고 있다고 볼 수 있으나, 이로부터 도피하고 있다는 내용은 찾아볼 수 없으므로 적절하지 않은 설명이다.

5 ① '여인에게 끝까지 지고지순한 사랑을 보여준 양생의 모습은 단종에게 충의를 지킨 작가의 삶이 투영되어 있다고 볼 수 있다.'

② '나라를 다스리는 임금에게는 덕망이 있어야 하며, 또한 나라는 백성이 주체가 되어야 하는데, 임금이 이를 지키지 않으며 천명이 가 버리고 민심이 떠나 임금도 자리를 지키지 못함을 강조하고 있다. 작가는 이를 통해 정도의 가치관을 드러냄과 동시에 세조가 단종의 왕위를 찬탈한 것을 비판하고 있는 것이다.'

④ '전기(傳奇) 소설은 인간 세계와 이계(異界)의 접촉을 다루며, 환상적 사건을 통해 현실을 우의적으로 드러내는 소설이다.'

뇌에 **족적**을 남기는 **노트 독해** 유형 ⑪

p. 214

신유형 **2025 버전**

> 내용 추론 부정 발문

01 다음 글을 이해한 내용으로 적절하지 않은 것은?

> 전기(傳奇) 소설은 인간 세계와 이계(異界)의 접촉을 다루며, 환상적 사건을 통해 현실을 우의적으로 드러내는 소설이다. 이 중 우리나라 최초의 한문 소설집 『금오신화』에서는 비현실적 사건을 겪는 인물을 통해 김시습의 인생관과 종교관, 그리고 당대의 역사 현실을 드러내고 있다.
>
> 그 중 「만복사저포기」에서 양생은 만복사에서 저포놀이를 계기로 젊은 여인과 인연을 맺지만, 그녀가 죽은 혼령임을 알게 된다. 여인이 혼령임을 알게 된 후에도 양생은 여인의 명복을 빌며 여생을 마치게 된다. 여인에게 끝까지 지고지순한 사랑을 보여준 양생의 모습은 단종에게 충의를 지킨 작가의 삶이 투영되어 있다고 볼 수 있다.
>
> 『금오신화』 중 하나인 「남염부주지」의 박생은 꿈에서 염라대왕을 만나 토론을 하게 된다. 나라를 다스리는 임금에게는 덕망이 있어야 하며, 또한 나라는 백성이 주체가 되어야 하는데, 임금이 이를 지키지 않으며 천명이 가 버리고 민심이 떠나 임금도 자리를 지키지 못함을 강조하고 있다. 작가는 이를 통해 정도의 가치관을 드러냄과 동시에 세조가 단종의 왕위를 찬탈한 것을 비판하고 있는 것이다.
> 이처럼 『금오신화』는 인간과 이계의 접촉을 통해 환상적 사건을 펼쳐 보이면서도, 그 이면에는 작가 김시습의 역사 인식과 철학적 사유가 담겨 있다고 볼 수 있다. 『금오신화』는 단순한 전기적 상상력에 머물지 않고, 개인의 삶과 사회 현실을 아우르며 시대정신을 담아낸 우리 문학사의 중요한 이정표라 할 수 있다.

① 「만복사저포기」에서 양생이 여인에게 보인 모습은, 충(忠)과 의(義)를 지키려 한 작가의 삶과 연결된다.

② 「남염부주지」는 임금에게 필요한 덕목과 민심의 중요성을 드러내고, 당대 사회의 모습을 비판한다.

③ 『금오신화』는 환상적 사건을 통해 현실의 부조리함으로부터 도피하려는 작가 의식이 드러나 있다.

④ 『금오신화』에 드러난 인간 세계와 이계(異界)의 접촉은 당대 현실을 우의적으로 드러내는 장치이다.

Chapter 08 단수 빈칸 추론

뇌에 **쪽적**을 남기는 **노트 독해** 유형 ⑫   p. 214

신유형 2025 버전

빠리 푸는 亦功 젠략

1단계

빈칸의 위치를
파악하고
빈칸이 포함된 문장을
읽고 단서 추론하기

2단계

빈칸을 추론할 수
있는 핵심 정보에
밑줄을 긋기

3단계

핵심 정보를 통해
빈칸을
스스로 예측한 후
가장 비슷한 내용을
가진 선지를 고르기

단수 빈칸 추론

01 다음 글을 읽고 ⊙에 들어갈 내용으로 가장 적절한 것은?

인공지능(AI)의 발전은 창작 활동의 영역에도 깊이 개입하고 있다. 특히, AI가 문학, 예술, 음악과 같은 창의적 작업을 수행할 수 있게 되면서, 인간의 창의성과 AI의 역할에 대한 논의가 활발해지고 있다. 전통적으로 창작은 인간 고유의 능력으로 간주되었지만, AI는 기존 데이터를 학습하여 새로운 작품을 생성하며 이 경계를 허물고 있다. AI가 생성하는 콘텐츠는 기존 인간의 창작물과 구별하기 어려울 정도로 정교해졌다. 예를 들어, AI는 소설을 쓰거나 시를 창작하며, 심지어 독창적인 화풍을 모방한 미술 작품을 만들어 낸다. 이러한 기술 발전은 창작의 효율성을 높이고, 새로운 형태의 예술적 실험을 가능하게 하지만, 동시에 창작자의 정체성과 작품의 고유성을 위협할 가능성도 내포하고 있다. 또한, AI의 창작물이 저작권과 창작 윤리의 문제를 야기한다. AI가 학습하는 데이터는 기존 인간의 창작물에서 비롯된 것이므로, 이 과정에서 원작자의 권리가 침해될 가능성이 있다. 창작이 단순한 조합이 아니라, 경험과 감성을 바탕으로 한 독창적 사고의 결과물이라면, AI의 작품을 어떻게 평가해야 할지에 대한 근본적 질문도 제기된다. 따라서

⊙

① AI의 창작물은 인간의 창작물보다 기술적으로 우수하므로 더 높은 가치를 인정받아야 한다.

② AI가 창작한 결과물이 인간의 창의성과 동등한 가치를 가질 수 있는지에 대한 철학적 논쟁이 이어지고 있다.

③ 창작 분야에서 AI의 활용을 제한하여 인간 예술가들의 고유한 영역을 보호해야 한다.

④ 모든 AI 생성 콘텐츠에 대한 저작권은 AI를 개발한 기업에게 귀속되어야 한다.

02 다음 글의 빈칸에 들어갈 결론으로 가장 적절한 것은?

미국의 심리학자 프레드릭 스키너는 동물의 학습 행동을 연구하기 위해 '스키너 상자'라는 실험 장치를 고안하였다. 이 상자는 쥐가 먹이를 얻기 위해 누를 수 있는 레버가 달려 있고, 통풍과 방음 설비가 갖춰진 구조로 되어 있다. 상자 안의 쥐가 레버를 누르면 먹이 분배기에서 튜브를 통해 먹이가 방출되는 방식이었다. 실험에서 상자에 들어간 쥐는 처음에는 갖가지 행동을 하다가 우연히 레버를 누르게 되었고, 그 결과 먹이가 나오자 같은 행동을 되풀이하기 시작했다. 특히 먹이가 나오지 않는 경우보다 나오는 경우에 레버를 누르는 빈도가 급격히 증가하는 현상이 관찰되었다.

스키너는 이 실험을 통해 먹이가 쥐의 행동을 반복시키는 '강화'의 역할을 한다는 것을 발견했다. 그는 이러한 원리를 바탕으로 '조작적 조건형성이론'을 정립하였으며, 특정 행동을 증가시키는 강화와 특정 행동을 감소시키거나 소멸시키는 처벌의 원리에 의해 조건이 형성된다고 보았다. 즉, 어떤 행동에 대해 보상이 주어지면 그 행동을 계속하고, 아무런 보상이 없거나 처벌을 받으면 그 행동을 중단하려 한다는 것이다. 연구팀은 이로부터 [   ]라는 결론을 내릴 수 있었다.

① 복잡하고 다양한 변수가 있는 환경에서는 조건형성 원리가 제대로 작동하지 않는다
② 동물의 학습 능력은 본능적 행동보다 후천적 환경 조건에 더 크게 의존한다
③ 행동의 결과로 얻어지는 강화물이 행동 반복을 결정하는 가장 핵심적인 요인이다
④ 처벌을 통한 행동 억제보다는 강화를 통한 행동 증진이 훨씬 더 효과적이다

1단계

빈칸의 위치를 파악하고 빈칸이 포함된 문장을 읽고 단서 추론하기

2단계

빈칸을 추론할 수 있는 핵심 정보에 밑줄을 긋기

PART
06

3단계

핵심 정보를 통해 빈칸을 스스로 예측한 후 가장 비슷한 내용을 가진 선지를 고르기

Chapter 09 복수 빈칸 추론

뇌에 쪽적을 남기는 노트 독해 유형 ⑬   p. 215

신유형 2025 버전

복수 빈칸 추론

빠리 푸는 亦功 전략

1단계

빈칸 (가)의 위치를
파악하고
빈칸 (가)를
스스로 예측하기

2단계

(가)의 빈칸을 추론할 수
있는 핵심 정보에
밑줄을 긋기

(가)에 알맞은 내용의
선택지는 살리고
맞지 않은 선지는
소거하기

3단계

살린 선지의 (나)를
먼저 커닝하고
둘 중 어떤 내용이
둘째 빈칸에 맞는지
확인 후 답을 고르기

01 다음 글의 맥락을 고려할 때 빈칸에 들어갈 말로 가장 적절한 것은?

의사결정을 내릴 때 합리적인 경제 주체라면 미래의 비용과 편익을 고려하여 행동해야 한다. 그러나 현실에서는 ____(가)____ 비효율적인 선택을 지속하는 경향이 나타난다. 이는 매몰비용 효과를 반영하는 현상으로, 이미 회수할 수 없는 비용이 의사결정에 영향을 미치는 경우를 의미한다. 예를 들어, 사람들이 흥미를 잃었음에도 불구하고 끝까지 영화를 보거나, 적자가 지속되는 사업을 포기하지 못하는 경우가 이에 해당한다. 이때 합리적인 선택은 미래의 기대 편익이 비용을 초과하는지 여부를 기준으로 결정을 내리는 것이지만, 사람들은 ____(나)____ 손실을 확대하는 선택을 하기도 한다. 이러한 현상은 개인뿐만 아니라 기업과 정부의 의사결정에서도 관찰된다. 기업의 경우, 대규모 자본이 투입된 프로젝트라 하더라도 기존 투자와 관계없이 더 이상 사업성이 없다고 판단되면 즉각 중단하는 것이 합리적이다. 하지만 경영진은 이미 투입한 비용을 고려하여 손실을 감수하면서도 사업을 지속하는 경우가 많다. 마찬가지로 정부는 예산이 대규모로 투입된 공공사업을 중단하면 정치적 부담을 감수해야 하기 때문에, 불필요한 정책을 유지하는 경우가 적지 않다.

① (가) : 현재의 이익만을 고려하여
   (나) : 미래의 수익을 과소평가하여
② (가) : 과거에 투자한 비용을 의식하여
   (나) : 과거의 투자 비용이 아까워서
③ (가) : 현재의 이익만을 고려하여
   (나) : 과거의 투자 비용이 아까워서
④ (가) : 과거에 투자한 비용을 의식하여
   (나) : 미래의 수익을 과소평가하여

02 다음 글의 맥락을 고려할 때 빈칸에 들어갈 말로 가장 적절한 것은?

> 전쟁 상황에서 정치 지도자의 언어는 단순한 표현이 아니라, 대중을 설득하고 여론을 조작하는 강력한 수단이 된다. 특히, 블라디미르 푸틴과 볼로디미르 젤렌스키의 전쟁 연설을 분석하면, 정치적 갈등 속에서 언어가 어떻게 사용되는지 분명하게 드러난다. 푸틴의 연설은 정당화와 피해자 서사를 중심으로 구성된다. 그는 러시아의 군사 작전을 '특별 군사 작전'이라고 부르며, 우크라이나를 서방의 도구로 묘사하면서 러시아의 안보를 위협하는 존재로 규정한다. 또한, 서방 국가들이 러시아를 고립시키려 한다는 서사를 구축하며, 자국민에게 애국심과 결속을 강조한다. 이러한 방식은 [(가)] 전형적인 전쟁 수사의 특징을 보여준다.
>
> 반면, 젤렌스키의 연설은 저항과 희생의 서사를 중심으로 전개된다. 그는 우크라이나가 '민주주의를 수호하는 최전선'에 있으며, 러시아의 침략이 정당하지 않음을 강조한다. 또한, 국제사회의 지원을 호소하면서 우크라이나 국민들에게 저항의 중요성을 부각한다. 그의 언어는 감성적 호소를 기반으로 하며, [(나)] 전략을 사용한다. 두 지도자의 수사는 각각 다른 방식으로 대중을 설득하고 있으며, 이는 단순한 언어적 차원이 아니라 국제 정치와 전쟁의 방향을 결정짓는 요소로 작용한다. 전쟁 속에서 언어는 단순한 정보 전달의 도구가 아니라, 현실을 재구성하고 여론을 움직이는 중요한 전략임을 다시금 확인할 수 있다.

① (가) : 외부의 적을 부각하여 내부 결속을 강화하는
   (나) : 우크라이나를 희생자로 묘사함으로써 전 세계의 동정을 유도하는
② (가) : 자국의 역사적 정통성을 강조하여 침략을 합리화하는
   (나) : 우크라이나를 희생자로 묘사함으로써 전 세계의 동정을 유도하는
③ (가) : 외부의 적을 부각하여 내부 결속을 강화하는
   (나) : 군사적 승리의 가능성을 강조하여 자국민의 사기를 고취하는
④ (가) : 자국의 역사적 정통성을 강조하여 침략을 합리화하는
   (나) : 군사적 승리의 가능성을 강조하여 자국민의 사기를 고취하는

2단계

(가)의 빈칸을 추론할 수
있는 핵심 정보에
밑줄을 긋기

(가)에 알맞은 내용의
선택지는 살리고
맞지 않은 선지는
소거하기

PART 06

3단계

살린 선지의 (나)를
먼저 커닝하고
둘 중 어떤 내용이
둘째 빈칸에 맞는지
확인 후 답을 고르기

Chapter 10 순서 배열

뇌에 **쪽적**을 남기는 **노트 독해** 유형 ⑭   p. 215

신유형 2025 버전 1

첫 문단이 주어지는 경우

01 다음 글의 (가)~(라)를 순서대로 나열한 것은?

> (가) 이러한 문제의식은 도시개발과 방재를 바라보는 시각에도 변화를 요구한다. 도시 공간의 안전은 단기적 공사 계획이나 사후 대처만으로 확보되기 어렵다. 오히려 다양한 사례와 데이터를 토대로 사전에 위험 요인을 파악하고, 지역의 구조적 특성과 환경적 조건을 반영한 종합적 접근이 필요하다.
>
> (나) 싱크홀은 예고 없이 발생하며, 사고 이후에도 같은 장소에서 반복될 가능성이 높다는 점에서 시민들의 불안을 키운다.
>
> (다) 또한 돌발적 사고를 예방하고 지속 가능한 도시를 만들기 위해서는 기술적 대응만큼이나 사회적 감수성과 제도적 협력이 필수적이다. 시민이 안심하고 살아갈 수 있는 공간을 만드는 일은 단순한 복구나 보수가 아니라, 도시 전체를 재해석하는 시도에서 출발해야 한다.
>
> (라) 이로 인해 도시의 안전 신뢰도는 하락하고, 지역 사회의 일상도 흔들릴 수 있다. 무엇보다 도시 공간을 단지 건설과 개발의 대상으로만 보아서는 안 되며, 그 속의 사람들과 환경, 지속 가능성을 함께 고려해야 함을 시사한다.

① (나) − (가) − (다) − (라)
② (나) − (가) − (라) − (다)
③ (나) − (라) − (가) − (다)
④ (나) − (라) − (다) − (가)

빨리 푸는 亦功 전략

1단계

선지에서
첫 문단에 올 가능성이 있는
문단을 확인하기
(나)

실제 시험은 두 번째
문단부터 시작됨을 알기

2단계

둘째 문단을 찾았으면
표면적 연결,
이면적 연결을
확인하면서
문단을 배열하기
(꿀팁은 강의 필수 참고)

3단계

자의적이거나
주관적인 방법이 아니라
반드시 혜선 쌤이
일러 준 방법을 사용하기

뇌에 **쪽적**을 남기는 **노트 독해** 유형 ⑮

p. 215

신유형 2025 버전 2

첫 문단이 주어지지 않는 경우

02 다음 글의 (가)~(라)를 순서대로 나열한 것은?

(가) 국가의 언어 정책은 단순한 행정 조치가 아니라, 공동체 내부의 정체성과 문화적 지위를 결정짓는 상징이 되곤 한다. 특히 과거 제국이나 연방국가의 지배를 경험한 사회에서는, 언어를 둘러싼 갈등이 독립 이후에도 지속되는 경우가 많다. 이러한 맥락에서 라트비아의 언어 상황은 단순한 소수 언어의 지위 문제가 아니라, 역사와 정치, 민족감정이 얽힌 복합적 현상으로 나타난다.

(나) 러시아의 크림반도 병합과 우크라이나 전쟁 이후, 라트비아 정부의 언어 정책은 더욱 강경해졌다. 학교 교육과 언론 보도에서 러시아어 사용이 금지되거나 제한되었고, 공공기관의 인력 구성에도 언어 충성도를 평가하는 기준이 적용되었다. 이러한 조치는 라트비아 사회 내부의 결속을 목표로 했지만, 소수 집단에는 배제와 불안을 심화시키는 결과를 낳았다.

(다) 1991년 독립 이후 라트비아는 라트비아어를 유일한 국어로 규정하고, 러시아어의 공적 사용을 제한하는 정책을 단계적으로 추진해 왔다. 이는 과거 소련 시기의 문화적 유산을 지우고, 독립국가로서의 정체성을 공고히 하려는 의도와 연결되어 있었다. 동시에 러시아어를 모어로 사용하는 시민들의 반발도 꾸준히 이어져 왔다.

(라) 언어를 매개로 한 이런 갈등은 라트비아 내부를 넘어 외교적 긴장으로도 이어질 가능성이 있다. 러시아어 사용자 비중이 높은 국경 지역에서는, 언어 문제를 둘러싼 갈등이 정치적 민감 사안이 되고 있으며, 때로는 외부 개입의 명분으로 작용하기도 한다. 따라서 언어 정책은 단순한 문화 행정이 아닌, 지역 안정을 위한 정교한 균형 감각이 요구되는 영역이다.

① (가) − (나) − (다) − (라)
② (가) − (다) − (나) − (라)
③ (다) − (가) − (나) − (라)
④ (다) − (나) − (가) − (라)

빨리 푸는 亦功 전략

1단계

선지에서 첫 문단에 올 가능성이 있는 문단을 확인하기 (가) 또는 (다)

2단계

첫 문단을 찾았으면 표면적 연결, 이면적 연결을 확인하면서 문단을 배열하기 (꿀팁은 강의 필수 참고)

3단계

자의적이거나 주관적인 방법이 아니라 반드시 혜선 쌤이 일러 준 방법을 사용하기

PART **06**

Chapter 11

초점 강화 약화

빨리 푸는 亦功 전략

1단계

밑줄 친 (가)를 읽되 발문에서는 '강화'하는 입장을 물어보므로 (가)의 핵심 문장에 밑줄을 그으며 읽기

2단계

(가)를 뒷받침하는 사례를 하나 고르기

뇌에 쪽적을 남기는 노트 독해 유형 ⑯
p. 216

신유형 2025 버전 1

> 초점 강화 약화 中 강화

01 다음 글의 (가)의 주장을 강화하는 것으로 가장 적절한 것은?

교육 평가 방식을 둘러싼 논쟁이 지속되고 있다. (가) 일부 교육학자들은 절대평가의 필요성을 강조한다. 이들은 평가가 학습자가 무엇을 어느 수준까지 성취했는지를 확인하는 과정이어야 한다고 주장한다. 절대평가는 공인된 성취기준을 미리 제시하고, 그 기준을 충족하면 모두가 합격하도록 설계된다. 운전면허나 의료 분야 국가시험처럼 최소 역량 확보가 핵심인 영역에서는 등수보다 기준 달성이 중요하다는 것이다. 이들에 따르면 절대평가는 학생이 타인과의 서열보다 기준 달성에 집중하게 하여 과도한 경쟁과 불안 심리를 완화하고, 교사는 성취기준에 맞춘 피드백과 보정학습을 통해 학습의 본질에 접근할 수 있다고 본다.

반면, 상대평가를 지지하는 교육 전문가들은 현실적 한계를 지적한다. 대학이나 대기업 선발처럼 정원과 예산의 제약이 있는 곳에서는 집단 내에서의 상대적 우수성을 가리는 장치가 필요하다고 주장한다. 상대평가는 동일 집단에서의 성취 분포를 활용해 변별력을 확보하고, 미세한 점수 차이 속에서도 선발의 정당성을 설명할 근거를 제공한다는 것이다. 또한 절대평가에서는 평가자 재량에 따라 높은 등급이 과다 배분될 수 있지만, 상대평가의 분포 관리는 성적의 희소성과 신뢰도를 지킨다고 강조한다.

① 일본에서는 절대평가 확대에도 불구하고 학생들 간의 경쟁이 여전히 치열하여 사교육비 지출이 오히려 증가하고 있다.

② 상대평가를 유지하는 학교들에서 학생들의 협력적 문제 해결 능력이 향상되고 학습 동기가 크게 증가하는 것으로 나타났다.

③ 핀란드에서 절대평가 도입 후 학생들의 학습 동기가 향상되고 협력적 학습 문화가 확산되어 전체적인 학업 성취도가 크게 개선되었다.

④ 최근 국내 대학에서 학점 인플레이션 현상이 심화되면서 졸업생들의 성적 신뢰도에 대한 기업들의 우려가 커지고 있다.

뇌에 쪽적을 남기는 노트 독해 유형 ⑰

p. 216

신유형 2025 버전 2

초점 강화 약화 中 약화

02 다음 글의 논지를 약화하는 것으로 가장 적절한 것은?

정부가 추진하는 노동정책은 취약계층 보호를 주요 목표로 삼고 있다. 초단시간 근로자에게도 주휴수당과 퇴직금을 제공하는 방안은 근로자의 권익 신장을 위한 조치로 보인다. 하지만 이러한 제도는 자영업자에게 인건비 부담을 전가하는 구조로 설계되어 있어, 자칫하면 일자리를 줄이고 영세 자영업자의 생존을 위협할 수 있다는 우려가 제기된다. 특히 음식·숙박·도소매업과 같은 자영업 비중이 큰 업종은 인건비 비율이 높기 때문에, 추가 비용을 감당하기 어려운 사업체들은 고용 축소나 폐업이라는 선택을 강요받게 된다. 과거 급격한 최저임금 인상이 아르바이트 쪼개기 고용과 소상공인 위축을 초래한 전례를 고려할 때, 노동권 보장이라는 선의의 정책이 실제로는 취약계층과 자영업자 모두를 더 큰 위기로 몰아넣을 수 있다. 따라서 정책 설계에는 형평성과 지속 가능성을 고려한 정교한 접근이 요구된다.

① 노동권 보장 정책 강화 이후 자영업체의 80%가 인건비 부담 증가로 고용 규모를 축소한 것으로 조사되었다.
② 초단시간 근로자 보호 제도를 먼저 도입한 독일에서는 자영업자 폐업률 증가 없이 근로자 만족도만 향상되었다.
③ 최저임금 인상 정책 시행 후 소상공인들이 아르바이트생 근무시간을 단축하여 인건비를 절약하는 사례가 급증했다.
④ 현재 자영업자 10명 중 7명이 추가적인 노동권 보장 정책에 대해 경영상 부담을 느낀다고 응답했다.

빨리 푸는 亦功 전략

1단계

이 글의 논지(중심 내용)를 파악해야 하므로 논지를 잘 보여주는 핵심 문장에 밑줄을 긋기

2단계

이 글의 논지를 반증하는 사례를 찾기

PART
06

관련교재   이 출좋포 독해·논리 p.178~185
문 천기누설 혜선팍 독해 시즌 1 p.152~158

Chapter 12

일반 강화 약화

빨리 푸는 亦功 전략

1단계

선지를 먼저 읽고
대상을 뽑기
[콩트의 주장,
쿤의 주장,
포퍼의 주장,
파이어아벤트의 주장]

2단계

나열 구조의
제시문 읽기
(단, 각 주장의 핵심 내용에
밑줄을 긋고
콩트 읽고 ①번 해결
쿤 읽고 ②번 해결)

3단계

선택지를 2파트로 나누고
① 특정 사례가
이 이론을 뒷받침하면
강화,
② 반대로 뒷받침하면
약화
③ 특정 사례가 이론과
관련이 없는 경우에
'강화, 약화'라고 판단을
내리는 것은 잘못된
것임에 유의하기

쪽적노 독해 亦功 노트

1 글의 구조?
┊ _____구조

2 1) '콩트'의 주장에서 꼭 확인해야 하는 정보
┊ _____

2) ①이 적절하지 않은 이유

> 과학 이론들이 점차 복잡해지고 전문화되면서 일반 대중의 이해도가 낮아졌다.
> (과학의 본질을 경험적 사실의 법칙적 연결에서 찾는다는 내용과 무관함)

→ 이는 콩트의 주장을 ❶_____하지도 ❷_____하지도 않는 사례이므로 ❸_____의 오류이다.

3 1) '쿤'의 주장에서 꼭 확인해야 하는 정보
┊ _____

2) ②이 적절하지 않은 이유

> 과학사에서 새로운 이론이 기존 이론의 문제를 해결하면서도
> (기존 패러다임에 문제가 있지만 새로운 패러다임이 이를 해결함)
> 기존 이론의 핵심 개념과 방법론을 그대로 계승한 사례가 다수 발견되었다.
> (하지만 그럼에도 기존 패러다임이 새로운 패러다임으로 교체되지 않음)

→ 이는 쿤의 주장을 ❹_____하는 것이지 ❺_____하는 것이 아니므로 ❻_____의 오류이다.

4 1) '포퍼'의 주장에서 꼭 확인해야 하는 정보
┊ _____

2) ③이 적절한 이유

> 널리 받아들여졌던 과학 이론이 시대가 흘러도 변하지 않았고
> (이론이 새로운 이론으로 반박되지 않았으며)
> 일관적인 실험 결과가 항상 도출되었다.
> (설명력 있는 이론으로 대체되지 않았음)

→ 이는 포퍼의 주장을 ❼_____하는 사례로 적절하다.

5 1) '파이어아펜트'의 주장에서 꼭 확인해야 하는 정보
┊ _____

2) ④이 적절하지 않은 이유

> 과학사의 주요 발견들이 엄격한 방법론과 논리적 절차를 따름으로써 이루어졌다는 역사적 증거가 발견되었다.
> (기존의 규칙과 논리가 깨지지 않으면서 주요 발견들이 이루어졌음)

→ 이는 파이어아펜트의 주장을 ❽_____하는 것이지 ❾_____하는 것이 아니므로 ❿_____의 오류이다.

뇌에 쪽쪽을 남기는 노트 독해 유형 ⑱

p. 217

신유형 2025 버전

일반 강화 약화

01 다음 글에 대해 평가한 것으로 가장 적절한 것은?

> 과학이 어떻게 진보하며, 과학적 지식이 무엇을 의미하는가에 대해 철학자들은 서로 다른 해석을 제시해 왔다. 오귀스트 콩트의 실증주의는 과학의 본질을 경험적 사실의 법칙적 연결에서 찾는다. 그는 모든 학문이 신학·형이상학·실증 단계로 발전하며, 최종 단계인 실증주의에서 비로소 객관적 과학이 완성된다고 보았다. 과학의 목적은 관찰 가능한 현상들의 규칙적 연관을 밝히는 것이며, 진보는 설명 가능한 현상의 영역이 확대되는 법칙화의 과정이다.
>
> 그러나 토마스 쿤은 과학의 발전을 누적적 진보가 아닌 패러다임 전환으로 설명했다. 그는 과학은 일정한 세계관과 규범을 공유하는 공동체의 활동이며, 기존 패러다임이 누적된 모순을 해결하지 못하면 새로운 패러다임으로 교체된다고 보았다. 서로 다른 패러다임은 방법과 언어가 달라 직접 비교할 수 없으며, 과학의 진보는 절대적 진리의 축적이 아니라 역사적·사회적 관점의 변화를 통해 이루어진다.
>
> 이에 대해 칼 포퍼의 반증주의는 과학을 비판과 검증의 과정으로 규정했다. 그는 과학적 이론은 언제나 잠정적이며, 반증 가능성이 있을 때만 과학적이라고 보았다. 과학의 발전은 이론이 새로운 증거에 의해 반박되고, 그보다 더 설명력 있는 이론으로 대체되는 과정이다.
>
> 한편 파울 파이어아벤트는 이러한 모든 체계를 의심하며 방법론적 무정부주의를 주장했다. 그는 역사적으로 혁신적 과학이 오히려 기존의 규칙과 논리를 깨뜨림으로써 이루어졌다고 분석했다. 과학은 본질적으로 다원적이며, 어떤 한 방법이나 규칙으로 제한될 수 없다고 보았다.

① 과학 이론들이 점차 복잡해지고 전문화되면서 일반 대중의 이해도가 낮아졌다는 조사 결과가 발표되면 콩트의 주장은 약화될 것이다.

② 과학사에서 새로운 이론이 기존 이론의 문제를 해결하면서도 기존 이론의 핵심 개념과 방법론을 그대로 계승한 사례가 다수 발견되면 쿤의 주장은 강화될 것이다.

③ 널리 받아들여졌던 과학 이론이 시대가 흘러도 변하지 않았고 일관적인 실험 결과가 항상 도출되었다면 포퍼의 주장은 약화될 것이다.

④ 과학사의 주요 발견들이 엄격한 방법론과 논리적 절차를 따름으로써 이루어졌다는 역사적 증거가 발견되면 파이어아벤트의 주장은 강화될 것이다.

독해노트 정답

❶ 나열

❷ 1) 과학의 본질을 경험적 사실의 법칙적 연결에서 찾는다.
　2) ❶ 강화 ❷ 약화 ❸ 무관

❸ 1) 기존 패러다임이 누적된 모순을 해결하지 못하면 새로운 패러다임으로 교체된다.
　2) ❹ 약화 ❺ 강화 ❻ 반대

❹ 1) 과학의 발전은 이론이 새로운 증거에 의해 반박되고, 그보다 더 설명력 있는 이론으로 대체되는 과정이다.
　2) ❼ 약화

❺ 1) 그는 역사적으로 혁신적 과학이 오히려 기존의 규칙과 논리를 깨뜨림으로써 이루어졌다고 분석했다.
　2) ❽ 약화 ❾ 강화 ❿ 반대

Chapter 13 <보기> 강화 약화

<빨리 푸는 亦功 전략>

1단계

발문에 밑줄 친 ㉠이 무엇인지 확인하고 제시문의 ㉠의 핵심 정보에 밑줄 긋기

2단계

㉠의 핵심 정보에서 강화하는 원리에 번호를 매기기

3단계

번호 매긴 조건들을 잘 지킨 것을 <보기>에서 찾기

쪽잭노 독해 亦 功 노트

❶ 밑줄 친 '㉠'의 주장에서 꼭 확인해야 하는 정보

:
_____

❷ 이에 따른 선지의 강화, 약화 분석

1) 선지 ㄱ.이 적절하지 않은 이유

> 신경과학 연구에서 인간의 기본적인 인지 과정과 언어 습득 방식이 문화적 배경과 관계없이 보편적인 패턴을 보인다는 실험 결과가 발표되었다.
> (인간 이해와 세계 이해가 문화적 배경과 관계 없이 일정함)

→ ㉠은 인간의 이해는 항상 특정한 역사적·문화적 맥락에 의해 규정된다고 보았으므로 문화적 배경과 관계없이 보편인 패턴을 보인다는 것은 ❶_____가 아니라 ❷_____이므로 ❸_____의 오류이다.

2) 선지 ㄴ.이 적절한 이유

> 다양한 문화권의 텍스트를 일관된 방식으로 해석할 수 있게 되었다는 연구 결과가 있다.
> (인간 이해와 세계 이해가 문화적 배경과 관계 없이 일정함)

→ ㉠은 인간의 이해는 항상 특정한 역사적·문화적 맥락에 의해 규정된다고 보았으므로 일관된 방식으로 해석할 수 있게 되었다는 것은 ㉠을 ❹_____하는 사례로 적절하다.

3) 선지 ㄷ.이 적절하지 않은 이유

> 자신의 문화적 배경과 시대적 관점을 의식적으로 배제하고 객관적 방법론을 적용했을 때, 텍스트의 본래 의미에 대한 합의 도출 가능성이 높아졌다.
> (인간 이해와 세계 이해가 문화적 배경과 관계 없이 일정함)

→ ㉠은 인간의 이해는 항상 특정한 역사적·문화적 맥락에 의해 규정된다고 보았으므로 문화적 배경과 시대적 관점에 관계없이 객관적인 방법론을 적용한다는 것은 ❺_____가 아니라 ❻_____이므로 ❼_____의 오류이다.

정답

❶ 인간의 이해는 항상 특정한 역사적·문화적 맥락에 의해 규정된다.
❷ 1) ❶ 강화 ❷ 약화 ❸ 반대   2) ❹ 약화   3) ❺ 강화 ❻ 약화 ❼ 반대

뇌에 족적을 남기는 노트 독해 유형 ⑲　　　p. 217

신유형 2025 버전

〈보기〉 강화 약화

01 다음 글의 ㉠에 대해 평가한 것으로 적절한 것을 〈보기〉에서 모두 고르면?

> 존재론적 해석학은 인간 존재의 역사성과 시간성을 강조하며, 인간의 이해는 항상 특정한 역사적·문화적 맥락에 의해 규정된다고 본다. 하이데거와 가다머에 따르면, 인간은 단지 역사 속에 존재하는 것이 아니라, 스스로 역사적 존재로서 규정된다. 따라서 어떤 진리나 가치도 고정불변의 것으로 존재하지 않으며, 시대와 문화에 따라 다르게 이해되고 해석될 수밖에 없다. 가다머는 이를 '지평의 융합' 개념으로 설명하며, 과거의 전통과 현재의 해석이 끊임없이 대화하고 조율되는 과정 속에서 진리가 드러난다고 주장한다. 이러한 관점은 근대 계몽주의적 사고에서 강조하는 보편적 이성과 절대적 진리 개념에 근본적인 문제를 제기한다.
>
> ㉠ 존재론적 해석학은 근대과학이나 합리주의가 지닌 절대화 경향을 비판하며, 모든 인식은 특정한 존재 이해와 세계관에 뿌리를 두고 있음을 강조한다. 이는 인간 이해와 세계 이해가 시대마다 다르다는 사실을 인정하고, 전통과 역사적 맥락을 존중하는 태도를 요구한다. 더 나아가 존재론적 해석학은 인간이 특정한 역사적 상황에 던져진 존재라는 사실을 직시함으로써, 주체와 객체의 이분법적 사고를 넘어선 새로운 이해 방식을 제시한다. 이러한 입장은 현대 사회에서 과거 전통과 문화유산을 단순히 보존의 대상으로 보는 것이 아니라, 현재와의 능동적 대화를 통해 재해석하고 재구성해야 한다는 실천적 함의를 제공한다.

─ 보기 ─

ㄱ. 신경과학 연구에서 인간의 기본적인 인지 과정과 언어 습득 방식이 문화적 배경과 관계없이 보편적인 패턴을 보인다는 실험 결과가 발표되었다면, 이는 ㉠을 강화한다.

ㄴ. 인공지능을 활용한 텍스트 분석 시스템이 문화와 시대를 초월한 언어 구조와 의미의 보편적 패턴을 발견했으며, 이를 통해 다양한 문화권의 텍스트를 일관된 방식으로 해석할 수 있게 되었다는 연구 결과가 있다면, 이는 ㉠을 약화한다.

ㄷ. 다양한 문화권의 역사적 텍스트를 연구한 학자들이 자신의 문화적 배경과 시대적 관점을 의식적으로 배제하고 객관적 방법론을 적용했을 때, 텍스트의 본래 의미에 대한 합의 도출 가능성이 높아졌다는 실험 결과가 발표되었다면, 이는 ㉠을 강화한다.

① ㄱ　　　　　　　　　② ㄴ

③ ㄷ　　　　　　　　　④ ㄱ, ㄴ

PART 06

Chapter
14

문맥적 의미 추론

빨리 푸는 亦功 전략

1단계

어휘의 문맥적 의미를 추론하는 문제를 먼저 풀고 나서

내용 추론 긍정 발문 문제를 풀기

2단계

어휘의 문맥적 의미 추론 문제는

㉠과 호응하는 단어의 성격과 비슷한 단어를 가진 것이 정답!

3단계

위의 방식이 통하지 않는다면

1) ㉠의 미세한 의미 차이를 파악하거나

2) ㉠을 다른 어휘로 바꾸기

쪽적노 독해 亦功 노트

1 중심 화제?
⋮

2 이 글의 구조?
⋮

3 지엽 OR 큰직?
⋮

4 출제자가 옳은 선지를 만드는 방법에 대한 것이다. 빈칸에 해당하는 정보를 제시문에서 찾으시오.

①: 2문단의 결정적인 접속어로 중요한 내용을 파악할 수 있다.

2문단 − _____

5 출제자가 옳지 않은 선지를 만드는 방법에 대한 것이다. 각 선지가 틀린 이유를 채우시오.

②: 핵심어(농산물 폐기율, 절반으로 감소)를 조합하여
그럴듯하게 꾸며 마치 언급했던 것처럼 오답 선지를 만듦.

> 2문단 함정: "인공지능 기반 저장 시스템을 도입한 곳에서는 농산물 폐기율이 절반으로 감소했다는 보고도 있다."

→ 틀린 이유: _____

③: 핵심어(보조금 지원을 확대)를 조합하여
극단적인 내용을 그럴듯하게 꾸며 오답 선지를 만듦.

> 2문단 함정: "정부는 농민 교육과 보조금 지원을 확대하고, 국제기구는 기술 이전을 위한 협력 체계를 구축해야 한다."

→ 틀린 이유: _____

④: 핵심어(예측, 수확량)를 조합하여
비교된 적 없는 대상을 비교한 것처럼 꾸며 오답 선지를 만듦.

> 1문단 함정: "인공지능은 위성 이미지와 센서 데이터를 분석해 가뭄이나 병해충 발생을 조기에 예측한다. 농부들에게는 작물 상태에 따라 비료와 물의 적정 사용량을 제안해 자원을 절약하면서도 수확량을 높인다."

→ 틀린 이유: _____

뇌에 쪽적을 남기는 노트 독해 유형 20

p. 218

신유형 2025 버전

세트형 독해 – 내용 추론 긍정 발문 + 문맥적 의미 추론

[1~2] 다음 글을 읽고 물음에 답하시오.

세계 인구 증가와 기후변화로 식량 안보가 각국의 중요한 과제가 되었다. 단순히 농업 생산량을 늘리는 것만으로는 한계가 있어, 생산부터 소비까지 전 과정을 효율적으로 관리하는 새로운 접근이 필요하다. 최근 주목받는 해결책은 인공지능을 농업에 활용하는 것이다. 인공지능은 위성 이미지와 센서 데이터를 분석해 가뭄이나 병해충 발생을 조기에 예측한다. 농부들에게는 작물 상태에 따라 비료와 물의 적정 사용량을 제안해 자원을 절약하면서도 수확량을 높인다.

이러한 기술은 수확 후 관리에도 적용된다. 저장고의 온도와 습도를 실시간으로 조절해 농산물 신선도를 유지하고, 물류 최적화를 통해 유통 손실을 최소화한다. 인공지능 기반 저장 시스템을 도입한 곳에서는 농산물 폐기율이 절반으로 감소했다는 보고도 있다. 하지만 이런 혁신이 실제 효과를 거두려면 넘어야 할 장벽이 있다. 첨단 기술 도입에는 높은 초기 비용이 ⊙ 들고, 농민들이 새로운 시스템을 익히는 데 시간이 걸린다. 특히 개발도상국의 소규모 농가는 기술 접근성이 떨어져 혜택을 받기 어렵다. 따라서 인공지능이 지속 가능한 농업의 도구가 되려면 포용적 접근이 필수적이다. 정부는 농민 교육과 보조금 지원을 확대하고, 국제기구는 기술 이전을 위한 협력 체계를 구축해야 한다. 모든 농민이 기술의 혜택을 받을 수 있는 환경을 조성할 때, 인공지능은 식량 안보의 해결책이 될 수 있다.

01 윗글을 읽고 추론한 내용으로 가장 적절한 것은?

① 인공지능 농업 기술의 성공적 확산을 위해서는 정부의 교육 프로그램과 국제기구의 기술 이전 협력이 필요하다.

② 농산물의 폐기율을 절반으로 감소시키는 것이 인공지능을 농업에 도입하는 가장 핵심적인 목표이다.

③ 개발도상국의 소규모 농가는 선진국과 달리 정부 보조금만으로도 기술 도입의 장벽을 모두 해결할 수 있다.

④ 인공지능은 가뭄과 병해충을 예측하는 생산 단계보다 저장고 관리 같은 수확 후 단계에서 더 효과적이다.

02 문맥상 ⊙의 의미와 가장 가까운 것은?

① 언 고기가 익는 데에는 시간이 좀 <u>드는</u> 법이다.

② 아무래도 나는 어머니 편을 <u>들</u> 수밖에 없었다.

③ 그들 부부는 교통이 좋은 곳에 전세를 <u>들고</u> 싶어 한다.

④ 나는 그 사람에게 친근감이 <u>든다</u>.

독해노트 정답

❶ 식량 안보를 위한 새로운 접근과 넘어야 할 장벽, 그리고 해결책

❷ 문제 해결 구조

❸ 지엽적으로 읽어야 함

❹ 2문단 – "따라서 인공지능이 지속 가능한 농업의 도구가 되려면 포용적 접근이 필수적이다. 정부는 농민 교육과 보조금 지원을 확대하고, 국제기구는 기술 이전을 위한 협력 체계를 구축해야 한다."

❺ ② 틀린 이유 : 미언급의 오류. 본문에서는 농산물 폐기율 감소를 인공지능 도입의 한 가지 성과 사례로 제시했을 뿐, 이것이 '가장 핵심적인 목표'라는 평가는 언급되지 않았다.

③ 틀린 이유 : 극단의 오류. 본문에서는 교육과 보조금 지원이 필요하다고 했지만, 보조금 '만으로도' 장벽을 '모두' 해결할 수 있다는 극단적 표현은 없다. 오히려 교육, 기술 이전 등 다양한 지원이 필요하다고 강조했다.

④ 틀린 이유 : 비교 미언급의 오류이다. 본문에서는 인공지능이 생산 단계와 수확 후 관리 모두에 활용된다고 설명했을 뿐, 두 단계 간의 효과성을 비교하지 않았다. 어느 쪽이 '더 효과적'이라는 우열관계를 임의로 설정한 것이다.

PART 06

Chapter

15

바꿔 쓸 수 있는 유사한 표현

빠르게 푸는 亦功 전략

1단계

한자어 → 고유어로 바꾸는 문제 유형은 옆에 괄호의 한자를 잘 읽어내는 것이 핵심이다.

2단계

한자를 다 읽어낼 필요는 없고, 아는 한자 한 놈만 조진다!

뇌에 쪽적을 남기는 노트 독해 유형 21

p. 218

신유형 2025 버전 1

> 세트형 독해 – 내용 추론 긍정 발문 + 한자어 → 고유어

[1~2] 다음 글을 읽고 물음에 답하시오.

인터넷과 스마트폰이 보편화되면서 누구나 쉽게 글을 쓰고 ㉠ 공유(共有)할 수 있게 되었다. 이 덕분에 정보가 더 빨리, 더 넓게 확산되지만, 사실이 아닌 내용이나 의도적으로 왜곡된 정보도 함께 ㉡ 확산(擴散)되고 있다. 특히 인공지능(AI) 기술이 발전하면서 사람처럼 자연스럽게 글을 쓰는 프로그램이 등장해, 진짜 뉴스와 가짜 뉴스를 구별하기가 더 어려워지고 있다. 예를 들어 어떤 프로그램은 믿을 만한 기사에서 핵심 내용을 뽑아 요약할 수 있지만, 같은 기술을 이용해 숫자를 바꾸거나 출처를 바꾸는 식으로 교묘하게 사실과 다른 요약문을 만들 수도 있다. 이렇게 만들어진 글은 겉보기에 자연스러워서, 일반 독자는 물론 기존의 사실 확인 시스템조차도 쉽게 ㉢ 기만(欺瞞)될 수 있다.

이런 상황에서 연구자들은 "가짜정보를 막으려면 먼저 가짜정보를 잘 모아야 한다"는 점에 주목한다. 실제로 사람이 일일이 확인해서 가짜뉴스를 분류하는 일은 매우 힘들고 시간이 오래 걸린다. 그래서 일부 연구팀은 AI를 역으로 활용해, 여러 기사에서 '사실과 다른' 요약문을 자동으로 만들어 데이터셋을 ㉣ 구축(構築)하는 실험을 하고 있다. 이렇게 하면 다양한 형태의 가짜정보를 미리 모아두고, 이를 바탕으로 진짜와 가짜를 가려내는 AI를 훈련시킬 수 있다. 결국 중요한 것은 AI가 만든 결과를 무조건 믿거나 두려워하기보다, 그 안에 숨어 있는 위험과 가능성을 함께 이해하고, 더 나은 대책을 마련하는 것이다.

01 윗글을 읽고 추론한 내용으로 가장 적절한 것은?

① AI가 작성한 가짜 요약문은 기존의 모든 사실 확인 시스템을 완전히 무력화시킨다.

② 어떤 연구자들은 AI를 활용해 의도적으로 거짓 정보를 생성하여 탐지 시스템 개발에 활용하고 있다.

③ 인터넷과 스마트폰의 보급은 가짜 뉴스 확산보다 정확한 정보 전달에 더 기여했다.

④ 사람이 직접 가짜뉴스를 분류하는 방식이 AI를 활용하는 것보다 효율적이다.

02 ㉠~㉣과 바꿔 쓸 수 있는 유사한 표현으로 적절하지 않은 것은?

① ㉠ : 나눌　　　　　② ㉡ : 퍼지고

③ ㉢ : 망가질　　　　④ ㉣ : 만드는

뇌에 쪽적을 남기는 노트 독해 유형 22　　　　p. 219

신유형 2025 버전 2

세트형 독해 - 초점 강화 약화 발문 + 고유어 → 한자어

[3~4] 다음 글을 읽고 물음에 답하시오.

　20세기 초 양자역학의 등장 이후 입자의 상태와 관측 가능성에 대한 해석은 물리학계에서 깊은 논쟁을 ㉠ 불러일으켜 왔다. 코펜하겐 해석을 지지하는 학자들은 입자의 상태가 측정되기 전까지는 여러 가능성이 중첩된 채 존재하며, 관측 행위 자체가 파동 함수의 붕괴를 일으켜 상태를 하나로 결정짓는 역할을 한다고 본다. 이들은 양자 상태를 '객관적 실재'가 아니라 '관측 결과의 확률 분포'로 해석하며, 물리학은 측정 가능한 현상만을 ㉡ 다룰 수 있다는 실증주의적 입장을 따른다. 즉, 입자가 특정한 위치나 운동량을 ㉢ 가지는 것이 아니라, 측정 이전에는 단지 여러 가능성 중 하나의 상태로 확률적으로 존재하다가 관측 순간에 파동 함수가 붕괴하여 특정 상태로 나타난다는 것이다.

　반면, 다세계 해석을 지지하는 학자들은 측정 행위가 확률을 하나로 '붕괴'시키는 것이 아니라, 모든 가능한 결과가 실제로 실현되며 각각이 서로 다른 우주로 ㉣ 나뉜다고 주장한다. 이들은 관측자가 특정 결과를 인식하는 순간, 그 외의 결과 역시 다른 평행 우주에서 실현된다고 보며, 이를 통해 양자역학의 수학적 모형을 인위적 붕괴 없이 유지할 수 있다고 말한다. 직관에는 반하지만, 측정 행위를 특권화하지 않고 양자 이론의 보편성을 인정할 수 있다는 점에서 다세계 해석은 이론적 일관성을 가진다고 평가된다.

03　윗글에서 코펜하겐 해석을 지지하는 학자들의 주장을 강화하는 것으로 가장 적절한 것은?

① 동일한 양자계 실험을 수차례 반복했음에도, 관측자의 개입 없이도 중첩 상태가 붕괴된 것으로 보이는 데이터가 다수 수집되었다.

② 관측 행위를 별도로 정의하지 않아도 되는 해석 방식이 양자역학의 기존 수학 구조를 인위적 가정 없이 유지하는 데 유리하다는 분석이 제기되었다.

③ 상태 붕괴를 가정하지 않고도 복잡한 양자계의 모든 가능한 결과를 일관되게 설명하는 수학적 모델이 제안되어, 해석적 단순성이 주목받고 있다.

④ 두 빔 경로 중 하나를 선택하게 하는 간섭 실험에서, 관측 장치의 유무에 따라 전혀 다른 결과가 나타났다는 반복 실험 결과가 보고되었다.

04　㉠·㉣과 바꿔 쓸 수 있는 유사한 표현으로 적절하지 않은 것은?

① ㉠ : 야기(惹起)하여

② ㉡ : 취급(取扱)할

③ ㉢ : 소유(所有)하는

④ ㉣ : 분기(分岐)한다고

1단계

고유어 → 한자어로 바꾸는 문제 유형은 해당 고유어에 한자어를 넣어서 자연스러운지 확인하는 것이 핵심이다.

2단계

만약 애매하다면 해당 한자어로 내가 스스로 말을 만들어 본다!

Chapter

16 지시 대상 추론

뇌에 쪽적을 남기는 노트 독해 유형 ㉓
p. 219

신유형 2025 버전 1

세트형 독해 – 일반 강화 약화 + 같은 지시 대상 찾기

빨리 푸는 亦功 전략

1단계

강화 · 약화 문제를
먼저 풀고 나서
지시 대상 문제를 풀거나

강화 · 약화 문제와
지시 대상 문제를
동시에 풀기

2단계

지시어를 기준으로
앞의 대상 중 어떤 대상을
가리키는 것인지
앞뒤 단서를 근거 삼아
확인하기

[1~2] 다음 글을 읽고 물음에 답하시오.

2030 탄소중립 목표를 둘러싸고 상반된 견해가 대립하고 있다. (가) 목표유지론자들은 글로벌 기후위기에 대응하기 위해 기존 탄소감축 목표를 그대로 유지해야 한다고 주장한다. 반면 (나) 목표완화론자들은 복합경제위기 상황에서 과도한 탄소감축 목표가 기업과 경제에 가혹한 부담을 주고 있다고 반박한다. ㉠ 이들은 현재 기술 수준으로는 목표 달성이 불가능하며, 억지로 목표를 달성하려면 공장 가동을 줄여야 하는 상황이라고 지적한다. 특히 철강 · 화학 · 시멘트 업종의 탄소중립 비용이 400조원에 달한다는 분석을 근거로 제시한다. 반면, ㉡ 전자는 과잉 탄소배출로 인한 기후변화와 환경파괴가 갈수록 심각해지고 있으므로, 힘들더라도 저탄소 경제로 나아가야 한다고 본다. 또한 국제사회에 공약한 탄소감축 목표를 후퇴시키면 국가 신뢰도에 타격을 줄 수 있다고 강조한다. ㉢ 이들은 산업계가 생산공정을 획기적으로 변혁해 친환경 시스템으로 전환해야 하며, 기술개발 투자를 통해 탄소감축 기술을 선점하면 일석이조의 효과를 누릴 수 있다고 주장한다. 그러나 ㉣ 이러한 접근에 회의적인 이들은 탄소감축 기술의 상용화까지는 아직 시간이 많이 걸리며, 당장은 배출이 많은 기업들이 높은 비용을 들여 탄소배출권을 구매해야 하는 현실적 부담이 크다고 지적한다. ㉤ 경제현실을 우선시하는 전문가들은 수출로 벌어들인 달러로 에너지와 식량자원을 조달하는 상황에서 주력 수출기업들의 생산을 위축시킬 수 없다고 강조한다. 이에 대해 ㉥ 장기적 관점을 중시하는 연구자들은 기후변화 대응이 인류 생존의 중차대한 과제이므로 경제적 어려움을 이유로 후퇴해서는 안 된다고 반박한다.

01 윗글을 읽고 평가한 내용으로 가장 적절한 것은?

① 탄소감축 기술 개발에 성공한 기업들이 해외 시장에서 높은 수익을 올리고 있다는 사례가 보고된다면, 이는 (가)의 주장을 약화한다.

② 주요 수출국들이 비용 때문에 탄소중립 목표를 연기하거나 완화하고 있다는 국제 동향이 발표된다면, 이는 (나)의 주장을 강화한다.

③ 국내 제조업체의 전력 사용량이 전년 대비 15% 증가했다는 통계가 발표된다면, 이는 (가)의 주장을 강화한다.

④ 탄소배출권 가격이 예상보다 낮게 책정되어 기업 부담이 줄어들었다는 분석이 나온다면, 이는 (나)의 주장을 강화한다.

02 문맥상 ㉠~㉥ 중 지시 대상이 같은 것끼리 묶인 것은?

① ㉠, ㉢, ㉣
② ㉠, ㉤, ㉥
③ ㉡, ㉢, ㉥
④ ㉡, ㉤, ㉥

뇌에 쪽적을 남기는 노트 독해 유형 ㉔

p. 220

신유형 2025 버전 2

세트형 독해 – 일반 강화 약화 + 유사한 지시 대상 묶기

[3~4] 다음 글을 읽고 물음에 답하시오.

근로자의 정년을 보장하는 대신 일정 시점부터 임금을 단계적으로 낮추는 임금피크제를 둘러싸고 노동계와 경영계가 대립하고 있다. (가) 유지론자들은 임금피크제가 정년연장에 따른 인건비 부담을 경감하고 고용을 유지하기 위한 사회적 합의라고 주장한다. ㉠ 이들은 2017년 60세 정년연장 시행과 함께 도입된 임금피크제가 늘어나는 인건비 부담을 줄여주고 고용을 유지하는 보완책 역할을 해왔다고 본다.

반면 (나) 폐지론자들은 임금피크제가 본질적으로 반현대적 연령차별이라고 반박한다. ㉡ 이들은 단순히 나이가 많다는 이유로 같은 일을 하면서 임금을 깎는 것은 부당한 연령차별이라고 지적한다. 현대 직장은 지식과 경험에 의존하는 경우가 많아 나이에 따른 생산성 차이가 크지 않다는 것이다. 두 입장 사이의 갈등은 대법원 판결 이후 더욱 심화되었다. 제도 유지를 주장하는 측에서는 대법원이 임금피크제 자체를 부정한 것이 아니라 합리적 이유가 있으면 타당하다고 판단했다고 해석한다.

그러나 ㉢ 이와 다른 입장을 지지하는 이들은 '동일노동 동일임금' 원칙에 따라 같은 성과를 내는데 연령만으로 보수를 차별하는 것은 잘못되었다고 본다. 한편, ㉣ 사회적 합의를 중시하는 전문가들은 회사 측과 노동조합이 대상 연령과 삭감 정도를 단체협상으로 정한 것이 중요하다고 강조한다. 반면 ㉤ 근본적 개혁을 주장하는 연구자들은 임금피크제 폐지와 함께 한국형 초봉제를 청산하고 성과급제나 직무급 방식으로 전환해야 한다고 제안한다.

03 윗글을 읽고 평가한 내용으로 가장 적절한 것은?

① 한 공공기관이 직무급제를 도입하면서 직무의 난이도에 따라 임금을 차등 지급하게 되었다면, 이는 (가)의 주장을 강화한다.

② 연령대별 업무 성과를 분석한 결과 50대 직장인의 생산성이 30대 직장인과 차이가 없다는 연구가 발표된다면, 이는 (가)의 주장을 강화한다.

③ 임금피크제를 폐지한 기업에서 인건비 부담으로 인한 조기퇴직이 증가했다는 사례가 보고된다면, 이는 (나)의 주장을 약화한다.

④ 동일 업무를 수행하는 직원들 간에 연령에 따른 업무 효율성 차이가 거의 없다는 실증 연구가 제시된다면, 이는 (나)의 주장을 약화한다.

04 문맥상 ㉠~㉣ 중 지시 대상이 함축하는 의미가 유사한 것만으로 묶인 것은?

① ㉠, ㉡ / ㉢, ㉣, ㉤
② ㉠, ㉣ / ㉡, ㉢, ㉤
③ ㉡, ㉢ / ㉠, ㉣, ㉤
④ ㉡, ㉣ / ㉠, ㉢, ㉤

빨리 푸는 亦功 전략

1단계

강화·약화 문제를 먼저 풀고 나서 지시 대상 문제를 풀거나

강화·약화 문제와 지시 대상 문제를 동시에 풀기

2단계

지시어를 기준으로 앞의 대상 중 어떤 대상을 가리키는 것인지 앞뒤 단서를 근거 삼아 확인하기

PART
06

Chapter

17

문학 독해 결합형

빨리 푸는 *亦功 쩐략*

1단계

선택지 길이를 보고 무엇을 먼저 볼 것인지 판단하기

2단계

선택지를 분석해서 참 거짓을 판별하기

3단계

만약 확실히 모르겠다면 출제자들이 좋아하는 오답 패턴을 떠올려 보기

뇌에 **쪽적**을 남기는 **노트 독해** 유형 ㉕   p. 220

신유형 2025 버전 1

유명 현대 문학 작가의 작품과 특성

01 다음 글을 읽고 이해한 내용으로 가장 적절한 것은?

> 백석과 이상은 모두 식민지 현실 속에서 인간의 삶을 형상화했지만 표현 방식에서 극명한 차이를 보인다. 백석의 「남신의주 유동 박시봉방」은 이국 땅에서의 유랑과 고독을 토속적인 언어와 향토적 정서 속에 담아내며 현실적 비애를 따뜻한 서정으로 감싸 안는다. 반면 이상의 「오감도」는 실험적인 언어와 파격적인 구조를 통해 식민지 시대의 불안과 인간 존재의 파편화를 드러낸다. 따라서 독자의 공감을 이끌어내는 서정적 성취 측면에서는 백석의 시가 더 뛰어나다는 평가가 제기되기도 한다.
>
> 그러나 「오감도」를 단순히 난해하고 파격적인 형식 실험에 그친 작품으로 보는 것은 이 작품을 충분히 이해한 것이 아니다. 이 작품에서 해체된 언어와 파편화된 이미지들은 단순한 기교가 아니라 식민지 현실의 불안과 인간 존재의 붕괴를 직설적으로 드러내는 장치이다. 따라서 「오감도」는 서정성 부족의 한계라기보다 당대 현실을 가장 급진적으로 형상화한 실험적 모더니즘 시로 보아야 한다.
>
> 이처럼 시적 언어의 실험성과 서정성의 대비는 이후 김수영의 「푸른 하늘을」에서도 변주된다. 이 작품은 자유와 현실 비판을 날카로운 언어 실험으로 드러내면서도 동시에 보편적 인간의 갈망을 담아낸다. 한국 현대시는 서정과 실험, 두 흐름을 교차시키며 그 지평을 넓혀 왔다.

① 「남신의주 유동 박시봉방」은 토속적인 언어로 이상적인 고향의 정취를 그려낸다.

② 「오감도」는 실험적인 언어를 통해 현실의 불안과 인간 존재의 해체를 드러낸다.

③ 「푸른 하늘을」은 향토적인 언어를 통해 비중을 따뜻하게 형상화한다.

④ 「오감도」는 해체된 언어와 파편화된 이미지로 시 자체에서 기교만을 드러내고자 하는 작품이다.

뇌에 족적을 남기는 노트 독해 유형 26

p. 221

신유형 2025 버전 2

고전 문학의 향유 계층

02 다음 글에서 추론한 내용으로 가장 적절한 것은?

조선 후기에서 근대 초기에 이르는 시기, 언문소설은 문자와 계층의 경계를 흔드는 독특한 문학적 위치를 차지했다. 한문이 지배적인 문자였던 조선 사회에서 언문은 오랫동안 '여성의 글', '속된 문자'로 낮게 평가되었으나, 실제 향유층의 폭과 사회적 기능은 그보다 훨씬 넓고 복합적이었다.

언문소설의 주요 독자층은 한문 독해 능력이 부족했던 부녀자와 중·하류층이었지만, 그것은 단순히 문해 수준의 문제로 환원되지 않는다. 이들은 한문 문학의 배타성을 벗어나 한글을 통해 자기 정서와 생활 경험을 표현하고자 했다. 언문소설은 이러한 계층에게 사회적 발언권을 부여한 매체였다. 한문 중심의 지식 문화가 공적 영역을 독점했다면, 언문소설은 사적인 정서와 일상의 감각을 문학의 영역으로 끌어올렸다.

그러나 근대 문자 전환기에는 새로운 역설이 나타났다. 개화기 지식인들은 언문소설을 대중성과 보급성의 상징으로 인식하면서도, 언문 자체를 근대적 문자의 기준으로 인정하지 않았다. 신문과 잡지를 통해 소설을 인쇄·연재하면서도 그 표기를 한문이나 언한문체로 변형한 것은 지식층이 여전히 문자 위계에서 벗어나지 못했음을 보여준다.

결국 언문소설은 한문 문명권에서 배제된 계층이 만들어낸 '비(非)지배 문자의 문학'이었으며, 문자 질서의 틀을 흔들어 근대적 독서 문화를 확립하는 데 결정적 역할을 했다. 언문을 통해 사회 하층의 정서가 문학으로 승화되었고, 그 속에서 조선 후기의 여성과 민중은 처음으로 자신의 언어로 세상을 말하는 주체로 등장하였다.

① 언문소설의 주요 독자층은 한문 독해 능력이 뛰어난 상류층 남성 지식인들이 대부분을 차지하였고 이들이 주도하였다.

② 개화기 지식인들은 언문을 근대적 문자로 인정하고 신문과 잡지 등 출판물에 언문을 사용하도록 권장하였다.

③ 언문소설은 한문 문학의 배타성에서 배제된 계층이 자신들의 정서와 일상 경험을 표현할 수 있는 문학적 매체가 되었다.

④ 조선 사회에서 언문은 처음부터 한문과 동등하게 공적 영역의 지식 문화를 주도하는 지배적 문자로 인정받았다.

빨리 푸는 亦功 전략

1단계

선택지 길이를 보고 무엇을 먼저 볼 것인지 판단하기

2단계

선택지를 분석해서 참 거짓을 판별하기

PART 06

3단계

만약 확실히 모르겠다면 출제자들이 좋아하는 오답 패턴을 떠올려 보기

Chapter

18 문법 독해 결합형

뇌에 **쪽쪽**을 남기는 **노트 독해** 유형 27
p. 221

신유형 2025 버전 1

형태론 – 일반 사례 추론

01 다음 글에서 추론한 내용으로 적절하지 않은 것은?

> 부사격 조사는 체언에 결합하여 체언이 문장에서 부사어의 자격을 가지도록 하는 격조사의 일종이다. 부사격 조사는 종류에 따라 문장에서 체언이 시간, 장소, 방향, 원인, 도구, 자격, 비교, 변화, 인용 등의 의미를 가지도록 한다. 처소 부사격 조사는 장소나 시간에 관련된 의미를 가지는 부사격 조사이다. 장소를 나타내는 '-에', '-에서', 시간을 나타내는 '-에', 상대를 나타내는 '-에(게)', '-한테', '-께', 출발점을 나타내는 '-에서', '-에게서', '-한테서', '-로부터', 방향을 나타내는 '-(으)로', '-에게로', '-한테로' 등이 있다. 도구 부사격 조사는 체언이 도구적 수단이나 방법임을 나타내는 부사격 조사로 '-로써'가 있다. 자격 부사격 조사는 체언이 특정 자격을 갖추었음을 나타내는 부사격 조사로 '-로서'가 있다. 또한 체언이 특정 사건의 원인이 됨을 나타내는 원인 부사격 조사로 '-에', '-(으)로'가 있으며 다른 대상과 비교를 하기 위해 쓰이는 비교 부사격 조사로 '-와/과', '-처럼', '-만큼', '-보다'도 있다. 그리고 특정 대상으로의 변화를 나타내기 위한 변성 부사격 조사로 '-로', 마지막으로 인용의 의미를 나타내기 위한 인용 부사격 조사 '-(라)고'도 있다. 이처럼 부사격 조사의 종류는 매우 다양하며 부사격 조사는 문장에서 체언이 다양한 의미를 가지며 부사어로 사용될 수 있도록 만들어 문장을 다채롭게 구성할 수 있도록 하여 국어의 다양한 표현을 가능하게 한다.

① '그가 12시에 도착하기로 했다.'에서 '-에'는 시간을 나타내는 처소 부사격 조사이다.

② '리더로서 소임을 다했다.'에서 '-로서'는 자격을 나타내는 자격 부사격 조사이다.

③ '선생님처럼 훌륭한 사람이 되고 싶다.'에서 '-처럼'은 비교를 나타내는 비교 부사격 조사이다.

④ '모든 길은 로마로 통한다.'에서 '-로'는 원인을 나타내는 원인 부사격 조사이다.

빨리 푸는 亦功 전략

1단계

일반 사례 추론은 제시문에서 다루는 문법 중심 화제가 무엇인지 정도만 체크

2단계

선지를 분석해서 참 거짓을 스스로 판별하기

3단계

만약 선지만으로 판단이 안 되는 경우에는 제시문으로 가서 해당 부분을 발췌하여 선지를 판단한다.

뇌에 **쪽적**을 남기는 **노트 독해** 유형 **28**   p. 221

p. 221

신유형 2025 버전 2

통사론 – 일반 사례 추론

02 다음 글에서 추론한 내용으로 적절하지 않은 것은?

> 국어에서 피동과 사동은 동사나 형용사 어간에 특정 접미사가 결합하여 만들어진다. 피동은 주체가 다른 대상에 의해 동작이나 작용을 받는 것을 나타내는 반면, 사동은 주체가 다른 대상에게 동작이나 행위를 하도록 시키거나 특정 상태가 되도록 만드는 것을 의미한다. 피동 접미사와 사동 접미사는 '–이–, –히–, –리–, –기–' 등으로 형태가 동일한 경우가 많다. 이로 인해 동일한 동사에 같은 접미사가 결합했을 때 피동의 의미와 사동의 의미를 모두 가지게 되는 경우가 있다. 예를 들어 '옷을 입히다'는 '누군가에게 옷을 입게 하다'라는 사동의 의미를, '도둑이 경찰에게 잡혔다.'의 '잡히다'는 '잡음을 당하다'라는 피동의 의미를 지닌다.
>
> 그러나 피동사와 사동사의 형태가 항상 같은 것은 아니다. '먹다'의 경우 피동사는 '먹히다'이지만, 사동사는 '먹이다'로 서로 다른 접미사가 결합한다. 또한 동사에 따라 피동사만 존재하고 사동사는 존재하지 않거나, 반대로 사동사만 존재하고 피동사는 존재하지 않는 경우도 있다. 한편, 사동 표현은 접미사를 통한 파생적 방법 외에도 '~게 하다'와 같은 통사적 방법으로도 실현될 수 있다. 예를 들어 '그는 아이에게 책을 읽게 했다'는 '–게 하다'라는 보조 용언 구성을 통해 사동의 의미를 나타낸다.

① '돌을 굴리다'에서 '굴리다'는 '돌이 굴러가게 하다'라는 의미로 사용된 사동사이다.

② '문이 닫히다'의 '닫히다'와 '아이에게 옷을 입히다'의 '입히다'는 모두 접미사 '–히–'가 결합했지만, 전자는 피동사, 후자는 사동사이다.

③ '철수는 동생에게 책을 읽게 했다'는 사동의 통사적 방법이 실현되었다.

④ '물건이 팔리다'는 사동의 파생적 방법이 실현되었다.

빨리 푸는 亦功 전략

1단계

일반 사례 추론은 제시문에서 다루는 문법 중심 화제가 무엇인지 정도만 체크

2단계

선지를 분석해서 참 거짓을 스스로 판별하기

PART **06**

3단계

만약 선지만으로 판단이 안 되는 경우에는 제시문으로 가서 해당 부분을 발췌하여 선지를 판단한다.

뇌에 족적을 남기는 노트 독해 유형 ㉙

p. 222

1단계

밑줄 사례 추론은
제시문의 밑줄을 먼저
확인해서
문법 중심 화제가
무엇인지 정도만 체크

2단계

선지를 분석해서
참 거짓을
스스로 판별하기

3단계

만약 선지만으로
판단이 안 되는 경우에는
제시문으로 가서
해당 부분을 발췌하여
선지를 판단한다.

신유형 2025 버전 3

음운론 + 표준 발음법 – 밑줄 사례 추론

03 다음 글의 ㉠에 해당하는 사례로 적절하지 않은 것은?

국어의 음운 변동에서 'ㄹ'과 'ㄴ'이 만나는 환경에서 일어나는 현상은 크게 두 가지로 나뉜다. ㉠ 유음화는 'ㄴ'이 'ㄹ' 앞이나 뒤에서 'ㄹ'로 변화하는 현상이다. 이는 조음 방법을 통일하여 발음을 쉽게 하려는 동화 현상의 일종으로, 비음인 'ㄴ'이 유음인 'ㄹ'의 영향을 받아 같은 유음 'ㄹ'로 바뀌는 것이다. 예를 들어 '신라'가 [실라]로, '칼날'이 [칼랄]로 발음되는 것이 이에 해당한다. 이때 'ㄴ'은 완전히 'ㄹ'로 교체되어 연속된 'ㄹㄹ' 소리가 난다.

반면, ㄹ의 비음화는 복합어나 파생어에서 'ㄹ'이 비음 환경에 놓일 때 'ㄴ'으로 변화하는 현상이다. 이는 유음화와 반대 방향의 변화로, 'ㄹ'이 비음의 영향을 받아 'ㄴ'으로 바뀌는 것이다. 예를 들어 '음운론'이 [음운논]으로, '생산량'이 [생산냥]으로 발음되는 것이 이에 해당한다. 즉, 유음화는 'ㄴ'이 'ㄹ'로 바뀌는 것이고, ㄹ의 비음화는 'ㄹ'이 'ㄴ'으로 바뀌는 것이라는 점에서 정반대의 현상이다.

① '진리를 찾다'에서 '진리'
② '실내 공기'에서 '실내'
③ '논리적 사고'에서 '논리'
④ '입원료 청구'에서 '입원료'

MEMO

19 논리 독해 결합형

빨리 푸는 *亦功* 전략

1단계

선지를 먼저 읽고
대상을 뽑기
[㉠, ㉡]

2단계

㉠의 핵심 내용에
밑줄을 긋고
①, ②번 해결

㉡의 핵심 내용에
밑줄을 긋고
③, ④번 해결

3단계

선택지를 2파트로 나누고

① 특정 사례가
이 이론을 뒷받침하면
강화,

② 반대로 뒷받침하면
약화

③ 특정 사례가 이론과
관련이 없는 경우에
'강화, 약화'라고 판단을
내리는 것은 잘못된
것임에 유의하기

쪽쪽노 독해 *亦功* 노트

❶ ㉠에서 꼭 확인해야 하는 정보

⋮ _____

❷ ㉠과 관련된 강화, 약화 분석

1) ①이 적절하지 않은 이유

> 메달 없이도 스포츠맨십으로 명예의 전당에 헌액된 선수들의 사례가 있다
> (스포츠맨십이 그 선수의 역사적 의미를 결정짓는 핵심 요소임)

→ ㉠을 ❶_____하는 것이지, ❷_____하는 것이 아니므로 ❸_____의 오류이다.

2) ②이 적절하지 않은 이유

> 경기 기록이 뛰어났으나 스포츠맨십이 부족했던 선수가 역사적 평가에서 낮은 순위를
> 기록했다. (그만큼 스포츠맨십이 중요하다는 뜻임)

→ ㉠을 ❶_____하는 것이지, ❷_____하는 것이 아니므로 ❸_____의 오류이다.

❸ ㉡에서 꼭 확인해야 하는 정보

⋮ _____

❹ ㉡과 관련된 강화, 약화 분석

1) ③이 적절한 이유

> 훌륭한 도전 정신과 스포츠맨십을 보여준 선수들 중 상당수가 역사적 평가에서 제외되
> 었다는 연구가 있다 (도전 정신과 스포츠맨십만으로 선수의 역사적 가치가 입증되는 것
> 은 아님)

→ ㉡을 ❶_____하는 사례로 적절하다.

2) ④이 적절하지 않은 이유

> 뛰어난 경기 기록과 도전 정신을 가진 선수들만이 스포츠 역사에 기억된다.
> ('도전 정신'과 '스포츠맨십'만으로도 선수의 역사적 가치가 입증된다는 사례가 와야 했
> 음. 하지만 여기에서는 '도전 정신'과 '뛰어난 경기 기록'을 언급하므로 관련이 없음)

→ 이는 ㉡을 ❶_____하지도 ❷_____하지도 않는 사례이므로 ❸_____의 오류이다.

p. 222

신유형 2025 버전

논리 + 일반 강화 약화 – 충분조건, 필요조건

01 다음 글의 ㉠과 ㉡에 대한 평가로 올바른 것은?

> 스포츠 역사학계에서는 선수의 기량을 평가하는 방식에 대한 새로운 시각이 제기되고 있다. 과거에는 메달과 기록만으로 선수의 업적을 평가하는 경향이 있었다. 그러나 최근 연구들은 다른 관점을 제시한다. 특히 스포츠가 단순한 신체적 능력의 경쟁을 넘어 인간의 정신적 가치를 구현하는 장이라는 인식이 확산되면서, 선수 평가의 기준도 변화하고 있다. 실제로 많은 스포츠 역사가들은 기록과 메달 중심의 평가가 선수의 진정한 가치를 왜곡할 수 있다고 지적한다. ㉠ 선수의 진정한 가치는 경기 기록만으로는 온전히 드러나지 않는다. 기록 이면의 도전 정신과 스포츠맨십이 그 선수의 역사적 의미를 결정짓는 핵심 요소라는 것이다. 그렇다고 ㉡ 도전 정신과 스포츠맨십만으로 선수의 역사적 가치가 입증되는 것은 아니다. 스포츠 역사가들은 경기 기록, 선수 생활의 지속성, 후배 양성 기여도 등을 종합적으로 검토해야 한다고 주장한다.

① 메달 없이도 스포츠맨십으로 명예의 전당에서 가치가 인정된 선수들의 사례가 있다면, ㉠은 약화된다.

② 경기 기록이 뛰어났으나 스포츠맨십이 부족했던 선수가 역사적 평가에서 낮은 순위를 기록했다면, ㉠은 약화된다.

③ 훌륭한 도전 정신과 스포츠맨십을 보여준 선수들 중 상당수가 역사적 평가에서 제외되었다는 연구가 있다면, ㉡은 강화된다.

④ 뛰어난 경기 기록과 도전 정신을 가진 선수들만이 스포츠 역사에 기억된다는 분석이 있다면, ㉡은 약화된다.

PART 06

독해노트 정답

❶ 선수의 진정한 가치는 경기 기록만으로는 온전히 드러나지 않는다. 기록 이면의 도전 정신과 스포츠맨십이 그 선수의 역사적 의미를 결정짓는 핵심 요소라는 것이다.

❷ 1) ❶ 강화 ❷ 약화 ❸ 반대
　 2) ❶ 강화 ❷ 약화 ❸ 반대

❸ 도전 정신과 스포츠맨십만으로 신수의 역시적 가치가 입증되는 것은 아니다.

❹ 1) ❶ 강화
　 2) ❶ 강화 ❷ 약화 ❸ 무관

독해

박혜선 국어 족집게 적중노트

정답 및 해설

뇌에 **족적**을 남기는 **노트 독해** 유형

PART
06
독해

CHAPTER 01 말하기 방식 / 의견의 대립 양상

뇌에 **쪽적**을 남기는 **노트 독해** 유형 ❶

신유형 2025 버전 1
p.159

01 ▶ ③

의견의 대립 양상을 물어보는 유형이다. "동물들도 나름의 권리가 있는 존재야"라는 발화에서 수현은 동물의 도덕적 권리를 인정함을 알 수 있다. 반면 "인간의 생명이 우선되어야 하는 거 아닐까?"와 "더 많은 사람을 구할 수 있다면 그게 더 큰 선이야"라는 발화에서 은정은 인간을 우선하는 입장을 취하는 것으로 보아 인간과 동물의 권리를 동등하게 보지 않을 것임을 알 수 있다. 따라서 은정과 수현이 모두 동물의 도덕적 권리를 인정하는 관점에 동의할 것이라는 것은 적절하지 않다.

오답풀이

① "인간의 생명을 구하기 위한 불가피한 과정이야"와 "그 결과만으로도 충분히 정당화돼"라는 발화로 보아 은정은 인간 생명 구호의 결과를 중시함을 알 수 있다. "동물도 고통을 느끼는 존재인데, 인간의 이익을 위해 일방적으로 희생시키는 건 옳지 않아"라는 발화에서 민석은 동물의 생명권 자체를 중시함을 알 수 있다.

② "대체 실험 방법을 개발하는 게 맞다고 봐"라는 수현의 발화와 "과학 기술로 대안을 찾아야 해"라는 서준의 발화를 종합해 보면 수현과 서준 모두 동물 실험의 대안이 필요하다는 주장에 동의함을 추론할 수 있다.

④ "동물의 권리를 무시하고 인간 중심적으로만 생각하는 건 옳지 않아"라는 발화에서 서준은 동물 권리 보호를 우선해야 한다고 봄을 알 수 있다. 은정은 "인간의 생명이 우선되어야 한다"고 말한 것으로 보아 동물 권리 보호를 우선하지 않음을 알 수 있다.

뇌에 **쪽적**을 남기는 **노트 독해** 유형 ❷

신유형 2025 버전 2
p.161

02 ▶ ②

ㄴ. 을은 "부모의 경제력이 자녀의 미래를 결정하는 불평등한 구조가 고착화되었고"라고 주장하고, 병도 "부모의 사회경제적 지위가 자녀의 교육 기회와 문화 자본에 여전히 큰 영향을 미쳐"라며 구조적 불평등의 존재를 인정한다. 두 사람 모두 현재 사회의 불평등 구조를 비판적으로 보므로 대립하지 않는다.

오답풀이

ㄱ. 갑은 "능력만 있으면 누구나 상향 이동할 수 있는 공정한 경쟁 사회가 되었어"라며 능력주의가 실현되었다고 주장하지만, 을은 "능력주의는 허상이야"라며 부의 대물림과 구조적 불평등을 지적한다. 두 주장은 대립한다.

ㄷ. 병은 "구조적 불평등이 그 가능성을 제약하고 있어"라며 능력주의의 한계를 지적하는 반면, 갑은 "전통적인 계급 장벽은 무너졌고"라며 능력주의의 완전한 실현을 주장한다. 두 주장은 대립한다.

CHAPTER 02 공문서 개요 작성

뇌에 쪽쪽을 남기는 노트 독해 유형 ③

신유형 2025 버전 1 p.162

01 ▶ ④

"비대면 서비스 중심으로 행정 절차를 디지털 활용으로 전환하도록 유도"는 본론 Ⅲ의 '고령층 디지털 소외 해소를 위한 개선 방안'으로 부적절하다. 본론 Ⅱ에서 제시한 원인은 복잡한 인터페이스, 교육 프로그램 부족, 접근성 격차인데, 비대면 서비스를 중심으로 행정절차를 바꾼다는 것은 이 개요의 주제와 부합하지 않는다.

오답풀이

① 본론 Ⅱ-1의 "신체적인 문제로 인한 디지털 기기 사용의 어려움"에 대응하는 해결 방안으로, "글자 크기 확대와 음성 기능 강화 등 고령 친화적 기기 개발"은 적절하다. 복잡한 인터페이스를 단순화하고 고령층이 사용하기 쉽도록 개선하는 직접적인 방안이다.

② 본론 Ⅱ-2의 "체계적인 맞춤형 디지털 교육 프로그램 부족"에 대응하는 해결 방안으로, "노인복지관 중심의 수준별 디지털 교육 확대와 일대일 맞춤 지원"은 적절하다. 부족한 교육 프로그램을 확대하고 개별 지원을 통해 교육 효과를 높이는 방안이다.

③ 본론 Ⅱ-3의 "소득·지역별 디지털 기기 접근성과 활용 기회의 격차"에 대응하는 해결 방안으로, "저소득층 고령자에게 스마트폰·태블릿·노트북 무상 대여"은 적절하나. 디지털 접근이 어려운 계층도 디지털 기기를 이용할 수 있도록 대안을 제공하는 방안이다.

뇌에 쪽쪽을 남기는 노트 독해 유형 ④

신유형 2025 버전 2 p.163

02 ▶ ④

"금융 취약 청년층에 대한 추가 대출 권장으로 소비 활성화"는 4장 결론의 '기대 효과'로 부적절하다. 개요는 청년 채무 문제 해결을 위한 '지원 체계 강화'를 목표로 하는데, 이미 채무로 어려움을 겪는 금융 취약 청년층에게 추가 대출을 권장하는 것은 문제를 악화시키는 방향이다. 이는 본론에서 제시한 채무조정과 금융교육 강화라는 해결 방안과 정반대되며, 부채의 악순환을 끊어내려

는 개요의 목적과 완전히 상충된다.

오답풀이

① "미래 경제 주체 보호를 위한 사회적 투자 필요성"은 서론의 두 번째 항목으로 적절하다. 지침에서 서론은 '보고서 작성의 배경과 필요성을 포함'하도록 되어 있으므로, 청년 채무 문제 해결이 사회적 투자라는 점을 제시하는 것은 적절하다.

② "금융교육 부재로 인한 건전한 금융생활 역량 부족"은 2장의 두 번째 항목으로 적절하다. 청년 채무 문제의 구조적 원인을 지적하며, 3장의 두 번째 항목인 "금융교육 의무화와 맞춤형 상담 프로그램 확대"와 대응된다.

③ "청년 특화 채무조정 프로그램 도입과 승인 기준 완화"는 3장의 첫 번째 항목으로 적절하다. 2장의 첫 번째 항목에서 제기한 연령 차별적 채무조정 문제에 대응하는 구체적인 해결 방안이다. 연령 차별적 채무 조정 기준을 해결하기 위해 청년 특화 채무 조정 프로그램을 도입하고 청년들이 채무 조정에 대한 제도적 접근성이 약하니, 채무 조정을 해주는 기준을 완화해주는 것은 강화 방안으로 적절하다.

CHAPTER 03 내용 고쳐 쓰기

뇌에 쪽쪽을 남기는 노트 독해 유형 ⑤

신유형 2025 버전 1 p.164

01 ▶ ③

ⓒ 뒤에서 협동교육은 '프로젝트 학습, 조별 과제와 같은 방법을 통해 학생들이 함께 문제를 해결'한다고 설명하며, '타인과의 소통 능력'과 '집단적 성취감'을 강조한다. 따라서 '학생들 간의 상호작용과 협력을 통해 학습의 효과를 높이고'로 수정하는 것이 적절하다.

오답풀이

① ㉠ 뒤의 '시험, 석차, 장학금과 같은 제도'와 '상위 성적을 받은 학생들에게 특혜를 제공'한다는 서술을 참고할 때, 경쟁교육은 결과 중심임을 알 수 있다. 따라서 기존 서술을 유지하는 것이 적절하다.

② ㉡ 앞에서 경쟁교육이 '학생들 간의 지나친 비교와 스트레스를 유발'한다고 설명하고 있으므로, 개인주의 강화에 대한 비판이 이어지는 것이 적절하다.

④ ㉣ 앞에서 협동교육은 '타인과의 소통 능력'과 '집단적 성취감'을 강조한다고 설명하므로, 개인적 성취 의존을 비판하는 선지의 내용은 맥락상 맞지 않다.

뇌에 쪽쪽을 남기는 노트 독해 유형 ❻

신유형 2025 버전 2   p.165

02 ▶ ③

ⓒ 뒤에서 진화론이 '단순한 형태에서 복잡한 형태로 발전한다'고 설명하므로, 기존 서술이 적절하다. 인간의 의도적 설계와 계획과 관련된다는 근거는 본문에 등장하지 않으므로 적절하지 않다.

오답풀이

① ㉠ 뒤에서 '기술, 관습, 종교 등 문화적 요소가 특정 중심지에서 발생한 뒤' 전파된다고 설명하므로, '문화가 한 사회에서 다른 사회로 전달되는 전파의 산물이라고 본다.'로 고치는 것이 적절하다.

② '문화적 요소는 항상 한 사회 내에서만 발생하고, 외부와의 상호작용 없이 진화한다'는 서술은 확산론의 관점과 반대된다. 본문에서 확산론은 '교역, 이주, 전쟁 등을 통해 주변으로 확산된다'고 설명하며, '고대 이집트의 문화가 지중해 지역에 영향을 미친 사례'를 예시로 든다. 따라서 '문화가 독립적으로 발전했다기보다는, 서로 연결된 네트워크 속에서 전파된 결과라고'로 고치는 것이 적절하다.

④ ㉣ 뒤에서 '사냥과 채집 단계에서 농업, 산업 사회로 발전하는 과정'을 예시로 들고 있으므로, '모든 사회가 동일한 발전 단계를 거친다고 가정한다'고 고치는 것이 적절하다.

CHAPTER 04   공문서 문장 고쳐 쓰기

뇌에 쪽쪽을 남기는 노트 독해 유형 ❼

신유형 2025 버전 1   p.174

01 ▶ ③

〈공공언어 바로 쓰기 원칙〉의 'ⓒ 올바른 사동, 피동 표현 사용할 것.'에 따라 보면 '읽혀지다'는 '읽+히(짧은 피동)+어지(긴 피동)+다'로 분석이 되므로 잘못된 이중 피동 표현이 쓰였음을 알 수 있다. 따라서 기존 표현인 '읽어지지'가 옳기 때문에 '읽혀지지'로 고친 것은 적절하지 않다.

오답풀이

① 〈공공언어 바로 쓰기 원칙〉의 '㉠ 대등 접속 시 구조가 같은 표현을 사용할 것.'에 따라 보면 "지역 인재 유출 방지와 향토

기업으로서"는 병렬 관계가 자연스럽지 않다. '유출 방지'는 명사구이고 '향토기업으로서'는 부사구이므로 구조가 다르다. 따라서 '와'로 연결하지 말고 "지역 인재 유출을 방지하고 향토기업으로서"로 고쳐 문장을 자연스럽게 만드는 것이 적절하다.

② 〈공공언어 바로 쓰기 원칙〉의 'ⓒ 중의성이 있는 문장을 사용하지 않을 것.'에 따라 보면 수식어 '공공 시설 이용'은 '시민'을 꾸밀 수도, '불편'을 꾸밀 수도 있으므로 중의성이 있는 문장임을 알 수 있다. 따라서 정보를 더 추가하여 '시는 시민들이 공공시설을 이용하면서 느끼는 불편을 해소하는 방안을 검토하고 있다.'로 고치는 것은 적절하다.

④ 〈공공언어 바로 쓰기 원칙〉의 '㉣ 의미가 중복되는 표현을 삼갈 것.'에 따라 "이미 예고된"은 '예고(豫告)'가 이미 '미리 알림'이라는 의미를 포함하고 있으므로 '이미'와 의미가 중복된다. 따라서 "예고된 일" 또는 "이미 알려진 일"로 고치는 것이 적절하다.

뇌에 쪽쪽을 남기는 노트 독해 유형 ❽

신유형 2025 버전 2   p.175

02 ▶ ④

〈공공언어 바로 쓰기 원칙〉의 네 번째 원칙인 '문맥에 적절한 어휘를 사용할 것.'을 보면, 이미 기존 표현인 '㉣ 결재'가 옳음을 알 수 있다. '㉣ 결재(決裁: 決 결단할 결 裁 마를 재)'는 상관이 부하가 제출한 안건을 검토하여 승인함을 의미하므로 서류를 승인한다는 어휘를 잘 쓴 것이기 때문이다. 하지만 고친 표현인 '결제(決濟: 決 결단할 결 濟 건널 제)'는 증권이나 대금의 수수(授受: 授 줄 수 受 받을 수)에 의해서 매매 당사자 간의 거래 관계를 끝맺음이라는 의미이므로 '서류를 결제한다'는 것은 적절하지 않게 고친 것이다.

오답풀이

① 〈공공언어 바로 쓰기 원칙〉의 첫 번째 원칙인 '지나친 명사 나열을 피하고 적절한 조사와 어미를 활용하여 문장을 구성할 것.'을 보면, '㉠ 맞춤형 서비스 조기 제공 및 직업훈련 일경험 기회 확대 방안'은 명사가 과도하게 나열되어 있다. 이를 '맞춤형 서비스를 조기에 제공하고 직업훈련과 일 경험 기회를 확대하는'으로 조사와 어미를 활용하여 자연스럽게 풀어쓰는 것이 적절하다.

② 〈공공언어 바로 쓰기 원칙〉의 두 번째 원칙인 '주어와 서술어의 관계를 명확하게 표현할 것.'을 보면, '본 센터는'이 주어이므로 '120개소가 운영되고 있습니다.'가 호응이 되지 않고 있

음을 알 수 있다. 따라서 주어인 '본 센터는'이 서술어 '120개 소를 운영하고 있습니다'와 호응하는 것으로 고치는 것은 적절하다.

③ 〈공공언어 바로 쓰기 원칙〉의 세 번째 원칙인 '적절한 접속어를 사용할 것.'을 보면, 'ⓒ 어려움을 겪고 있지만'의 접속어미 '~지만'은 대조 관계를 나타내는데, 뒤에 이어지는 '이들을 위해 실무 역량 강화 프로그램을 제공할 예정'은 대조가 아니라 해결책 제시이다. 따라서 자연스럽게 이을 수 있도록 '어려움을 겪고 있으니'로 고치는 것이 적절하다.

CHAPTER 05 중심 내용 추론

뇌에 쪽적을 남기는 노트 독해 유형 ⑨

신유형 2025 버전 p.177

01 ▶ ④

본문은 개별화교육계획의 법적 성격과 중요성을 설명하고, 미국과 한국의 제도를 비교하면서 한국의 제도적 한계와 개선 필요성을 강조하고 있다. 1문단에서 "개별화교육계획은... 학생의 권리를 보장하기 위한 법적 문서로서의 성격을 지닌다"고 명시하고 있으며, 2문단에서는 한국의 경우 "구성요소에 대한 법적 기준이 미비하고, 행정 시스템과 학교 현장의 양식이 분리되어 있어 계획의 연속성과 활용도에 한계가 있다"고 지적하고 있다. 또한 "장애학생의 권리 보장을 위한 실질적인 제도 개선 논의가 제기되고 있다"고 언급하며 개선 필요성을 강조하고 있다. 따라서 이 선지가 글의 중심 내용을 가장 정확하게 반영하고 있다.

오답풀이

① 본문에서 "교사의 전문성 향상"이나 "행정적 지원 체계 강화"에 대한 직접적인 언급은 없다. 제도적 개선의 필요성은 언급되었지만, 그 방향이 교사의 전문성과 행정 지원에 초점을 맞추어야 한다는 내용은 본문에 제시되지 않았다. 이는 본문에서 다루지 않은 새로운 내용을 추가한 것이다.

② 본문에서 미국의 제도가 법적 근거와 표준화된 양식을 통해 운영된다는 내용은 맞지만, 한국에서 "학부모와 학생의 참여가 제한적"이라는 내용은 직접적으로 언급되지 않았다. 본문은 한국 제도의 문제점으로 법적 기준 미비와 양식의 불일치를 지적하고 있으며, 참여자 구성의 문제를 중심으로 다루고 있지 않다.

③ 본문은 미국과 한국의 사례만을 비교하고 있으며, "국가별로 다양한 형태로 발전해 왔다"거나 "각 국가의 교육 철학과 법체

계에 따라 그 성격이 달라진다"는 일반화된 내용은 언급하지 않고 있다. 이는 본문의 내용을 지나치게 확대 해석한 것이다.

CHAPTER 06 내용 추론 긍정 발문

뇌에 쪽적을 남기는 노트 독해 유형 ⑩

신유형 2025 버전 p.179

01 ▶ ②

본문에서 '지반이 융기하는 현상이 빙상 붕괴를 어느 정도 지연시킬 수 있다'고 했으며, '이는 빙상 붕괴를 완전히 막지는 못하지만 속도를 조절하는 요인이 된다'고 명시적으로 언급하여 선지의 내용과 일치한다.

오답풀이

① 극단의 오류이다. 본문에서는 임계점이 중요한 요인이라고 설명했으나, '모든' 빙상 붕괴가 임계점을 넘어서야 발생하며 '어떠한' 자연현상도 이를 지연시킬 수 없다는 극단적 주장은 언급되지 않았다. 오히려 지반 융기가 융해 속도를 늦출 수 있다고 설명했다.

③ 비교 혼동의 오류이다. 본문에서는 '과거에는 빙하가 바다로 흘러나가는 속도가 주된 문제였지만, 최근에는 기온 상승으로 인한 빙상 표면의 직접적인 융해가 더 큰 요인이 되고 있다.'라고 언급하고 있다. 따라서 선지의 '빙하가 바다로 흘러나가는 속도'와 '빙상의 직접적 융해'의 위치를 뒤바꿔야 옳은 선지가 된다.

④ 반대의 오류이다. 본문에서는 '연구자들은 빙상이 일정 수준 이상으로 얇아지면 표면이 더 따뜻해져 융해 속도가 가속화되는 악순환이 발생할 수 있다고 본다.'고 설명했다. 이를 통해 보면 빙상의 크기가 작아지면 표면 온도가 높아지므로 반비례한다고 봐야 하며 빙상의 온도가 올라갈 수록 속도는 올라가니 이 둘의 관계는 비례한다고 보아야 한다.

박혜선 국어

CHAPTER 07   내용 추론 부정 발문

뇌에 쪽적을 남기는 노트 독해 유형 ⑪

신유형 2025 버전   p.181

01 ▶ ③

지문의 내용으로 볼 때 환상적 사건의 당대 현실의 부정적 모습(부조리함)을 드러내고 있다고 볼 수 있으나, 이로부터 도피하고 있다는 내용은 찾아볼 수 없으므로 적절하지 않은 설명이다.

오답풀이

① 2문단에서 '여인에게 끝까지 지고지순한 사랑을 보여준 양생의 모습은 단종에게 충의를 지킨 작가의 삶이 투영되어 있다고 볼 수 있다.'를 통해 알 수 있다.
② 3문단에서 '나라를 다스리는 임금에게는 덕망이 있어야 하며, 또한 나라는 백성이 주체가 되어야 하는데, 임금이 이를 지키지 않으며 천명이 가 버리고 민심이 떠나 임금도 자리를 지키지 못함을 강조하고 있다. 작가는 이를 통해 정도의 가치관을 드러냄과 동시에 세조가 단종의 왕위를 찬탈한 것을 비판하고 있는 것이다.'라고 제시되어 있으므로 적절한 설명이다.
④ 1문단에서 '전기(傳奇) 소설은 인간 세계와 이계(異界)의 접촉을 다루며, 환상적 사건을 통해 현실을 우의적으로 드러내는 소설이다'라고 제시되어 있고, 또한 '만복사저포기'는 단종에게 충의를 지키려는 작가의 모습을, '남염부주지'에는 세조의 왕위 찬탈에 대한 비판 의식이 드러나 있으므로, 이를 통해 세조의 왕위 찬탈로 인한 당대 현실의 모습을 우의적으로 드러낸다고 볼 수 있다.

CHAPTER 08   단수 빈칸 추론

뇌에 쪽적을 남기는 노트 독해 유형 ⑫

신유형 2025 버전   p.182

01 ▶ ②

지문에서는 AI가 창작 활동에 깊이 개입하면서 인간의 창의성과 AI의 역할에 대한 논의가 활발해지고 있다고 설명하고 있다. 특히 AI 창작물이 야기하는 저작권과 창작 윤리의 문제를 언급하고, 추가된 문장에서 '창작이 단순한 조합이 아니라, 경험과 감성을 바

탕으로 한 독창적 사고의 결과물이라면, AI의 작품을 어떻게 평가해야 할지에 대한 근본적 질문도 제기된다'라고 언급하고 있다. 이는 AI 창작물의 가치와 평가에 관한 철학적 논쟁을 암시하는 내용으로, 이러한 맥락에서 AI 창작물이 인간의 창의성과 동등한 가치를 가질 수 있는지에 대한 철학적 논쟁이 이어지고 있다는 ②가 가장 적절하다.

오답풀이

① 지문에서는 AI의 창작물이 기술적으로 우수하다거나 인간의 창작물보다 더 높은 가치를 인정받아야 한다는 주장을 하고 있지 않다. 오히려 AI 창작물의 가치와 평가에 대한 근본적 질문을 제기하고 있다.
③ 지문에서는 AI의 활용을 제한해야 한다는 규범적 주장을 하고 있지 않으며, 단지 현상과 쟁점을 설명하고 있다.
④ 지문에서는 AI 생성 콘텐츠의 저작권 귀속에 대한 구체적인 해결책을 제시하고 있지 않으며, AI 개발 기업에게 저작권이 귀속되어야 한다는 주장도 없다.

02 ▶ ③

빈칸 앞의 내용을 통해 쥐가 레버를 누른 후 먹이라는 보상을 받자 같은 행동을 반복하게 되었고, 먹이가 나오는 경우에 행동 빈도가 급격히 증가했음을 알 수 있다. 스키너는 이를 바탕으로 보상이 주어지면 행동을 계속하고, 보상이 없으면 행동을 중단한다는 조작적 조건형성이론을 정립했다. 따라서 행동의 결과로 얻어지는 강화물(보상)이 행동 반복을 결정하는 핵심 요인이라는 것이 이 실험의 핵심 결론이다.

오답풀이

① 스키너 상자는 통제된 단순한 환경에서 진행된 실험이고, 복잡한 환경에서의 조건형성 효과에 대한 언급이 없으므로 적절하지 않다.
② 실험은 동물의 학습이 환경 조건에 의존한다는 것이 아니라 강화의 효과를 보여주는 것이 핵심이었으므로 적절하지 않다.
④ 실험은 주로 강화(보상)의 효과를 관찰한 것이며, 강화와 처벌의 상대적 효과를 직접 비교한 내용은 제시되지 않았으므로 적절하지 않다.

CHAPTER 09 복수 빈칸 추론

뇌에 쪽적을 남기는 노트 독해 유형 ⑬

신유형 2025 버전 p.184

01 ▶ ②

(가) 뒤에서 매몰비용 효과에 대하여 '이미 회수할 수 없는 비용이 의사결정에 영향을 미치는 경우'라고 정의하고 있으며, 이어지는 예시들에서도 모두 과거에 들인 비용 때문에 비합리적 선택을 하는 상황을 설명하고 있다. 특히 마지막 단락에서 기업이 '이미 투입한 비용을 고려하여' 비효율적 사업을 지속한다고 구체적으로 언급하고 있으므로, '과거에 투자한 비용을 의식하여'가 가장 적절하다. '현재의 이익만을 고려하여'는 본문에서 다루는 매몰비용 효과와 관련이 없다. (나)의 경우, 본문에서 '합리적인 선택은 미래의 기대 편익이 비용을 초과하는지 여부를 기준으로 결정을 내리는 것이지만'이라고 한 뒤 이와 대비되는 현상으로 과거 투자에 대한 미련을 언급하고 있다. 또한 기업과 정부의 사례에서도 모두 과거의 투자 때문에 손실이 예상됨에도 사업이나 정책을 지속한다고 설명하고 있으므로, '과거의 투자 비용이 아까워서'가 가장 적절하다. '미래의 수익을 과소평가하여'는 본문에서 언급되지 않은 내용이다.

02 ▶ ①

(가)의 경우, 본문에서 푸틴의 연설 전략에 대해 설명하면서 '서방 국가들이 러시아를 고립시키려 한다는 서사를 구축하며, 자국민에게 애국심과 결속을 강조한다'라고 언급하고 있다. 이는 외부의 위협(서방 국가들)을 강조함으로써 내부의 단결을 도모하는 전략으로, '외부의 적을 부각하여 내부 결속을 강화하는' 표현이 가장 적절하다. 빈칸 이후에도 '전형적인 전쟁 수사의 특징'이라고 언급하고 있어, 이러한 전략이 전쟁 수사에서 자주 사용되는 방식임을 알 수 있다. '자국의 역사적 정통성을 강조하여 침략을 합리화하는'은 본문에 직접적으로 언급되지 않은 내용이다.
(나)의 경우, 본문에서 젤렌스키의 연설 전략을 설명하면서 마지막 문장에 '그의 언어는 감성적 호소를 기반으로 하며, 우크라이나를 희생자로 묘사함으로써 전 세계의 동정을 유도하는 전략을 사용한다'라고 명확히 서술하고 있다. 이는 빈칸 (나)에 들어갈 내용과 정확히 일치한다. '군사적 승리의 가능성을 강조하여 자국민의 사기를 고취하는'은 본문에서 언급되지 않은 내용으로, 젤렌스키가 '저항의 중요성을 부각'한다고 했지만 군사적 승리 가능성을 강조했다는 내용은 없다.

CHAPTER 10 순서 배열

뇌에 쪽적을 남기는 노트 독해 유형 ⑭

신유형 2025 버전 1 p.186

01 ▶ ③

(나)는 싱크홀 현상의 특성과 그로 인한 시민들의 불안을 구체적으로 설명하고 있다. (라)는 지시어 '이'를 통해 (나)에서 설명한 '시민들의 불안'으로 인한 신뢰도 하락을 언급하고 있다. (가)는 '이러한 문제의식은'이라는 표현으로 시작하는데 이는 (라)에서 제기하는 문제의식을 받고 있으므로 (라) 다음에 (가)가 온다. (가)에서는 도시공간의 안전을 위한 방안을 언급했는데 (다)에서 '또한'이라는 표현으로 (가)에서 제시한 해결 방안 이외의 또 다른 해결 방안을 나열하고 있으므로 (가) 다음에 (다)가 올 수 있음을 알 수 있다. 따라서 정답은 (나) – (라) – (가) – (다)이다.

뇌에 쪽적을 남기는 노트 독해 유형 ⑮

신유형 2025 버전 2 p.187

02 ▶ ②

(가)는 국가의 언어 정책이 갖는 상징적 의미와 정체성 문제를 설명하며 라트비아의 사례를 언급하고 있어 글의 도입부로 적합하다. 주제에 대한 일반적 배경을 제시하며 독자의 이해를 돕고 있다. (다)는 1991년 라트비아 독립 이후의 구체적인 언어 정책을 설명하고 있다. 이는 (가)에서 제시된 일반적 맥락을 라트비아의 역사적 사례로 구체화하고 있으므로 (가) 다음에 위치하는 것이 자연스럽다. 특히 독립 이후 라트비아어를 국어로 규정하고 러시아어 사용을 제한한 초기 정책을 시간 순서에 맞게 설명하고 있다. (나)는 최근의 우크라이나 전쟁 이후 라트비아 정부의 언어 정책이 더욱 강경해졌다는 내용을 다루고 있다. 이는 (다)에서 설명한 독립 이후의 언어 정책이 현재 어떻게 변화하고 있는지를 보여주는 시간적 연속성을 갖고 있으므로 (다) 다음에 오는 것이 적절하다. (라)는 언어 갈등이 외교적 긴장으로 이어질 가능성을 언급하며 균형 감각의 필요성을 강조하고 있다. "이런 갈등은"이라는 표현으로 앞서 논의된 내용을 받아들이며 문제의 확장성과 미래 전망을 제시하고 있어 글을 마무리하는 내용으로 적합하다. 따라서 정답은 (가) – (다) – (나) – (라)이다.

CHAPTER 11 초점 강화 약화

뇌에 쪽쪽을 남기는 노트 독해 유형 16

신유형 2025 버전 1
p.188

01 ▶ ③

밑줄 친 (가)를 강화하는 사례를 확인하기 위해서 꼭 봐야 할 핵심 정보는 제시문의 "학생이 타인과의 서열보다 기준 달성에 집중하게 하여 과도한 경쟁과 불안 심리를 완화하고"와 "교사는 성취기준에 맞춘 피드백과 보정학습을 통해 학습의 본질에 접근할 수 있다"이다. (가)에서 절대평가를 강조하는 입장이 과도한 경쟁 완화와 학습 본질 접근의 효과를 주장했으므로, 이를 강화하는 선지는 '절대평가를 통해 실제로 학습 환경이 개선되고 성취도가 향상된 구체적 사례'가 적절하다. 핀란드의 절대평가 도입 후 학습 동기 향상과 협력적 학습 문화 확산, 전체 학업 성취도 개선은 절대평가의 긍정적 효과를 입증하는 직접적인 성공 사례로 (가)를 강화한다.

오답풀이

① 반대의 오류이다. 절대평가 확대에도 불구하고 학생들 간의 경쟁이 여전히 치열하고 사교육비가 증가했다는 것은, 절대평가가 과도한 경쟁을 완화한다는 (가)의 주장과 정반대되는 결과를 보여준다. 이는 절대평가의 효과에 의문을 제기하여 (가)를 약화한다.

② 반대의 오류이다. 상대평가를 유지하는 학교들에서 학생들의 협력적 문제 해결 능력 향상과 학습 동기 증가는, 상대평가의 긍정적 효과를 보여주는 사례로 오히려 상대평가 지지 입장을 뒷받침한다. 이는 절대평가를 강조하는 (가)를 강화하는 것이 아니라, 상대측 논리를 강화하는 내용이다.

④ 무관의 오류이다. 학점 인플레이션 현상과 성적 신뢰도에 대한 기업들의 우려는 평가 제도 전반의 문제를 보여주는 배경 정보일 뿐이다. 이는 절대평가의 교육적 효과나 경쟁 완화 효과와 직접적인 관련이 없으며, 오히려 상대평가 측 논거인 '변별력 유지와 성적 신뢰성'과 더 가까운 내용으로 (가)를 강화하지도 약화하지도 않는다.

뇌에 쪽쪽을 남기는 노트 독해 유형 17

신유형 2025 버전 2
p.189

02 ▶ ②

글의 논지의 핵심은 제시문의 "이러한 제도는 자영업자에게 인건비 부담을 전가하는 구조로 설계되어 있어, 자칫하면 일자리를 줄이고 영세 자영업자의 생존을 위협할 수 있다"와 "노동권 보장이라는 선의의 정책이 실제로는 취약계층과 자영업자 모두를 더 큰 위기로 몰아넣을 수 있다"이다. 즉, 노동권 보장 정책이 자영업자에게 부담을 주어 부작용을 초래할 수 있다는 것이다. 이를 약화하는 선지는 '노동권 보장 정책이 자영업자에게 부담을 주지 않거나 긍정적 결과를 가져온 사례'가 적절하다. '초단시간 근로자 보호 제도를 먼저 도입한 독일에서는 자영업자 폐업률 증가 없이 근로자 만족도만 향상되었다'는 것은 노동권 보장 정책이 자영업자에게 부정적 영향을 주지 않고 성공적으로 시행될 수 있음을 보여주므로 글의 논지를 약화한다.

오답풀이

① 반대의 오류이다. 제시문에서는 '노동권 보장 정책의 부작용'을 우려했는데, 이 선지는 실제로 자영업체가 인건비 부담으로 고용을 축소했다고 하고 있다. 이는 정책이 자영업자에게 부담을 주어 일자리 감소를 초래한다는 글의 논지를 뒷받침하는 강화하는 사례이다.

③ 반대의 오류이다. 제시문에서는 '과거 최저임금 인상의 부작용'을 언급했는데, 이 선지는 실제로 소상공인들이 근무시간 단축으로 인건비를 절약하는 사례가 급증했다고 하고 있다. 이는 과거 정책이 부작용을 초래했다는 글의 주장을 뒷받침하는 강화하는 사례이다.

④ 반대의 오류이다. 제시문에서는 '자영업자에게 인건비 부담 전가'를 우려했는데, 이 선지는 실제로 자영업자들이 노동권 보장 정책에 대해 경영상 부담을 느낀다고 하고 있다. 이는 정책이 자영업자에게 부담을 전가한다는 글의 논지를 뒷받침하는 강화하는 사례이다.

CHAPTER 12 일반 강화 약화

뇌에 족적을 남기는 노트 독해 유형 18

신유형 2025 버전
p.191

01 ▶ ③

3문단의 "과학적 이론은 언제나 잠정적이며, 반증 가능성이 있을 때만 과학적이라고 보았다"와 "과학의 발전은 이론이 새로운 증거에 의해 반박되고, 그보다 더 설명력 있는 이론으로 대체되는 과정이다"를 통해 포퍼는 과학이 반증과 대체를 통해 발전한다고 주장했음을 알 수 있다. 그러나 이 사례는 과학이 항상 시대가 흘러도 반증되지 않고 일관적으로 존재하고 있는 것을 증명하기 때문에 이는 포퍼의 주장과 상반되는 사례이다. 따라서 포퍼의 주장을 약화한다는 것은 적절하다.

오답풀이

① 무관의 오류이다. 과학 이론들이 점차 복잡해지고 전문화되면서 일반 대중의 이해가 낮아졌다는 조사 결과는, 1문단의 "과학의 목적은 관찰 가능한 현상들의 규칙적 연관을 밝히는 것이며, 진보는 설명 가능한 현상의 영역이 확대되는 법칙화의 과정이다"는 콩트의 주장과 직접적인 관련이 없다. 콩트는 과학이 경험적 사실의 법칙화를 통해 진보한다고 보았는데, 대중의 이해도 문제는 과학의 대중화나 소통의 문제이지 실증주의의 핵심 논거인 '법칙화를 통한 과학적 진보'를 직접 반박하지 못한다. 이는 콩트를 약화하지도 강화하지도 않는다.

② 반대의 오류이다. 과학사에서 새로운 이론이 기존 이론의 문제를 해결하면서도 기존 이론의 핵심 개념과 방법론을 그대로 계승한 사례가 다수 발견되었다는 것은, 2문단의 "기존 패러다임이 누적된 모순을 해결하지 못하면 새로운 패러다임으로 교체된다"와 "서로 다른 패러다임은 방법과 언어가 달라 직접 비교할 수 없다"는 쿤의 주장을 반박하는 사례이다. 쿤은 패러다임 전환이 일어날 때 세계관과 방법론이 근본적으로 바뀐다고 주장했는데, 핵심 개념과 방법론이 계승된다는 것은 누적적 진보를 보여주는 것으로 쿤의 불연속적 패러다임 전환론을 약화시킨다. 따라서 이는 쿤의 주장을 강화하는 것이 아니라 오히려 약화하는 내용이다.

④ 반대의 오류이다. 과학사의 주요 발견들이 엄격한 방법론과 논리적 절차를 따름으로써 이루어졌다는 역사적 증거는, 4문단의 "혁신적 과학이 오히려 기존의 규칙과 논리를 깨뜨림으로써 이루어졌다"와 "과학은 본질적으로 다원적이며, 어떤 한 방법이나 규칙으로 제한될 수 없다"는 파이어아벤트의 주장을 반박하는 사례이다. 파이어아벤트는 과학적 혁신이 기존 규칙을 깨뜨릴 때 가능하다고 보았는데, 엄격한 방법론과 절차를 따랐다는 것은 방법론적 무정부주의와 정반대되는 증거이다. 따라서 이는 파이어아벤트의 주장을 강화하는 것이 아니라 오히려 약화하는 내용이다.

CHAPTER 13 〈보기〉 강화 약화

뇌에 족적을 남기는 노트 독해 유형 19

신유형 2025 버전
p.193

01 ▶ ②

ㄴ. 본문의 ㉠은 '존재론적 해석학'이다. 인공지능을 통해 문화와 시대를 초월한 언어 구조와 의미의 보편적 패턴을 발견하고, 이를 통해 다양한 문화권의 텍스트를 일관된 방식으로 해석할 수 있게 되었다는 연구 결과는 보편적이고 객관적인 해석이 가능하다는 것을 시사한다. 이는 '어떤 진리나 가치도 고정불변의 것으로 존재하지 않으며, 시대와 문화에 따라 다르게 이해되고 해석될 수밖에 없다'는 존재론적 해석학의 주장과 상반된다. 따라서 ㉠을 약화하는 근거로 적절하다.

오답풀이

ㄱ. 반대의 오류이다. 신경과학 연구에서 인간의 기본적인 인지 과정과 언어 습득 방식이 문화적 배경과 관계없이 보편적인 패턴을 보인다는 실험 결과는 인간 인식의 보편성과 객관성을 뒷받침한다. 이는 '인간의 이해는 항상 특정한 역사적·문화적 맥락에 의해 규정된다'는 존재론적 해석학의 주장과 상반된다. 따라서 ㉠을 강화하는 것이 아니라 오히려 약화하는 근거가 된다.

ㄷ. 반대의 오류이다. 연구자들이 자신의 문화적 배경과 시대적 관점을 의식적으로 배제하고 객관적 방법론을 적용했을 때 텍스트의 본래 의미에 대한 합의 가능성이 높아졌다는 실험 결과는 객관적이고 보편적인 이해가 가능하다는 것을 보여준다. 이는 '모든 인식은 특정한 존재 이해와 세계관에 뿌리를 두고 있음'을 강조하는 존재론적 해석학의 주장과 상반된다. 따라서 ㉠을 강화하는 것이 아니라 약화하는 근거가 된다.

CHAPTER 14 문맥적 의미 추론

뇌에 쪽적을 남기는 노트 독해 유형 ⑳

신유형 2025 버전
p.195

01 ▶ ①

본문의 마지막 문단에서 '정부는 농민 교육과 보조금 지원을 확대하고, 국제기구는 기술 이전을 위한 협력 체계를 구축해야 한다'고 명시하였으며, '모든 농민이 기술의 혜택을 받을 수 있는 환경을 조성할 때, 인공지능은 식량 안보의 해결책이 될 수 있다'고 직접적으로 언급하여 선지의 내용과 일치한다.

오답풀이

② 미언급의 오류이다. 본문에서는 농산물 폐기율 감소를 인공지능 도입의 한 가지 성과 사례로 제시했을 뿐, 이것이 '가장 핵심적인 목표'라는 평가는 언급되지 않았다.

③ 극단의 오류이다. 본문에서는 교육과 보조금 지원이 필요하다고 했지만, 보조금'만으로도' 장벽을 '모두' 해결할 수 있다는 극단적 표현은 없다. 오히려 교육, 기술 이전 등 다양한 지원이 필요하다고 강조했다.

④ 비교미언급의 오류이다. 본문에서는 인공지능이 생산 단계와 수확 후 관리 모두에 활용된다고 설명했을 뿐, 두 단계 간의 효과성을 비교하지 않았다. 어느 쪽이 '더 효과적'이라는 우열 관계를 임의로 설정한 것이다.

02 ▶ ①

'㉠ 들다'는 '2 「1」 어떤 일에 돈, 시간, 노력, 물자 따위가 쓰이다.'를 의미한다. 이와 가장 유사한 의미의 '들다'는 ①이다.

오답풀이

② 6 남을 위하여 어떤 일을 하다.

③ 7 돈을 내고 셋집을 얻어 살다.

④ 5 「5」 의식이 회복되거나 어떤 생각이나 느낌이 일다.

CHAPTER 15 바꿔 쓸 수 있는 유사한 표현

뇌에 쪽적을 남기는 노트 독해 유형 ㉑

신유형 2025 버전 1
p.196

01 ▶ ②

본문에서 '연구자들은 "가짜정보를 막으려면 먼저 가짜정보를 잘 모아야 한다"는 점에 주목한다'고 했으며, '일부 연구팀은 AI를 역으로 활용해, 여러 기사에서 사실과 다른 요약문을 자동으로 만들어 데이터셋을 구축하는 실험을 하고 있다'고 명시했다. 또한 '이렇게 하면 다양한 형태의 가짜정보를 미리 모아두고, 이를 바탕으로 진짜와 가짜를 가려내는 AI를 훈련시킬 수 있다'고 설명하여 선지의 내용과 일치한다.

오답풀이

① 극단의 오류이다. 본문에서는 '기존의 사실 확인 시스템조차도 쉽게 속을 수 있다'고 했을 뿐, '모든' 시스템을 '완전히' 무력화시킨다는 극단적 표현은 사용하지 않았다.

③ 비교미언급의 오류이다. 본문에서는 인터넷과 스마트폰으로 '정보가 더 빨리, 더 넓게 퍼지지만, 사실이 아닌 내용이나 의도적으로 왜곡된 정보도 함께 확산되고 있다'고 설명했을 뿐, 둘 중 어느 쪽이 '더' 기여했는지 비교하지 않았다.

④ 반대의 오류이다. 본문에서는 '사람이 일일이 확인해서 가짜 뉴스를 분류하는 일은 매우 힘들고 시간이 오래 걸린다'고 설명했다. 사람의 방식이 AI보다 효율적이라는 것은 본문의 내용과 정반대이다.

02 ▶ ③

'기만(欺 속일 기 瞞 속일 만)되다'는 '속아 넘어가다.'를 의미한다. 따라서 '부서지거나 찌그러져 못 쓰게 되다.'를 의미하는 '망가지다'는 ㉢과 바꿔 쓸 수 있는 유사한 표현으로 적절하지 않다. '남의 거짓이나 꾀에 넘어가다.'를 의미하는 '속다'로 바꿔 쓸 수 있다.

오답풀이

① ㉠ '공유(共 함께 공 有 있을 유)하다'는 '정보나 의견, 감정 따위를 나누다.'를 의미한다. 따라서 '즐거움이나 고통, 고생 따위를 함께하다.'를 의미하는 '나누다'로 바꿔 쓸 수 있다.

② ㉡ '확산(擴 넓힐 확 散 흩을 산)되다'는 '흩어져 널리 퍼지게 되다.'를 의미한다. 따라서 '어떤 물질이나 현상 따위가 넓은 범위에 미치다.'를 의미하는 '퍼지다'로 바꿔 쓸 수 있다.

④ ㉣ '구축(構 얽을 구 築 쌓을 축)하다'는 '체제, 체계 따위의 기초를 닦아 세우다.'를 의미한다. 따라서 '노력이나 기술 따위를 들여 목적하는 사물을 이루다.'를 의미하는 '만들다'로 바꿔 쓸 수 있다.

뇌에 쪽적을 남기는 노트 독해 유형 22

신유형 2025 버전 2
p.197

03 ▶ ④

두 빔 경로 중 하나를 선택하게 하는 간섭 실험에서, 관측 장치의 유무에 따라 전혀 다른 결과가 나타났다는 실험 결과는 코펜하겐 해석의 핵심 주장을 직접적으로 뒷받침한다. 이는 관측 행위(관측 장치의 존재)가 입자의 상태 결정에 결정적 영향을 미친다는 것을 보여주며, '관측 행위 자체가 파동 함수의 붕괴를 일으켜 상태를 하나로 결정짓는다'는 코펜하겐 해석의 주장을 실험적으로 증명하는 사례이다. 관측이 양자 상태에 미치는 결정적 영향을 보여준다는 점에서 ㉠을 강화하는 근거로 가장 적절하다.

오답풀이

① 관측자의 개입 없이도 중첩 상태가 붕괴된 것으로 보이는 데이터가 수집되었다는 사례는 코펜하겐 해석의 핵심 전제인 '관측 행위가 파동 함수의 붕괴를 일으킨다'는 주장에 직접적으로 반한다. 코펜하겐 해석에서는 관측이나 측정 행위가 파동 함수의 붕괴를 일으켜 입자의 상태를 확정짓는다고 보는데, 관측 없이도 상태 붕괴가 일어난다면 이는 관측의 특권적 지위를 부정하는 것이며, 코펜하겐 해석의 토대를 약화한다.

② 관측 행위를 별도로 정의하지 않아도 되는 해석 방식이 양자역학의 수학 구조를 인위적 가정 없이 유지하는 데 유리하다는 분석은 코펜하겐 해석보다 다세계 해석의 이론적 우위성을 시사한다. 본문에 따르면 다세계 해석은 "측정 행위가 확률을 하나로 '붕괴'시키는 것이 아니라, 모든 가능한 결과가 실제로 실현되며 각각이 서로 다른 우주로 분기한다"고 주장한다. 이는 코펜하겐 해석처럼 관측에 의한 파동 함수 붕괴라는 추가적 가정을 필요로 하지 않는다는 점에서, ㉠보다 다세계 해석을 지지하는 근거이다.

③ 상태 붕괴를 가정하지 않고도 복잡한 양자계의 모든 가능한 결과를 일관되게 설명하는 수학적 모델은 다세계 해석의 접근법을 반영한다. 코펜하겐 해석은 '관측에 의한 파동 함수 붕괴'라는 개념을 필수적으로 요구하는데, 이를 가정하지 않고도 양자 현상을 설명할 수 있다면 이는 코펜하겐 해석의 필요성을 감소시키는 결과가 된다. 따라서 이는 ㉠을 강화하는 것이 아니라 약화하는 근거이다.

04 ▶ ③

'가지다'는 '손이나 몸 따위에 있게 하다.'를 의미한다. 따라서 '가지고 있다.'를 의미하는 '소유(所 바 소 有 있을 유)하다'는 ㉢과 바꿔 쓸 수 있는 유사한 표현으로 적절하지 않다. '가지고 있거나 간직하고 있다.'를 의미하는 '보유(保 지킬 보 有 있을 유)하다'로 바꿔 쓸 수 있다.

오답풀이

① ㉠ '불러일으키다'는 '어떤 마음, 행동, 상태를 일어나게 하다.'를 의미한다. 따라서 '일이나 사건 따위를 끌어 일으키다.'를 의미하는 '야기(惹 이끌 야 起 일어날 기)하다'로 바꿔 쓸 수 있다.

② ㉡ '다루다'는 '어떤 물건이나 일거리 따위를 어떤 성격을 가진 대상 혹은 어떤 방법으로 취급하다.'를 의미한다. 따라서 '물건이나 일 따위를 대상으로 삼거나 처리하다.'를 의미하는 '취급(取 가질 취 扱 미칠 급)하다'로 바꿔 쓸 수 있다.

④ ㉣ '나뉘다'는 '하나가 둘 이상으로 갈리다.'를 의미한다. 따라서 '나뉘어서 갈라지다.'를 의미하는 '분기(分 나눌 분 歧 갈림길 기)하다'로 바꿔 쓸 수 있다.

CHAPTER 16 지시 대상 추론

뇌에 쪽적을 남기는 노트 독해 유형 23

신유형 2025 버전 1
p.198

01 ▶ ②

(나) 목표완화론자들은 복합경제위기 상황에서 과도한 탄소감축 목표가 기업에 가혹한 경제적 부담을 준다고 주장한다. 주요 수출국들이 비용 때문에 탄소중립 목표를 연기하거나 완화하고 있다는 국제 동향은 다른 나라들도 경제적 현실을 고려해 목표를 조정하고 있음을 보여주므로, 한국도 목표를 완화해야 한다는 (나)의 주장을 강화하는 근거가 된다.

오답풀이

① 반대의 오류이다. (가) 목표유지론자들은 '기술개발 투자를 통해 탄소감축 기술을 선점하면 일석이조의 효과를 누릴 수 있다'고 주장한다. 탄소감축 기술 개발에 성공한 기업들이 해외 시장에서 높은 수익을 올리고 있다는 것은 이러한 주장을 뒷받침하므로, (가)의 주장을 강화하는 근거가 된다.

③ 무관의 오류이다. (가) 목표유지론자들의 핵심 주장은 '기후변화 대응의 필요성'과 '국제공약 준수'이다. 국내 제조업체의 전력 사용량 증가는 (가)의 핵심 주장과 직접적인 관련이 없으므로, 이 통계가 (가)의 주장을 강화한다고 보기 어렵다.

④ 반대의 오류이다. (나) 목표완화론자들은 '배출이 많은 기업들이 높은 비용을 들여 탄소배출권을 구매해야 하는 현실적 부담이 크다'고 지적한다. 탄소배출권 가격이 예상보다 낮게 책정되어 기업 부담이 줄어들었다는 것은 (나)가 우려하는 부담이 실제로는 크지 않음을 의미하므로, (나)의 주장을 약화하는

근거가 된다.

02 ▶ ③

㉠ '이들'은 (나) 목표완화론자들을 지칭한다. ㉡ '전자'는 (가) 목표유지론자들을 지칭한다. ㉢ '이들'은 바로 앞의 ㉡ '전자'를 재지칭하므로 (가) 목표유지론자들을 나타낸다. ㉣ '이러한 접근에 회의적인 이들'은 친환경 전환 접근에 회의적이므로 (나) 목표완화론자들을 지칭한다. ㉤ '경제현실을 우선시하는 전문가들'은 수출기업 보호를 강조하므로 (나) 목표완화론자들의 입장을 지지한다. ㉥ '장기적 관점을 중시하는 연구자들'은 기후변화 대응의 중요성을 강조하므로 (가) 목표유지론자들의 관점을 나타낸다.

뇌에 족적을 남기는 노트 독해 유형 24

신유형 2025 버전 2   p.199

03 ▶ ③

(나) 폐지론자들은 임금피크제가 '반현대적 연령차별'이라고 주장한다. 임금피크제를 폐지한 기업에서 인건비 부담으로 인한 조기퇴직이 증가했다는 것은 임금피크제 폐지가 고용에 부정적 영향을 미칠 수 있음을 보여주므로, (나)의 주장을 약화하는 근거가 된다.

오답풀이

① 무관의 오류이다. (가) 유지론자들의 핵심 주장은 임금피크제가 '정년연장에 따른 인건비 부담을 경감하고 고용을 유지하는 보완책'이라는 점이다. 그러나 '한 공공기관이 직무급제를 도입하면서 직무의 난이도에 따라 임금을 차등 지급하게 되었다'는 정년 연장과 관련된 내용이 아니므로 강화하거나 약화하는 근거가 될 수 없다.

② 반대의 오류이다. (가) 유지론자들은 임금피크제가 '인건비 부담을 줄여주고 고용을 유지하는 보완책'이라고 주장한다. 50대 직장인의 생산성이 30대 직장인과 차이가 없다는 연구는 나이가 먹었다고 해서 임금 삭감이 되는 것이 부당함을 보여주므로, (가)의 주장을 약화하는 근거가 된다.

④ 반대의 오류이다. (나) 폐지론자들은 '단순히 나이가 많다는 이유로 같은 일을 하면서 임금을 깎는 것은 부당한 연령차별'이라고 주장하며, '나이에 따른 생산성 차이가 크지 않다'는 점을 근거로 제시한다. 동일 업무를 수행하는 직원들 간에 연령에 따른 업무 효율성 차이가 거의 없다는 실증 연구는 연령차별이 부당하다는 (나)의 주장을 뒷받침하므로, 이는 (나)의 주장을 강화하는 근거가 된다.

04 ▶ ②

㉠ '이들'은 (가) 유지론자들을 지칭한다. ㉡ '이들'은 (나) 폐지론자들을 지칭한다. ㉢ '이와 다른 입장을 지지하는 이들'은 바로 앞 문장의 '제도 유지를 주장하는 측'과 다른 입장이므로 (나) 폐지론자들을 지칭한다. ㉣ '사회적 합의를 중시하는 전문가들'은 노사 간 단체협상을 중요하게 보므로 (가) 유지론자들의 관점을 나타낸다. ㉤ '근본적 개혁을 주장하는 연구자들'은 임금피크제 폐지와 호봉제 청산을 제안하므로 (나) 폐지론자들의 입장을 지지한다.

CHAPTER 17   문학 독해 결합형

뇌에 족적을 남기는 노트 독해 유형 25

신유형 2025 버전 1   p.200

01 ▶ ②

2문단에서 "이 작품에서 해체된 언어와 파편화된 이미지들은 단순한 기교가 아니라, 식민지 현실의 불안과 인간 존재의 붕괴를 직설적으로 드러내는 장치이다."라고 하였으므로, 「오감도」는 실험적인 언어로 현실의 불안과 존재의 해체를 드러낸다고 볼 수 있다.

오답풀이

① 미언급의 오류이다. 1문단에서 "백석의 「남신의주 유동 박시봉방」은 이국 땅에서의 유랑과 고독을 토속적인 언어와 향토적 정서 속에 담아내며 현실적 비애를 따뜻한 서정으로 감싸 안는다."고 하였으므로 토속적인 언어는 현실적 비애를 따뜻한 서정으로 감싸 안기 위한 장치이지, 이상적인 고향의 정취를 그려내기 위한 장치가 아니다.

③ 주체 혼동의 오류이다. 1문단의 "백석의 「남신의주 유동 박시봉방」은 이국 땅에서의 유랑과 고독을 토속적인 언어와 향토적 정서 속에 담아내며 현실적 비애를 따뜻한 서정으로 감싸 안는다."에서 알 수 있듯 이 선지의 내용은 백석의 「남신의주 유동 박시봉방」이며 김수영의 「푸른 하늘을」이 아니다.

④ 극단의 오류이다. 2문단에서 "이 작품에서 해체된 언어와 파편화된 이미지들은 단순한 기교가 아니라 식민지 현실의 불안과 인간 존재의 붕괴를 직설적으로 드러내는 장치이다."고 하였으므로 시 자체에서 기교만을 드러내고자 하는 것이 아니라 현실의 불안과 인간 존재의 붕괴를 직설적으로 드러낸다.

뇌에 족적을 남기는 노트 독해 유형 26

신유형 2025 버전 2
p.201

02 ▶ ③
1문단에서 "이들은 한문 문학의 배타성을 벗어나 한글을 통해 자기 정서와 생활 경험을 표현하고자 했다"고 했고, 4문단에서 "언문소설은 한문 문명권에서 배제된 계층이 만들어낸 '비지배 문자의 문학'"이라고 명시되어 있으므로 적절하다.

오답풀이
① 객체 혼동의 오류이다. 2문단에서 "언문소설의 주요 독자층은 한문 독해 능력이 부족했던 부녀자와 중·하류층"이라고 명시되어 있으므로, 한문 독해 능력이 뛰어난 상류층이라는 것은 옳지 않다.
② 반대의 오류이다. 3문단에서 개화기 지식인들은 "언문 자체를 근대적 문자의 기준으로 인정하지 않았다"고 명시되어 있으므로, 인정했다는 것은 반대로 서술된 오류이다.
④ 반대의 오류이다. 1문단에서 언문은 "오랫동안 '여성의 글', '속된 문자'로 낮게 평가되었"고, 2문단에서 "한문 중심의 지식 문화가 공적 영역을 독점했다"고 명시되어 있으므로, 언문이 처음부터 지배적 문자였다는 것은 반대로 서술된 오류이다.

CHAPTER 18 문법 독해 결합형

뇌에 족적을 남기는 노트 독해 유형 27

신유형 2025 버전 1
p.202

01 ▶ ④
'-로'는 목적지를 나타내고 있으므로 장소, 또는 방향을 나타내는 처소 부사격 조사이므로 원인을 나타내는 원인 부사격 조사라고 하는 것은 적절하지 않다.

오답풀이
① 12시라는 시간을 나타내므로 시간을 나타내는 처소 부사격 조사이다. 본문에서 "처소 부사격 조사는 장소나 시간에 관련된 의미를 가지는 부사격 조사이다."를 통해 알 수 있다.
② 리더라는 자격을 나타내므로 자격을 나타내는 자격 부사격 조사이다. 본문에서 "자격 부사격 조사는 체언이 특정 자격을 갖추었음을 나타내는 부사격 조사로 '-로서'가 있다."를 통해 알

수 있다.
③ '선생님과 같이'라는 뜻으로 선생님과의 비교를 나타내므로 비교를 나타내는 비교 부사격 조사이다. 본문에서 "다른 대상과 비교를 하기 위해 쓰이는 비교 부사격 조사로 '-와/과', '-처럼', '-만큼', '-보다'도 있다."를 통해 알 수 있다.

뇌에 족적을 남기는 노트 독해 유형 28

신유형 2025 버전 2
p.203

02 ▶ ④
'물건이 팔리다'는 물건이 팔림을 당했음을 의미하므로 피동의 파생적 방법이 실현된 것이다.

오답풀이
① '돌을 굴리다'에서 '굴리다'는 '돌이 굴러가게 하다'라는 의미로 사용된 사동사가 맞다. 기본형 '굴러가다'에 사동 접미사 '-리-'가 붙어 형성된 것이다. 본문에서 설명한 "사동은 주체가 다른 대상에게 동작이나 행위를 하도록 시키거나 특정 상태가 되도록 만드는 것"에 해당한다.
② '문이 닫히다'의 '닫히다'는 피동사이고, '아이에게 옷을 입히다'의 '입히다'는 사동사이다. 두 경우 모두 접미사 '-히-'가 사용되었지만 의미는 다르다. 이는 본문에서 "피동 접미사와 사동 접미사는 '-이-, -히-, -리-, -기-' 등으로 형태가 동일한 경우가 많다"고 설명한 내용과 일치한다.
③ 본문의 "한편, 사동 표현은 접미사를 통한 파생적 방법 외에도 '~게 하다'와 같은 통사적 방법으로도 실현될 수 있다."을 통해 '읽게 하다'에 사동의 통사적 방법이 실현되었음을 알 수 있다.

신유형 2025 버전 3 p.204

03 ▶ ④

본문에서 "㉠ 유음화는 'ㄴ'이 'ㄹ' 앞이나 뒤에서 'ㄹ'로 변화하는 현상이다"라고 설명하고 있다. '입원료 청구'에서 '입원료'는 'ㄹ'이 앞의 비음 'ㄴ'의 영향으로 'ㄴ'으로 바뀌는 'ㄹ의 비음화' 현상으로, 'ㄴ'이 'ㄹ'로 바뀌는 유음화와는 다르다. 따라서 ④번은 유음화에 해당하지 않는다.

오답풀이

① 본문에서 "유음화는 'ㄴ'이 'ㄹ' 앞이나 뒤에서 'ㄹ'로 변화하는 현상"이라고 설명하고 있다. '진리'는 'ㄴ'이 뒤의 'ㄹ' 영향으로 'ㄹ'로 바뀌어 [질리]로 발음되는 유음화에 해당한다.

② 본문에서 "유음화는 'ㄴ'이 'ㄹ' 앞이나 뒤에서 'ㄹ'로 변화하는 현상"이라고 설명하고 있다. '실내'는 'ㄴ'이 앞의 'ㄹ' 영향으로 'ㄹ'로 바뀌어 [실래]로 발음되는 유음화에 해당한다.

③ 본문에서 "유음화는 'ㄴ'이 'ㄹ' 앞이나 뒤에서 'ㄹ'로 변화하는 현상"이라고 설명하고 있다. '논리'는 'ㄴ'이 뒤의 'ㄹ' 영향으로 'ㄹ'로 바뀌어 [놀리]로 발음되는 유음화에 해당한다.

신유형 2025 버전 p.207

01 ▶ ③

도전 정신과 스포츠맨십이 뛰어났음에도 역사적 평가에서 제외된 선수들의 사례는, 도전 정신과 스포츠맨십만으로 선수의 역사적 가치가 입증되는 것은 아님을 보여주는 사례이므로 ㉡의 주장을 강화한다.

오답풀이

① 반대의 오류이다. 메달이 없다는 것은 경기 기록이 훌륭하지 않음을 의미하는데 그럼에도 '스포츠맨십'이라는 요소로 명예의 전당에 올라간 것이므로 이는 진정한 가치가 경기 기록만으로는 온전히 드러나지 않음을 보여주는 사례라고 볼 수 있다. 따라서 이는 ㉠을 강화하는 것이지, 약화하는 것이라고 볼 수 없다.

② 반대의 오류이다. 스포츠맨십 부족으로 낮은 평가를 받은 사례는, 뛰어난 경기 기록이 있었다고 해서 그 선수의 진정한 가치를 보장하지 못한다는 점을 보여준다. 이는 경기 기록 외에도 스포츠맨십과 같은 요소가 중요하다는 ㉠의 주장을 강화하는 사례에 해당한다.

④ 무관의 오류이다. ㉡을 약화하는 사례라면 '도전 정신'과 '스포츠맨십'만으로도 선수의 역사적 가치가 입증된다는 사례가 와야 했다. 하지만 이 선지의 사례는 '뛰어난 경기 기록'과 '도전 정신'에 대해 언급하고 있으므로 '뛰어난 경기 기록'에 대한 언급이 없는 ㉡과는 무관한 사례이다. 따라서 ㉡을 강화하지도 약화하지도 않는 사례이다.

박혜선

주요 약력

고려대학교 국어국문학과 최우수 수석 졸업
고려대학교 국어국문학과 심화 전공
고려대학교 국어국문학과 중등학교 정교사 2 급 자격증
前) 대치, 반포 산에듀 온라인 오프라인 최연소 대표 강사
現) 박문각 공무원 국어 1 타 강사

주요 저서

2026 박문각 공무원 박혜선 국어 기본서 출좋포 문법·어휘
2026 박문각 공무원 박혜선 국어 기본서 출좋포 독해·논리
2026 박문각 공무원 박혜선 국어 족집게 문법 40 포인트
2026 박문각 공무원 박혜선 국어 천기누설 혜선팍 논리
2026 박문각 공무원 박혜선 국어 천기누설 혜선팍 독해 시즌1
2026 박문각 공무원 박혜선 국어 천기누설 혜선팍 독해 시즌2
2026 박문각 공무원 박혜선 국어 족집게 적중노트
2025 박문각 공무원 박혜선 국어 독해 신유형 공부(독해신공)
2025 박문각 공무원 박혜선 국어 출좋포 독해·문학
2025 박문각 공무원 박혜선 국어 천기누설 혜선팍 세트형 독해+어휘
2025 박문각 공무원 박혜선 국어 적중용 콤단문 문법(콤팩트한 단원별 문제풀이)
2025 박문각 공무원 박혜선 국어 적중동형 국가직·지방직 봉투모의고사 Vol.1
2025 박문각 공무원 박혜선 국어 적중동형 봉투모의고사 Vol.2
2024 박문각 공무원 박혜선 국어 기본서 출좋포 어휘·한자
2024 박문각 공무원 박혜선 국어 개념도 새기는 기출 문법
2024 박문각 공무원 박혜선 국어 개념도 새기는 기출 문학&독해
박문각 공무원 박혜선 국어 최단기간 어문 규정
박문각 공무원 박혜선 국어 최단기간 고전 운문
박문각 공무원 박혜선 국어 문법 출·풍·포 80

박혜선 국어
족집게 적중노트

초판 인쇄 2025. 12. 5. | **초판 발행** 2025. 12. 10. | **편저자** 박혜선
발행인 박 용 | **발행처** (주)박문각출판 | **등록** 2015년 4월 29일 제2019-000137호
주소 06654 서울시 서초구 효령로 283 서경 B/D 4층 | **팩스** (02)584-2927
전화 교재 문의 (02)6466-7202

저자와의
협의하에
인지생략

정가 19,000원
ISBN 979-11-7519-483-0